流年似水

The Chronology Of Water

Lidia
Yuknavitch

莉狄亞·約克納維契

張玉芬　譯

獻給安迪與邁爾斯・明戈，本書是透過他們而寫成。

致謝

如果你的人生曾經搞得一團糟，如果流經我們的悲傷長河也曾經流過你，那麼，這本書也是爲你而寫。感謝你凝聚能量，面對著文化書寫生命。我懂你的感覺。

能量從未消逝，只是轉換型態。我親愛的導師暨摯友肯·克西與凱西·艾可，他們已化爲星塵、DNA和文字而存在。

感謝朗達·休斯這位非凡的女性編輯，以及霍桑叢書出版社相信我的寫作，各位都是大膽的泳者。

感謝蘭斯與安迪·歐爾森，你們是我的藝術心靈英雄。雷恩·史密斯和維吉尼亞·派特森，感謝一路上有你們。

黛安娜·阿布·賈伯，謝謝你二十年前針對一篇故事就跟我說「我想這可以寫成書」，只是這件事花了我相當長的時間才完成。

向歡樂搞怪幫（Merry Pranksters）至上崇高謝意，尤其是班奈特·霍夫曼：願你安息，班奈特，你是我們之中最出色的，你是混沌又美麗的星塵。

無盡感激傾獻給麥可·康納斯，爲他所做的一切，還有狄恩·哈特，他把什麼都變得可能。感謝你們的善心溫柔，接納來到你們門前臺階的每一個我。

感謝史上最了不起的寫作團體：雀兒喜·肯恩、莫妮卡·德瑞克、雪若·史崔德、瑪麗·威宋、黛安娜·喬登、艾琳·李歐納、蘇姿·韋特羅、查克·派拉紐克，還有吉姆·佛斯特。

特別感激雀兒喜爲此書的美國版寫了介紹，並感激查克邀請我加入。他們兩位還讀了本書幾個版本的初稿，幫助我不要失心失魂。嗯，至少我有時辦得到。

如果不是家姊在我之前先闖出自己的路，我不可能走到這個地步寫成此書。給舊名克勞蒂亞的布莉姬德：你的持久關愛是我的救命繩索，我無以報答。你一直守護維繫著我。我的姊姊，我的朋友，我的另一個母親。你是溫柔至極撼動如雷的詩人。

至此，雖然本人筆拙難以達意，我還是要說，我的心爲安迪與邁爾斯而跳動——因爲有你們，我才得以存在，能從事寫作，懷抱這份愛，且活出生命。凡此種種，過去的我，從沒想過能擁有。

目次

傾訴眞心，但以偏懷。

——艾蜜莉・狄金生

幸福快樂？幸福快樂只會生出爛故事。

——肯・克西

長眠此處者，其名載於水。

——約翰・濟慈

I

屏息

流年似水

我死產的女兒誕生那天，我以顫抖的雙臂懷抱這個嘴脣如玫瑰花瓣的粉嫩東西，溫柔已無生命，我用淚和吻覆蓋她的臉。他們把我的亡女交給我的姊姊，她親吻了她；交給我的第一任丈夫，他親吻了她；交給我的母親，她承受不了抱她。然後，她被抱出病房房門，在襁巾裡，一個已無生命的小東西。護士給我鎮定劑、香皂和海綿。她帶我到一個特殊的淋浴間，裡面有一張椅凳，水花輕柔溫暖地落下。她說，感覺舒服吧，對嗎，那水。她說，你還在流很多血，讓它流。傷口從陰道裂到直腸，然後縫合起來。水落下，在一具軀體上。

我坐在椅凳上，把尺寸不大的塑膠浴簾拉起。我可以聽到她在哼著曲子。我流血，我哭泣，我又尿又吐。我崩潰成水。

終於，她不得不鑽回來，「免得我淹死在裡頭」。她在說笑話。我微微笑了。

細微的悲慘遭遇不易收拾服貼。它們會膨脹，潛浮穿梭在腦袋的溶坑滲穴之間。你發現自己的人生陷入泥沼，難以理解該如何思考面對。你想掙脫爬出，想搞清楚怎麼會出了差錯。畢竟，你是個泳者。於是，你看到詭譎多變的海浪把每個人捲起、四處拋落，頭顱隨波浮沉，而你只能在啜泣中嘲笑所有那些浮標一般的可笑人頭。笑，可以在悲慟的妄想中把你搖醒。

我們剛發現我體內的生命已死的時候，他們告訴我最好仍然進行引產，讓我盡可能確保往後身體恢復強健。我的子宮。我的孕器。我的陰道。我被哀慟打擊得失魂無主，所以他們怎麼說，我就怎麼做。

分娩持續了三十八小時。當你體內的胎兒不動，原本該有的過程也沒有了。沒有力量在體內推移我的孩子，沒有好幾小時的催產素點滴，沒有我的第一任丈夫在輪班陪伴時打瞌睡，沒有我的姊姊走進來氣到幾乎要扯他的頭髮。

無法忍受的時候，我會坐在床沿，姊姊會環抱住我的肩膀。疼痛來臨的時候，她把我抱在懷中，跟我說「好，呼吸」。我感覺到她內在有一種我從沒見過的力量。從姊姊那裡，我感受到為母則強的力量崛起。

那種痛苦，那樣漫長，足以把身體折磨耗盡，即使擁有二十五年游泳經歷也承受不住。當她終於誕生出世，一個小死魚女娃兒。他們把她放在我胸前，好像她是個活嬰一樣。我親吻她，抱著她說話，好像她是個活嬰一樣。她的睫毛真長。她的臉頰還是嫩紅色。我不知道怎麼會這樣。我以為會是青藍色。她的嘴唇，一朵玫瑰花苞。

當他們終於把她從我懷中抱走，最後在我心裡深植了一個想法。這個無心的念頭在後來數月間縈繞不去：原來死亡就是這樣啊，那我選擇生猶如死。

他們帶我從醫院回家後，我進入了一個奇怪的空間。我看得到他們，聽得到他們，但一有人碰我，我就會把身體縮起來。而且我不講話，整天整夜獨自在床上哭，哭到變成嗚咽呻吟。我想我的雙眼洩漏了什麼——因為人們會看著我，呼喚我：「莉狄亞？莉狄亞？」

有一天，他們在照顧我的時候——我想某人正在餵我吃東西——我從廚房窗戶望出去，看到一個女人在我們街上偷郵箱裡的信。她鬼鬼祟祟地，像森林裡的動物。她環顧四周，眼睛快速來回掃視，移動在郵箱之間，拿什麼而不拿什麼——她那副模樣讓我笑了。她偷到我的郵箱的時候，我看到她的口袋裡有一封我的郵件。我捧腹爆笑起來。我把滿口的炒蛋噴了出來，但沒有人知道為什麼。他們只是看起來一副憂心了然的神情，好像諷刺漫畫。不過，我什麼都沒說。

我從沒有發瘋的感覺，只覺得魂不附體。我把原本要給我新生寶貝的嬰兒服全拿出來排在深藍色地毯上，中間穿插擺上石頭。我覺得這似乎滿有象徵性的，但這個舉動又惹我身邊的人擔心了，包括我的姊姊、我的丈夫菲立普、我留住一週的父母，和陌生人們。

我鎮定地坐在購物商店地板上解尿那次，覺得自己做了一件讓身體眞切有感的事。店員的反應我不太記得了。我只記得他們身上的燈芯絨圍裙繡了店名 Albertson's 的字樣，其中一個女人頂了個蜂窩頭，嘴唇紅得像可口可樂罐。我記得當時心想，自己剛剛失神斷片了。

過了一段時日，我開始跟姊姊到處走走。她來尤金市跟我同住。我們出門購物、游泳或去奧勒岡大學，旁人會跟我問起我的小孩。我以謊言回答，毫不遲疑。我會說：「喔！她是個非常美麗的女娃兒！她的睫毛可眞長！」甚至在兩年後，有個我認識的女子在圖書館叫住我，問候我新生女兒的狀況，我還會說：「她好棒啊！她是我的光。她在托兒所裡面已經開始畫畫了！」

我沒想過停止編織謊言。我不覺得自己在編織謊言。對我來說，我只是順著故事走，死命地巴著。

我原本考慮這本書要從我的童年開始寫起，從我人生的起點，但那跟我的記憶不符。我的記憶像視網膜閃光，沒有條理可言。你的人生並不是依循某種順序發展。事件並不存在因果關係，不如你所願，全都只是一連串的斷片、重複和模式的組合。這是語言和水的共通點。

所有在我人生中發生的事件交錯泅游於彼此，不依時間順序進行，像在夢裡。所以，當我想起某段關係的記憶，或關於我對文學藝術的熱愛，或我的脣第一次沾上酒精，或我多麼崇拜我的姊姊，或我的父親第一次侵犯我——這些並沒有線性的條理。語言是經驗的隱喻，跟我們稱為記憶的那團雜亂影像一樣反覆無常——但我們可以爬梳整理它，用敘事打擊畏懼。

死產事件後，「出生即死」這幾個字常駐在我腦海中好幾個月。在我周遭的人眼中，我實在是……悲慘至極，不堪入目。這份哀慟進到屋裡的時候，裡頭的人會不知所措。哀慟跟前跟後地黏著我，像個女兒一樣。沒人能好好掌握陪伴在我們身邊的分寸。他們會不小心對我說蠢話，像是「我肯定你很快會再有一個」，或是在跟我說話時眼神稍稍飄過我的頭，避免接觸到我的切膚之痛。

某天早上，我的姊姊聽到我在淋浴間啜泣。她拉開浴簾，看我抱著空洞悲慘的肚子，一腳踏進來把我一把擁在懷裡，全身衣服都沒脫。我們維持那樣的姿勢待著，大約有二十分鐘吧，我想。

這可能是我這一生中，任何人為我做過最溫柔的事。

我是剖腹出生的，因為我的母親有一條腿比另一條腿短了六吋，她的臀部歪斜，很嚴重。醫生跟她說她無法生小孩。我不知道要欽佩她意志凶猛、決心生下姊姊和我，還是疑惑什麼樣的女人會選擇冒險害死嬰孩——頭顱可能被歪斜的骨盆壓碎——在他們能被生出來之前。我的母親從不接受自己是「殘廢」。我的母親把姊姊和我帶到世上，帶進我父親的世界。

傳統的醫生們向母親表示他們在醫學上有所顧慮，於是她去看別種醫生，一位施行另類健康療法的婦產科專家。大衛．齊柯醫生最有名的是對病患實施催眠術，利用病患的手指來判斷心理或身體疾病的潛意識病因。這個療程叫作「觀想」，特定的手指被（醫生或病患）選定來表達不同的意思，包括「是」、「否」和「不知道」。醫生會問被催眠的病患問題，與答案相應的手指就會翹起來回應——即使病患的意識想著不同的答案，或不知道答案是什麼。

以我母親的案例來說，這個技巧被用來幫助她撐過剖腹產。例如，在母親生產的過程中，齊科醫生問她：「桃樂絲，你會痛嗎？」然後她用手指回答。他刺激某個部位問：「這裡痛嗎？」然後她回答。他再問：「桃樂絲，你能放鬆你的子宮頸三十秒嗎？」她照做了。「桃樂絲，你必須減少出血……這裡。」她照做了。

我的母親是個重大的研究案例。

齊科醫生相信，我們都被銘刻了某些特定情感的印記，甚至在子宮裡的時候就已經發生。他宣稱曾經指導數百名婦女跟她們未出世的孩子做心電感應溝通。

母親跟我描述我出生的故事時，她的聲音籠罩著特殊的氛氳，彷彿在透露什麼近乎奇蹟的事。我相信那是她相信的經過。我父親說這個故事時的語氣也充滿了莊嚴肅穆，彷彿我的誕生多麼超凡不俗。

我和我的女兒開始陣痛的那個早晨，太陽尚未升起。我醒過來，因爲我感覺不到體內有任何動靜。我用雙手把我的整個肚子摸遍，沒有、沒有、什麼動靜都沒有，只有一團奇怪的緊繃感。我走進浴室解尿，一陣電流直竄上我的脖子。我擦拭時看到淡紅色的血。我叫醒我的姊姊，她的眼中浮現憂慮。我打電話給我的醫師，她跟說我也許沒事，等當天上午診所開門時再去。在我的肚子裡，有一份靜止不動的重量。

我記得巨浪般一波波的哭號，我記得我的喉嚨鎖死講不出話，我的雙手麻痺沒了知覺——一些孩子氣的小事。

待早晨到來，連太陽看起來都出了差錯。

在我身體裡，有個生命來不及降臨。

隱喻

我要跟你說一個有用的方法。那不是一般的方法，不會出現在教科書或指導手冊裡。它跟自助或呼吸或腳蹬或鴨嘴鉗都無關——天知道這個領域已經被它的一堆術語和系統搞死了——妊娠第一二三期、胎動感、腹輕感、陣痛、懷孕、胎兒心跳、子宮、胚胎、胞宮、收縮、著冠、子宮頸擴張、產道、呼吸——就是這樣，哈氣呼吸、分娩轉移期、用力推。

我想跟你說的跟這種故事無關。事實眞相是，一個女人懷著寶寶的那種故事是我們虛構的。更準確來說，一個女人挺著一個有生命的大肚子，這種表象是個適合捏造故事的隱喻。那是個我們全體都能接受的故事，也是一個故事受精、孕育、呵護、出生的過程。

所以，我來跟你說個小技巧，讓你可以用來應付這個龐大敘事的偉大史詩狀態：讓你能接受現實，當那個時刻到來。

收集石頭。

就這樣而已，但不是隨變的石頭。你是個聰慧的女人，所以你要往超乎想像藏在平凡之中的深處尋找。去你平常不會單獨去的地方——河床、樹林深處、目光不可及的那段海岸，在任何水域裡走蹚。當你發現一堆石頭，在你挑選之前，你一定要細細久久地看看它們，讓你的眼睛調整適應，用你所知的漫長等待來等待，讓你的想像改變你的認知。突然間，一顆灰色石頭變成了灰燼或蒙上了夢，圈著環狀紋路的石頭表示幸運，紅色石頭是地球流的血，藍色石頭教你信仰。石頭上的紋路和斑點是不同國家和地域的碎片，是散落的謎題。礫岩是陸地在自由的水裡運動，琢磨成你可以握在手中、摩擦臉頰的小東西。砂岩讓人沉靜、思緒清晰。頁岩，不用說，屬於理性。在掌中這些平凡的世界裡找到快樂，並且清楚知道，當難以言喻的痛苦出現，當難以言喻的喜悅出現，石頭都在那裡。在你屋子裡的每個透明玻璃水杯裝滿石頭，不管你的丈夫或情人怎麼想。把石頭堆在櫃臺、餐桌、窗臺上。把石頭依照顏色、材質、尺寸、形狀分類。收集一些大一點的石頭，把它們隨意放在客廳地板上，不管你的訪客怎麼想。用無生命的物體造一個精緻的迷宮，隨意移動你的石頭，好像它們是捲動的水。開始探索各種石頭的味道和聲音。爲它們取名字，不是地質學的，是你自己想的。記得它們的存在，如果有某顆不見或亂了，你會發現。每週一次把它們泡在水裡。每天帶一顆不同的石頭在你的口袋裡。離開日常狀態但不要刻意。逐漸超越限度但不要在意。擁有比衣服、碗盤、書冊更多的石頭。跟它們依偎在地板上，偶爾把比較小的放進你嘴裡。有時，感覺像石頭，或進入石化狀態，或生活在岩石群中，而不是感覺疲累、煩躁、憂鬱。夜裡，獨自一個人，裸身，把一顆綠的、一顆紅的、一顆灰的擺在你身體的不同部位上。不要告訴別人。

現在就去。

收集了幾個月之後，當你的屋子飽滿而腫脹，當你開始經歷收縮和擴張，在你檢查那抹太紅的血色之後，在你用計時器記錄幾秒又幾分之後，在你開始調整你的呼吸然後放棄不再想那個你曾聽過有關這一切的故事之後，接著，在你的寶貝出生即死的那個早晨之後——這是在那個你曾聽過的故事裡找不到的情節——在你想到「生」這個字就想到「死」之後，去找石頭。去找石頭，去傾聽大海之間傳遞著遠從烏克蘭而來的回聲。聞聞海帶，嚐嚐海鹽，感覺水底動物擦過你的身邊。記得你的身體有一部分落入水中遍布了整個地球，明白陸地是由你組成。把所有別人照腳本或當禮物送你的嬰兒服全拿出來排在地毯上。和那些小衣服和你的石頭坐在一起，放空一切什麼都不要想。用無始無終伴隨你的無思無想，彷彿在叫你放掉另外那個比較線性的故事，那個故事有開頭、中間和結尾，超凡神性的結尾。放掉它，我們是詩，我們歷經漫長生命而來。我們撐著來到這裡，跟你說，繼續，活下去。

在那個你曾聽過的故事版本底下，在石頭中，你會看到你的生命有自己的基調和劇情，迂迴循環，分鏡成像。那幾乎是個奇蹟，幾乎讓你無法承受，但確實存在於你無法束縛的想像之中——沒人想得出來，只有你可以。你具備生物隨著碰觸變異元素而變形的能力。石頭，記載著水的流光歲月。生生死死，一切萬物，在你手中。

聲音和說話

我家客廳的某一角被稱爲愛哭鬼角落。你哭了，就必須去那裡面對牆角罰站。這是個羞辱的規定。我的姊姊跟我說，她一被叫去站愛哭鬼角落就會幾乎立刻停止哭泣。我可以想像她離開牆邊時一臉冷峻如修女的畫面，幾乎像個大人。

我來到這個家的時候，比姊姊晚了八年，這屋子的規矩已經底定但是似乎沒有一條對我有用。四歲的時候，我的哭是嚎啕大哭，哭得呼天搶地。而且我一天到晚哭。必須上床時，我哭；晚上了，我哭：不認識的人看我，我哭：認識的人跟我說話，我哭；有人想幫我拍照，我哭；被送到學校下車，我哭；沒吃過的食物擺到我面前，我哭；播放悲傷的音樂，我哭；布置聖誕樹，我哭；萬聖節「不給糖就搗蛋」有人應門，每次必須上公共廁所，或是在別人家上廁所，或是在學校上廁所，我哭。一直到我七年級。

蜜蜂靠近我，我哭；尿溼褲子——在幼稚園和一、二、三、六年級，瘀傷、刮傷或割傷，我哭；他們在黑暗中把我放上床，我哭；陌生人跟我說話、小孩子欺負，頭髮打結或冰淇淋讓我頭疼或內褲穿反或必須穿膠鞋，我哭；他們第一次教我游泳把我丟進華盛頓湖，我哭；看牙醫打針，在商店裡迷路，跟家人去看電影——事實上，我的哭泣事件較有名的其中一次發生在他們帶我去看《亂世佳人》，電影中那個小女孩騎小馬發生意外，還有白瑞德離開郝思嘉，我傷心欲絕，哭了將近一個禮拜。

我的父親大吼，我哭——有時他一走進房間，我就哭了。

我的母親或姊姊被派來把我帶我，但平撫的效果很小，像小孩子那麼小。

沒帶走的，是我說話的聲音。

在我家裡，皮革落在我姊姊光屁股上的聲響，奪走了我喉嚨裡說話的那個聲音，有好幾年。比你早來的姊姊，受過一頓又一頓的抽打，在你出生之前承受了一切。皮帶打在她皮膚上的聲響，會讓我咬自己的嘴唇。我會閉上眼睛，緊抓膝蓋，坐在我房間的角落裡搖晃，有時會用頭一下又一下地撞牆。

我依然無法忍受她被鞭打時的沉默無聲。她那時有十一、十二、十三歲了，之後才沒再被打。我一個人在房間裡，把枕頭蓋在頭上。我一個人在房裡，從衣櫃拿出防寒厚外套，把整顆頭埋在裡面。我一個人在房裡，在牆上畫畫——明知會被懲罰——把蠟彩用力往牆上壓，直到蠟筆斷裂，直到我聽到它結束，直到我聽到姊姊進浴室。我會偷溜進去，抱住她的膝蓋。無聲如幽靈的母親會弄個泡泡浴。姊姊和我一起坐在浴缸裡，我們不發一語，在彼此的背上抹肥皂，用手指在皮膚上畫圖。如果是畫在你背上，你就要猜那是什麼。我畫一朵花，我畫一個笑臉，我畫一棵聖誕樹。我的姊姊哭了，但她只哭在掩面的手裡，沒人聽到她哭，只有她的肩膀和背部顫抖著。小孩子的指甲殘留下紅色痕跡，即使在沖掉肥皂之後。

姊姊離家的時候，我十歲。

我沒有跟出生家庭以外的任何人說過，甚至在學校被傳喚的時候也沒說，直到我十三歲。我會仰頭往上看，喉嚨縮到像吸管一樣，雙眼泛淚，說不出半個字。或者，如果某個大人要我說，我會像鶴一樣，用一隻手抓著一隻腳，另一隻手臂擱在後腦杓，站成L字型搖晃，直到失去平衡。我不說話，跳著小鳥芭蕾，一個小女孩用手臂做出一個L表示莉狄亞。不論做什麼，我就是不說。姊姊在我眼前生活的那些年，我什麼都沒說。而在她離開之後，恐懼奪走了一個小女孩說話的聲音。

有時候，我覺得我說話的聲音出生在紙上。我有一本手札藏在床底下。我那時不懂手札是什麼，它只是一本紅色筆記本，我會在裡頭寫下圖畫、事實與謊言，交錯穿插。那讓我覺得自己是別人。我寫到關於父親暴怒大吼的聲音，關於我多麼恨它，希望消滅它。我寫到關於游泳，關於我多麼愛它，關於女孩讓我的皮膚發燙，關於男孩以及在待他們身邊讓我的腦袋發疼，關於收音機播放的歌曲和電影、我最好的朋友克莉絲蒂、我多麼嫉妒凱蒂但又想舔她，還有我多麼愛我的游泳教練朗・科赫。

我寫到關於我的母親……在她開車接送我往返游泳課路上，我看著她的後腦、她的頭髮，她多麼常不見人影、賣房子到深夜、賣到得好多獎。我寫信給我離家遙遠的姊姊，但從沒寄給她。我寫下一個小女孩的夢想。我想參加奧運比賽，像我的隊友一樣。

十一歲的時候，我在我的紅色筆記本裡寫了一首詩：

在家／一個人在床上／我的手臂酸痛。我的姊姊離家了／母親出門了／父親是設計建築的／在我隔壁房間／他在抽菸。我等到五點／我祈禱離開這個家／我祈禱游泳入水。

我說話的聲音，漸漸浮現，她說的故事內容關於我的父親，也關於我自己，和水。

最好的朋友

我十五歲的時候，父親跟我說我們要從華盛頓州搬到佛羅里達州蓋恩斯維爾市，因爲那裡有全國最好的游泳教練——蘭迪·瑞斯，佛羅里達水上游泳隊的教練。

我記得自己一個人坐在房間裡想著：什麼？我們幹嘛莫名其妙爲了縮寫叫「快速」的什麼泳隊離開我們的家？我們幹嘛捨棄西北部的樹木、山區、雨水和翠綠，去交換長條狀的沙灘和鱷魚？我們在佛羅里達不認識半個人。我沒去過那裡。我在乎的一切都在游泳池——我信任的或喜愛的人，我生活中唯一感覺安心的時光，唯一感覺自己有女兒之外的身分的地方。而且，他幹嘛跟我說我們搬家是爲了我？這又不是我要求的。我幹嘛？

我愛我的游泳教練。我認識的男人裡只有對我好。這個男人，在我練游泳有血沿著腿流下來的時候跟我解釋那是怎麼回事，然後在我以爲自己會死於癌症的時候跟我說要怎麼處理。這個男人，我一週六天、一天六小時跟他在一起訓練追求勝利。他修正我的划水。他在我疲累的時候鼓勵我。他在我獲勝的時候用雙手把我舉高，在我落敗的時候用單手和毛巾把我環抱。那時，我說：「朗·柯赫呢？」父親說：「沒人知道朗·柯赫是誰。」

我問母親，她擔憂的臉龐皺了起來。她一手輕拍著放在大腿上的另一手，說：「嗯，小美人，你的爹地獲得升遷。那是一大筆錢。」

我問她想不想搬去佛羅里達，她說：「他說你値得最好的。何況，小美人，那裡天氣晴朗！」

事實上，父親獲得升遷擔任東南方海岸的領導工程師。但我不是這樣跟我說的。照他的講法，那是他們爲我做的犧牲。

我家裡一天到晚充滿菸味。回到房間，我想到我最好的朋友克莉絲蒂。我打從五歲就認識她了。我每天在中學儲物櫃玄關跟她一起吃午餐，在藝術課跟她一起坐，然後希望每節課都是藝術課。我會跟她的家人一起渡假，然後希望他們是我的家人。我咬著枕頭痛哭，咬到枕頭裂開。

就這樣，我離開了一個池子的水，跌進另一個。水，你以爲到處都一樣，但其實不然。佛羅里達州的自來水味道像臭爛沼澤。浴間流下來的水滑滑怪怪的。天空流下來的水溫溫潤潤的，還會殘留濃濃的蒸氣嗆著不習慣的人。海水的溫度跟尿一樣，而泳池的水即使在十二月也是微溫的，好像一個無趣的巨大浴池。佛羅里達州還會有颶風。

我討厭佛羅里達。

蘭迪．瑞斯幾乎根本不看我，他的隊上有奧運選手。我試著追上他們，跟上他們，有時候會成功。但不論我多努力游泳、我的時間或體重多少、我站在頒獎臺上的哪個位置，我從來不覺得我是……他的。我表現好的時候，他會給我看寫字夾板上的分段紀錄與數字。我會呆呆站在那裡，滴著水，等著被擁抱。但他不是那種男人。在重大的游泳比賽前呢？他會叫所有的女泳選手量體重。如果你沒達到體重標準呢？你會被「掄」，被一塊聚苯乙烯踢水板打你背後的大腿或屁股。一磅肉掄一下。因爲這樣，泳池變成了一個羞辱的地方，跟我家就再也沒什麼不一樣了。

不論我以游泳選手的身體起過什麼誓，不論我在水裡發過什麼願，一切都開始沉溺了。在家裡，父親的存在和暴戾趕走了房間的空氣。在泳池，有個男人在旁邊吼叫、用踢水板揍人、臉上毫無笑容。

在我高三那年，我們的二百碼混合接力在州級游泳錦標賽上獲得全國最佳成績。我和其他三個女孩站在頒獎臺上，目光搜尋著看臺觀眾。我的父親不見人影，我的母親渾身伏特加味，我隔著泳池彷彿都還聞得到。蘭迪．瑞斯連看都沒看我一眼。後來，吉米．卡特的抵制行動[1]粉碎了小女孩們的泳者榮耀夢想——充滿勝利選手的蘭迪泳池也一樣——所以也沒差了。可歸屬的頭銜都沒了，不能當運動選手，也不想當誰的女兒。

我恨蘭迪．瑞斯，我恨吉米．卡特，我恨上帝，也恨我的數學老師葛洛茲先生。我最恨我的父親，這種恨從未消失，只是改變了型態。我的人生被男人們毀了。現在連水似乎都拋棄了我。

但是我在水裡遇到了一個與眾不同的男孩。他跟我一起在泳池裡，在霍格敦區痛苦煎熬的那三年裡。他是個漂亮的男孩，有修長的身體、長手長腿、長睫毛、長頭髮，晒得黝黑的皮膚，以及黝黑的眼睛。他的皮膚也有祕密，不過跟父親無關。

這個男孩，我的朋友，無疑是那所高中裡最有才華的藝術家。這麼說太蠢了，應該說他的才華超過任何高中生；說眞的，他的才華超過佛羅里達州內任何自稱「藝術家」的人五百英里長、一百六十英里寬。他作畫，他雕塑，他畫圖。他做這些事的時候，出自他雙手的東西無一不讓人驚豔。

我剛搬到蓋恩斯維爾市這個地獄窟的時候，他在第一週就打電話到我家，邀我去奇克尼河用內胎玩漂漂河。電話筒傳來的語言多麼奇特。奇克尼？我根本不知道他在說什麼，但是我答應了。

奇克尼河的水冷得像冰。河水不見寬，但見深，而且有急流。白尾鹿、浣熊、野火雞、木鴨、大藍鷺，從河上就可以看到。那裡還有……蛇。但是這樣的組合自有一種美。清澈水藍的奇克尼河綿延六英里，穿過蔭鬱的丘地和溼地，匯入聖塔菲河。我緊跟著我的藝術家朋友漂了三個小時。他問我關於我的生活，我問他關於他的。我們笑著。我們像爬行動物晒著太陽。我們像從練習解脫的

1.卡特總統為反擊蘇聯進兵阿富汗，決定抵制一九八〇年莫斯科奧運。

游泳選手自在游淌。那趟漂河之旅結束時，我感覺已經認識他好多年了。

我想應該不假，將近三年的時間，除了週日，我們每天都在一起。大部分的時間我們在學校碰面，我去上英文課和法文課，他去藝術教室，然後我們差不多在午餐時離開，或整天一起待在藝術教室，或去他家吃三明治。我們會在游泳練習之間聽佩特．班納塔[2]，或一起小睡。他的肌膚幾乎沒有毛，像絲絨般柔軟。

我不知道如何描述我多麼愛他。但那是一種我以當時的智慧無法理解應付的愛。我卯足全力挑逗，但他似乎在性慾上對我不感興趣。其他的霍格敦男人似乎無時無刻都想鑽進我的褲底，甚至在7-11裡。但他呢？他從來沒有這個意思。於是我跟霍格敦男人們上床，也繼續爲女泳選手們痴狂。但是，我跟這個藝術家之間什麼都沒發生。

然而，他爲我做了你所能想像最美麗的勃艮第酒紅色絲質舞會洋裝，背後有垂綴，前面和靠近臀部的地方有細細編織的緞帶——沒有誰的洋裝比這件更酷的了，可能永遠沒人比得過，不管在哪一州。

然後他爲我做了一件迷人的五〇年代風格高腰墊肩女用短外套，拿男性西裝外套改的，讓學校裡每個人都想要。

然後他幫我剪了引人回頭看的鮑伯頭。

然後他在我的臉上化妝（當時我唯一化過的妝），還幫我拍時裝照。

於是我對這個男人的愛越來越深，但卻無處發洩。慾望在我體內累積高漲，大概像找不到人上床的男人體內的精子那樣。有時我以爲自己看到他就要暈倒了，但是他烤了什麼很美味的東西。他會做乳酪蛋糕，眞是要命。我只想待在他身邊，無時無刻。他的肌膚聞起來像可可奶油。

日子就這樣一天、一天、又一天、再一天度過。那也許是我當時人生最快樂的時光，更何況我對佛羅里達州深惡痛絕。

然後，有一天，在大眾雜貨商店裡的走道上，我那講話習慣拖長音的酒鬼母親跟吉米・漢尼的母親說，她聽說我的藝術家朋友是同志。我是說，我那個白痴母親把我的藝術家朋友出櫃了，在他自己出櫃之前。他是同性戀，她用她黏膩的南方口音拉長語調說。

然後，他不再做任何事了。

他不再打電話給我。他不再見我。他的生活裡完全不再有我。

你知道一個漂亮的男同性戀不再愛你是什麼感覺嗎？

像死了。

2.Pat Benatar，八〇年代美國搖滾歌手，四度贏得葛萊美獎，二〇〇四年進入搖滾名人堂，代表作有“Hit Me with Your Best Shot”、“Love Is a Battlefield”。

行李箱

有時候，我覺得自己一直都是個泳者。我記憶裡收集的一切，像水一樣蜷繞著我生命中的事件打轉。或者這麼說，我就像置身在一個灌滿水、加了氯的巨大泳池裡回想曾經發生在我身上的一切，這樣的畫面也許比較容易理解。連佛羅里達州都無法消滅我內在的泳者。

在佛羅里達州的高三舞會上，我跟五個快要長成男人的男孩掰手腕。我輸了一回。舞會結束後，我們全都喝醉了。我們翻過蓋恩斯維爾市的泳池圍牆，在五十公尺競賽泳池裡裸泳——就是我每天早上游兩小時、傍晚游兩小時的同一個池子。當時是我的身體狀態是我這一輩子最強壯的時候。我看起來像別人家的兒子，有著兒子的二頭肌、下顎、肩膀、不帶性徵的頭髮、沒胸部。大夥兒要開始親熱的時候，我在泳池裡來回游泳。

那個夏天對我來說特別漫長而潮溼，跟其他人的感覺不一樣。空氣濃窒，不只因爲天氣炎熱。六月，信件開始送達我們的信箱。那些是提供獎學金的通知，給游泳的學生，等於脫離此地的簽證。

我會在傍晚出去看信箱。在打開箱子之前，我的呼吸就像在肺臟裡做摺疊式跳水。我在我家那堆愚蠢的郵件中翻攪，感覺有沒有那封信的重量不一樣。我等待著我的離開。

有五封通知信來過。

第一封獎學金通知在我手中，感覺冰冷而沉重。那是布朗大學寄來的，信封上的紅黑色布朗大學標誌在我看來很高貴。我用手指在那上面輕劃。那信封摸起來光滑細緻，它的用紙顯示出它的特殊。我聞聞它的味道，閉上雙眼，把它貼在我的心口。我帶著它走進屋裡，幾乎相信眞的有上帝保佑了。

回到屋裡，我把它放在廚房餐桌上，整頓晚餐它從頭到尾就擱在那裡。我們在客廳吃飯看電視，看《笑警巴麥》[3]。我可以感覺到血液在我耳朵裡流動。

吃完晚餐，看完《計程車》[4]，父親抽完三根菸，他終於走進廚房，然後母親，跟我。我們坐在餐桌旁，我猜就像其他家庭一樣。母親和我呼吸著。他緩緩打開信，默默地讀著。我看著他的眼睛，跟我一樣的藍色。我在腦海中來回游泳。母親像個喝掛的酒鬼坐在我旁邊，一手輕拍著另一手。我努力不要咬斷自己的舌頭。

終於，他說話了。只補助四分之三學費，裝模作樣的學校，裝模作樣的學校給含著銀湯匙出生的女孩和有錢的混蛋就讀。我母親望向窗外的佛羅里達夜色。我瞪著印有布朗大學標誌的那張紙，還印有我的名字。我知道錢不是問題，我們家有錢，問題在他嘴裡接著吐出來的東西。他的菸霧在我臉旁形成羞辱的煙圈。你以爲自己很特別嗎？彷彿有人掐著我的脖子，我嚥下喉嚨裡的話。

第二封信來自聖母大學。我們再次坐在廚房餐桌，母親、父親、女兒，煙霧幾乎像電影場景。我默默坐著，聽著我全身再熟悉不過的專橫言語那麼切膚刻骨。母親用手指捲著一搓頭髮，我都覺得快扯斷了。他爲什麼說不行？只因爲他可以。

第三封信來自康乃爾大學。

第四封信來自普度大學。

3.Barney Miller，美國ABC公司一九七五—一九八二年情境喜劇，以紐約市警局為設定，劇中破先例出現同性戀的故事線。

4.Taxi，美國ABC公司一九七八—一九八二年、NBC公司一九八二—一九八三年情境喜劇，描寫紐約一群計程車司機的日常生活。

不行。

在佛羅里達州的廚房餐桌。

我家裡的每個房間都承載著父親存在的重量，只有一個例外。我的房間裝載的是我身體的潮溼與黑暗，聞起來像混合了我的身體、氯劑和大麻的味道。面朝屋前的兩扇窗戶一直都是我通往逃家女孩夜生活的入口。七月，某個汗溼黏膩到足以讓平凡女孩窒息的夜晚，我一個人在床上，決定要離開這個家。我要離開，不計一切代價。那天晚上我激烈地自慰，把自己的皮膚都刮傷了。就在我要睡著之前，腦海浮現出一個行李箱的畫面，是我家最大的那個。它靜靜躺在車庫裡，在父親的高爾夫球袋和之前生活留下的箱子後面，像一頭又黑又大的德國狼犬，大到足以裝下一個女孩的忿恨。

在那年州級賽的初賽上，我和席耶娜．托瑞斯坐在更衣室裡喝光一瓶七百五十毫升的伏特加。如果我們是即將長成男人的兒子，我打賭我們會開走其中一人的父親的車前往加拿大，或是第一次海扁權威當局一頓，不在乎被揍黑了眼圈。但沒辦法，我們只能坐在水泥地上，在除了毛的乖乖牌運動員女孩們厭惡的目光下喝酒。

雖然喝醉了，我還是以第五名晉級蛙式決賽。決賽時，有個我不認識的女人來找我，一頭粗糙金髮，眼鏡像佛羅里達的可口可樂瓶一樣厚。我剛拿下一百公尺蛙式第二名。我游了一分七秒九。她看起來像抽了大麻，說她是德州理工大學的教練，而雖然當下那樣她沒辦法站在那裡跟我談我在滴水而且帶著未成年的忿恨——但她隔天會打電話跟我討論全額獎學金的方案。我什麼都沒說。等我的呼吸平復後，我抬頭望著看臺上的酒鬼母親。她有點搖頭晃腦的。我希望她留在那上面就好。我的母親，她是我所知唯一跟德州有關的東西，坐在上面的看臺喃喃自語。

德州理工的教練打電話到我家時，父親正在上班。我跟那位髮質粗糙、眼鏡厚重的女人在電話上談。我母親出了聲音，黏膩慵懶的南方腔調繞著我的肩膀打轉——像蜜蜂繞著蜂蜜——然後是這個女人的聲音，然後是我，說「好」。好。

如果事情就這樣搞定那就太好了，是吧？母親出了聲爲女兒鋪好離家的路，金髮泳者女孩上了飛機，掰掰。

過了一週，待簽名的文件送來時，父親正在上班。母親簽了名。我記得有點驚嘆地看著她的手。她的筆跡很美。接著，她把文件放進信封，抓了她的車鑰匙，對我說：「走吧。」用她黏膩慵懶帶酒氣的南方腔調。我們坐進她賣房產用的旅行車，一起開車到郵局。我看著她把我的自由契約投進郵筒的藍色金屬開口——我幾乎愛她了。

整個七月剩下的日子裡，父親都在發怒，八月也一樣。每天他下班返家，都會找到新的辦法讓家裡充滿憤怒。羞辱振動四壁，小婦人們承受著、承受著。有時我以爲他可能會殺了我們其中一人。但是我不怕。在我臥室的掌心裡，我感覺到牆壁如脈搏在搏動。

那個夏天，有一次父親勃然暴怒，他朝玻璃拉門砸了一個盤子。我以爲會有什麼碎裂，但沒有。另一個晚上，他把我的游泳袋撕個粉碎，我的泳衣和蛙鏡飛到半空中。有一次他一路跟著我到我臥室門口，我感覺到他的一字一句落在我慍怒的肩膀。他在我的門框邊停下，我轉身面對他，他氣到發抖，然後他說：「這就是所謂的克制。我在克制我自己。你不知道我能做到什麼程度。」我們瞪著對方。

我心想：這就是所謂你的女兒要離家了，王八蛋。

但是，在其他幾個晚上，他會變成體內欲望糾結高漲的那個男人，越接近我離家的日子就越嚴重。八月的某天晚上，大雨像鼓聲下著。他要我坐在我們客廳的沙發上，用他的手臂環抱我的肩膀。他用粗大的拇指摩擦著我的前臂畫圈圈，讓我心裡一陣發顫。他的聲音低沉到近乎無聲。

然後他開始描述男孩們可能會對我做什麼。他們會如何把髒手放進我的裙底撐開我的雙腿用手指幹我，他們會如何伸到我的衣服裡面玩我的奶頭抓我的胸部吸吮，他們有多噁心，他們的手，他們火燙的臀部和氣息，他們上挺渴望插入的欲望。還有他們會用屌做什麼。我在沙發上，坐在他旁邊，不用看就能感覺到他在摸自己的屌自爽。我的皮膚麻痺，口中牙齒緊咬，而他在告訴我如何說不、記得我是他的女兒就能找到力量說不、他是唯一適合我的男人。

我腦中想著：你知道這就是所謂的喪心失魂，也正是現在該離家的原因。

我以前想過要離家，想過各種離家出走的方法。但是那年我的母親試圖自殺，我的姊姊勇敢地從有如庇護所的研究所回來，問我想不想跟她一塊兒走。我當時十六歲，她回家，問我。光是這樣做，就足以讓我再撐兩年了。

我想著貯存在我自己體內的祕密。多少次我爬出臥室窗戶鑽進誰的車裡，我的雙腿間有克制不住的慾火，那不是他的。我想著伏特加，我沉溺其中幾乎無法自拔。他叫我坐在沙發上跟我說我是他的，但那時我早就不是屬於他的那個女兒了。黑色行李箱在我的夢中逐漸成形，發展出故事。我感覺父親和我之間似乎有一股張力，那是我的欲望，不是他的。

我們的最終對決發生在我家的車庫，在我離開前一週，旁邊有母親的旅行車和父親的科邁羅伯林尼塔房車。那晚，我去車庫把那個黑色行李箱搬出來。我打算拿去房間，我要裝滿它、裝滿它。我找到行李箱，拉開箱口拉鍊，聞到像菸霧的味道。我把它打開，裡面有兩件父親某趟旅行穿的上衣。我瞪著那些上衣，直到我的頸部因憤怒而刺痛。我抓起其中一件的一角塞進嘴裡用力嘶咬，甩著頭嘶咬，然後把它們拿出去丟在垃圾筒裡。

我走回來之後，把行李箱每個夾層澈底檢查了一遍。一管 Certs 薄荷糖、某包菸的包裝碎片、一把梳子、兩個保險套。我把行李箱拿起來甩，終於把父親的殘跡全部清空。我拉上箱口拉鍊，起身要把行李箱搬到我的房間時，父親來了。我看到他之前就先聽到聲音了。我轉身面對他，他剛好站在孤零零吊掛在車庫的燈泡下方，他的頭部被照出詭譎的光影。然後他開始大叫，剛開始是意義不明的低吼，但是那哼哼嗚嗚的低鳴很快變成咆哮，就像科邁羅伯林尼塔房車的引擎。她罵我是賤貨，他數落我的罪行，他列出我的過錯和缺點和可恥的行爲——種種浪蕩放縱的行徑帶我這個女兒走到這個地步。

也許那些都是眞的，也許他是對的，也許我會變成他說的那種破錨賤貨，但我也是個很優秀的泳者，而他不是。

他一度抓住我的手臂，我感覺到瘀青浮現，但我沒有一刻鬆開行李箱的把手。我覺得自己隨時可以甩行李箱砸他的腦袋，只要我想。不知怎麼地，那天晚上，在那個空間裡，我身爲女孩的羞恥與恐懼完全不見蹤影。我在用別人家兒子的思維思考：你不知道我能做到什麼程度，王八蛋。

我直瞪著他的眼睛，藍色對藍色。

我感覺到自己肩膀拱起的寬度和下顎緊繃的稜角。我的腎上腺素像比賽前一樣狂飆。他說的沒有半個字能打擊我。我猜他發現了，因爲他換了檔，開始教訓我正在對母親做什麼——害死她你會開心嗎？你就這樣離開？像你那個自私沒用的垃圾姊姊？你是這種人嗎？害死自己母親的自私婊子？你跟你的姊姊——你們這些目中無人的賤貨——你們以爲自己比別人多了不起嗎？

我的姊姊和我，我們是自私的，只因爲我們想要的是自己。

任何憤怒或愛都無法阻擋我們。我出聲說話了。

幹你
媽的

我提高音量，更大聲地說了一遍、又一遍，直到我開始尖叫嘶吼，用泳者的肺臟放聲尖叫嘶吼。然後我說，你他媽的滾開別擋我的路你這個操你媽的虐待狂。我把我的行李箱往後甩，他把他身爲父親的身體整個挺起來，胳膊往後拉，拳頭緊握到指關節發白，臉部脹到發紅。他緊咬著牙，而那雙眼睛，那雙父親的眼睛狂燒著怒火。

我用的是他的聲音。

那幾乎是個你死我活的時刻。然而，離開那個空間，所需要的就是我擁有的這副身體。雖然我的確聽到他在呼吸——紊亂喘息著——在我目中無人的背後。我也的確擔心後腦杓被打會是什麼感覺，但我相信我承受得起。

我把行李箱搬到我的房間，走進去，關上身後的房門。我把衣服拿出。我的皮膚聞起來有氯劑和汗水的味道。夏天的熱氣穿透窗戶遮陽簾悄悄鑽了進來。我把頭放在枕頭上。我等著。我聽到有一輛車經過，我聽到狗吠，我聽到風吹過窗外樹叢的窸窣，蟬叫，蛙鳴。我等著、等著，然後我不等了。我把手放到雙腿間，剝開唇瓣，溼熱帶著我的手指滑動繞圈、加速、用力。我閉上眼睛，想著席耶娜・托瑞斯把她的手指插進我張開大口的屄，張開到跟我嘶吼王八蛋的嘴一樣大。我的高潮激烈到射出體液。一直到那晚，我才知道女孩的身體也會射液。

我最先放進黑色行李箱的東西是一個隨身扁酒瓶，還有一個原本裝著母親頭髮的盒子。

釋放

「出生」有很多重涵義。多少次我們離開一段人生、進入一段新的人生，或是十八歲時在機場起飛遠離我的家，看著機場縮小、地面縮小，佛羅里達州那條討人厭的狹長沙地後退、消失。在天空中的女孩像在水裡一樣輕盈失重。

我要去的地方是德州拉伯克。我一抵達拉伯克，管他拉伯克是什麼，就感覺自己來對了。我自己的房間我自己的朋友我自己的食物我自己的酒精我自己的音樂我自己的性慾我自己的金錢我自己的想法我自己的身體我自己我自己我自己要當什麼人去哪裡的自由。我體內的玫瑰有如火山解放，彷彿被深深壓抑在身體裡的什麼不得不爆發。所有上大學的小孩都有這種感覺，雖然我們之中只有少數人的骨肉刻劃身爲女兒的憤怒祕密。我的班機抵達拉伯克，游泳教練來機場接我，那個用錢交換我的女人。

我大概花了兩週的時間適應拉伯克。

在二〇〇九年五月之前，各位朋友，拉伯克很乾燥無聊——不是枯燥乏味，雖然這樣說也沒錯，確實枯燥乏味到足以讓人窒息——沒有酒可以喝，只有在酒吧和餐廳的特定時段才喝得到。要買「包裝的」含酒精飲料，你得開車至少二十五分鐘到類似得來速的烈酒穀倉小屋，裝貨，再開車回來，然後大半夜偷偷摸摸把你的貨搬進通往女生宿舍的側門——拖著好幾卡裝了啤酒的行李箱，或插了好幾瓶在你的褲子裡，再爬上好幾層樓梯。

拉伯克的極致環境特色是飼養場的牛糞味。它刺鼻到讓你眼睛泛淚，同時引發獨特的反射性乾嘔。熱風挾著橘色沙塵暴，濃密到讓你甚至伸手不見五指。如果你冒險外出，會感覺像遭受拉伯克小惡魔的邪惡細針攻擊。

Q大道，巴迪·霍利[5]廣場，有一尊大大的巴迪·霍利銅像。用Google查詢會發現，巴迪被一圈星光大道的名人環繞著，包括威倫·傑寧斯[6]和可敬麥克·戴維斯[7]。九月的第一週會舉行巴迪祭，紀念巴迪·霍利誕辰。在巴迪祭期間，喝醉的德州西部人會模仿巴迪和他的女人的穿著，然後……鬼吼鬼叫。

這是一座草原犬鼠小鎮。想像這幅畫面：在某個偏僻荒涼的地方，有一大塊被水泥圍籬包圍的土地，水泥圍籬的高度及膝。在圍籬裡頭呢？有一大堆坑洞。而在坑洞裡頭呢？有草原犬鼠。所以，如果你喝醉了、神智不清、半夜坐在水泥牆上，你會做的事情大概就是用手電筒照光，然後用石頭扔那些冒出地面的頭，像是放大的打地鼠遊戲。不然要怎樣呢？

好。當我說地勢平坦，我的意思是，你跳起來就可以看到達拉斯。

拉伯克，還眞是個好地方。說眞的，你該收在口袋名單裡。

白天我上午五點半練游泳、七點吃早餐、十點到下午三點上課、三點半重量訓練、四點半練游泳、七點吃晚餐，天天如此，但是週日可以跟一群火辣的女泳選手鬼混，而且夜晚是屬於我們的。

整個夜晚，每個夜晚，你可以盡情享受擁有，在上午五點三十分之前。

我的室友相遇後不到一個月，我就跟她戀愛了之類的。也許是因爲她的酒量，或她罵髒話的能力，或她的搖滾，或她的Bose喇吧和超屌的音響，或她來自芝加哥而且認爲德州西部人是白痴，或她游蝶式的英挺肩膀或她的大奶或她的綁帶或她的破牛仔褲或她的一口菸斗。也許只因爲她的名字，艾美。艾美，你想做什麼？我想我可以愛你，愛一陣子，或更久，如果我愛你。

我不知道各位對游泳選手的狂歡了解多少。不過，嗯，那可令人無法抵擋。大學的游泳選手幾乎全都擁有某項獎學金，那都是錢。有兩位頭髮打薄漂淡的英國雙胞胎，無數講話黏膩慵懶的德州髮膠芭比，一個帥氣逼人的前輩女同志，一個亮麗動人身形如男孩的亞洲美女，還有一個神祕的羅馬尼亞人。至於那些有長屌的，有一個姓克林姆的高瘦修長，淺金髮色跟我的一樣白，而我為他像金磚屋一樣傾倒；有一個是布魯斯・史普林斯汀[8]加艾維斯・卡斯提洛[9]的南加州衝浪皇帝兼啤酒咖；有一個跳二拍圓舞隨時都想打砲的達拉斯淫狗；有一個跟艾美同鄉的傢伙籌劃男生宿舍的派對，一整群男泳者，他們的褲底有火箭準備發射升空，皮膚在一般人不知道的部位也除了毛。

當我說我們狂歡，我的意思是史詩等級的。

那一年過了將近一半的時候，我的日子變成上午五點半腦脹宿醉練游泳、七點跳過悲慘自助餐廳的速食蛋爛早餐、十點十一點十二點蹺課、中午喝酒解酒吃冷披薩配哈根達斯冰淇淋聽齊柏林樂團搞嗨一週左右驗一次、下午三點半重量訓練、四點半練游泳，然後去你媽的宿舍晚餐難吃得要死還得跟一堆德州西部白痴坐在一起。我們早點出去喝吧，打開 Rock Z 頻道跳舞跳舞跳舞然後大喝大吐然後幹你媽的每天每夜。

第二年我丟了獎學金。第三年我退了學。

5. Buddy Holly（1936－1959），出生於德州拉伯克市，五〇年代的美國搖滾歌手和作曲家，代表作如 "Peggy Sue"，曾組蟋蟀樂團（The Crickets）。
6. Waylon Jennings（1937－2002），美國鄉村歌手，二〇〇一年名列鄉村音樂名人堂。
7. Mac Davis（1942－），出生於德州拉伯克市，鄉村暨流行歌手、作曲家、演員，代表作如 "Whoever Finds This I Love You"。
8. Bruce Springsteen（1949－），出身紐澤西州，美國搖滾創作歌手，歌曲帶有愛國主義，關懷家鄉與工人階級，二〇一六年獲頒總統自由勳章，代表作如 "Born to Run"、"Born in the U.S.A."。
9. Elvis Costello（1954－），英國創作歌手、製作人，七〇年代中期以倫敦酒吧搖滾竄起，後來被歸入龐克新浪潮風格，代表作如 "She"。

愛情手榴彈 I

我一直想當詹姆斯・泰勒[10]會對著唱「我感覺很好，只要她就在我身旁」的那種女人。〈她的舉止風采〉[11]，你知道那首歌。你難道不希望有人對著你唱這首歌嗎？

唉呀，但是別人對我唱的歌應該會是「她皮膚上的血，滴著罪惡，再做一次，活死人女孩」。是的，羅伯殭屍[12]唱的。因爲在大學時，我是個活死人女孩。

我的第一任丈夫是個俊美的男孩子氣男人，會讓我想到詹姆斯・泰勒。他的手那麼相似，他的聲音那麼相似，他的修長身材那麼相似。他彈奏原聲吉他的內斂才華打動了我，他藝術家的眼眸打動了我，他在這個消瘦男子底下的自我打動了我。我應該跟羅伯殭屍那種型的在一起，但我沒有。有好幾年，在德州的拉伯克，這個我靠游泳獎學金換來的地方，我跟一個詹姆斯・泰勒那種型的男人在一起，他叫做菲立普。

我的外型是這樣的：馬汀大夫戰鬥靴、濃密的碳晶煙燻眼妝塗滿眼袋、撕破到不行的緊身褲、格子花呢天主教女學生裙、黑色騎士皮夾克。我不噴髮膠、不擦指甲油、不拿女用手提包，顯然跟德州拉伯克格格不入。

那些年充滿了他畫畫、他談吉他給我聽、嗑藥搞嗨、做愛，還有耶，上學，而我在第三年被退了學。我唯一拿到A的科目是哲學，因爲哲學課的教授每堂課都在嗨，所以我們只是圍坐在一起鬼扯一些哲學的胡說八道，直到我們也全都開始嗨著去上課。上學、跟菲立普睡覺、努力不要喜歡上我的室友艾美，還有游泳，雖然每一年、每個月，我內在的泳者都一點一滴沉溺於酒精和性愛的海洋裡更深。

第一次在拉伯克分手那晚，天空下著雪。下雪在拉伯克顯得奇怪而愚蠢——拉伯克的地勢平坦得可以，沒有山，沒有樹，沒有丘陵。說拉伯克下雪的人一定是喝醉了酒開著車在亂繞。不要覺得我惡劣。記得我跟你們說過，拉伯克很乾燥無聊，所以女人會變得……乾渴，而在死寂的深夜裡實在沒什麼搞頭。即使真的有，你從大老遠就會看到。

好的，那是個開著車亂繞的夜晚。開了一會兒之後，我們停了車。我醉得像猴子，還爬上那座像墓園一樣的公園裡的巴迪．霍利雕像肩膀。

話說，那尊巴迪．霍利雕像沒有多高，但我的舉止好像我是世界之王一樣。

壓軸的是菲立普。菲立普把他的手套指尖部分切掉，坐在巴迪．霍利雕像的底座彈吉他。他彈了〈盼你在此〉[13]的原聲吉他前奏，是他憑空靠耳朵聽出來的。他彈了〈甜蜜寶貝詹姆斯〉[14]，然後彈了〈蘇珊〉[15]，在巴迪．霍利的腳邊，而他身邊的金髮女子在發酒瘋、撩起上衣朝華氏三十度的夜空大喊「操你們全部每一個人，來吃我啊，嗚啊啊啊啊啊啊」。不是特別針對誰，就只是針對拉伯克。

10. James Taylor（1948 - ），美國知名鄉村創作歌手，五度榮獲葛萊美獎，二〇〇〇年名列搖滾名人堂，代表作如“You've Got a Friend”。
11. 英文曲名“Something in the Way She Moves”（1968），文中的歌詞原文是 I feel fine / Anytime she's around me now。
12. Rob Zombie（1965 - ），美國重金屬創作歌手，曾組白殭屍樂團（White Zombie）。文中歌曲英文曲名為“Living Dead Girl”，歌詞原文是Blood on her skin / Dripping with sin / Do it again / Living dead girl。
13. 英文曲名“Wish You Were Here”，英國搖滾樂團平克．佛洛伊德（Pink Floyd）一九七五年發行的經典名曲。
14. 英文曲名“Sweet Baby James”，詹姆斯．泰勒代表作，一九七〇年發表於同名專輯。
15. 英文曲名“Suzanne”，原本是加拿大詩人歌手李歐納．柯恩（Leonard Cohen, 1934-2016）一九六六年的詩作並自行譜曲，先有其他歌手演唱、灌錄，隔年柯恩自己演唱收錄於一九六七年首張專輯*Songs of Leonard Cohen*。

我當時跟菲立普在一起差不多一年。我喜歡上他的時刻，是在寢室大廳走過他身邊的時候，聽到在我後腦杓傳來他的聲音。他有一副我在白人男孩身上聽過最低沉的嗓音。那種聲音會繚撥你的脊椎頂端和下顎，讓你張開嘴，渴望著。我腦中則不斷想著我離父親遠遠的、我離父親遠遠的、我離父親遠遠的我離父親遠遠的。

我轉身看到他，一頭及肩的頭髮、濃密到不行的睫毛、莫卡辛靴，和一把吉他。

那晚，他在那裡，在雪中彈著〈蘇珊〉，歌聲打開了黑夜。我盤踞在巴迪·霍利上面，微瞇著眼看星星，口水滴落在巴迪青銅像的頭頂上。再憤怒乖張的女孩也會被此情此景感動到落淚。

我們鬧翻有兩個原因。

原因之一：我一整年指使著俊美可憐的菲立普晚上闖進陌生人家在地板上幹。我也不知道爲什麼。這讓他很受傷，我可以肯定地跟各位這樣說。他嚇死了，但他還是會照做。我會在屋裡亂跑把燈打開，他則像心跳一樣迅速蹦跳著他修長地要命的六呎三吋軀體來把燈關掉。我會侵占任何我找得到的酒，他則拼命把酒瓶裝滿水、蓋好瓶蓋、還其原封不動的模樣。我會搜刮藥品櫃，他則在黑暗中追著我，試圖搶走那些白色小藥片。

而我們打炮的時候，我會爬到他身上卯起來騎他的屌，希望我是他的吉他，而不是什麼殘破敗爛的女孩，而他的手指將會彈奏我直到我死亡、直到我澄淨、直到我心靈平靜、直到我成爲他將寫進歌裡的女人。我脫掉上衣，我的奶白淨渾圓如月、我的頭搖晃後仰、頭髮狂野飛散。他會猛烈射精，猛到我以爲我的脊椎要散了——因爲那些瘦長男子的屌都很大——接著我們喘息，在黑暗中凝視對方，在我們剛闖入的某人家裡。然後他又會再度變得驚慌害怕起來，用比光速還快的速度跳起來拉上拉鍊，留下我像殘留在電影院地板上的黏液，狂笑著殘破女孩的狂笑。

老天，可憐的菲立普，我真希望能回到過去跟他道歉。他從頭到尾根本就不適合像我這樣內心憤怒比德州還大的女人。不過，我從此領悟到，極端的消極被動自有其力量。

原因之二：他長得太美了——比我美得多，也比美麗的女人美得多。你見過這樣的男人嗎？他有太美的聲音、美麗的手、美麗的屌。但是外在的美與他的內在亂了套，因爲他認爲自己是廢物，而這個認爲自己是廢物的想法，把他變成了跟我完全相反的人。他簡直是世界上最消極被動的男人，尤其當他接近任何型態的強烈能量或衝突時，而基本上，我正是強烈能量或衝突的化身。

當我的憤怒到了爆發的臨界點，他會……嗯，他會睡著。

他是我認識唯一會在爭執中睡著的人。他會用手撐住下巴，闔上雙眼，就在你即將吵贏的時候。我從來沒看過有誰會這樣，除了他。這讓我氣到發狂。我整團強大的能量無處宣洩，好幾次幾乎就要內爆或自燃了。

菲立普來自一個南方的浸信會基督教大家庭，全家都會唱歌。那裡家家戶戶都會在家門前的露臺上進行聖歌隨唱，隨著家族成員合音的歌聲起落升降。身爲神的子女，父親是承襲上帝之聲的第一代傳人，哥哥是上帝之聲的第二代傳人，而由於菲立普的其他三位手足是姊妹，所以上帝之聲第三代傳人的責任就落在他纖細的肩膀上了。我說啊，你受得了唱多少次〈我將高飛〉或枯燥的〈奇異恩典〉[16]呢？怪不得他那麼疲憊。

這就是爲什麼女孩或女人之情慾史中的微觀運動有其重要性。菲立普的哥哥已經經歷過抗拒上帝、離家、成爲呼麻音樂人、成家、重回羊圈、扛起身爲男人之責任的過程。但是菲立普才剛碰到抗拒上帝、離家、成爲呼麻音樂人的階段，還背著一把比德州還大的吉他。他是被放逐的兒子，無法加入門前露臺上的聖歌隨唱。

16.英文曲名爲“I'll Fly Away”和“Amazing Grace”。

至於我，則是背著一份不可告人的羞恥。菲力普不想打炮只想打手槍的時候，我無法接受、我無法接受、我無法接受；而當我想吸他的屌，他不接受我、他不接受我、他不接受我。我們在對方的身體觸碰到自己的傷口。罪惡感化身爲一個柔美的男人，羞恥感化身爲一個憤怒的女孩，這就是我們性慾的組合。

他終於接受我的那晚，我們正在聽〈安逸的麻木〉[17]，他已經先自慰到我們兩人都興奮難耐。他的屌在我嘴裡，讓我感覺自己被寬恕了。我不知道爲什麼。不過，等我把他翻過身，他隨我要求一路滿足我。

我們分手那晚，天空下著雪，定格的鏡頭中是酒醉憤怒的我低頭看著俊美溫柔的他。好，我有點發神經了，那段時期的我很常失控，然後我開始跟他吵架。我不知道爲什麼。我記得看著他的頭頂，心裡想著：「看，是天使！」，而下一個念頭卻是：「在他頭上吐口水吧！」。跟各位說，我不知道爲什麼，就好像我不知道自己小時候感到害怕時爲什麼會吃紙？我的內褲溼透了，我頭昏天旋地轉，覺得冷同時又覺得熱，但那裡下著雪多麼美、多麼平坦、多麼安靜，還伴隨著音樂。

於是我趁勢展開絕殺。就像他隨手就能從天上摘下歌曲，我從冰冷黑暗的空氣裡吸取暴力，再用無處安息的憤怒與伏特加的氣息包裝。我把他毫無戒備的頭壓制在地，直到他的脖子幾乎斷裂，就像二十多歲的女人卯起來折磨每個人那樣。女孩的傷口被扯開。女孩揮舞著拳頭。

然後我們爭吵——或者是我不管怎樣就是要吵，菲立普則有點閃躲和咆哮——在我們走回車子的一路上。那是一輛破爛的嘔吐黃平托旅行車[18]，有仿木飾板內裝。我上了車繼續吵。他開車必須捲下窗戶，因爲我們窮到沒錢修理擋風玻璃雨刷，而當時正下著雪。在試圖爲自己辯駁之間，他必須把頭伸出伸進車窗來看路。但這並沒有阻止我，沒有，我只是變得更大聲、更憤怒、更激動，變成一個更恐怖混亂的金髮女。我父親的暴戾和侵害，出現在我的聲音和手中，也深深刻劃在我的皮肉裡。

菲立普，這個英文名字意指愛馬的人，或兄弟之愛。他的聲音不是用來大吼大叫的。

就在這時候，來了。

正當我的憤怒歌劇聲音漸強，在這輛破爛的平托車裡，我的憤怒快要高潮的時刻。

他睡著了。

車子有點變慢、傾斜繞彎駛向人行道邊欄、直到停下，他的頭則緩緩向前倒在方向盤上。我記得自己盯著他看了一會兒，那個片刻讓我傻眼，看清楚——眞的看清楚——他的臉、他的嘴、他的修長手指與誘人雙手有多麼美……我明白自己永遠、永遠不可能留下這樣一個男孩，因爲我絕對的憤怒和困惑將把他活活吞噬……我感覺到永遠無法擁有這樣一個男孩的女孩有多麼難過……於是我哭了……幾哩長的青黃紅色街燈在我們上方閃爍著……然後我突然暴怒起來，用我的肺全力大吼：

「你給我醒過來，王八蛋！！！你他媽的睡著要害死我們啊！」

我迅速跳下車，把平托車門用力一甩，沿著一個陌生人積雪的房子後面一條積雪的巷子奔跑，腳上踩著我的馬汀大夫戰鬥靴。我踏著沉重的腳步在雪中奔跑，輕輕地哭著，任碳晶眼影融化流下我的臉頰，同時又笑著。我伸手到身上的黑色皮夾克裡掏出裝了伏特加的隨身酒瓶，不回頭、不轉身、不去看他坐在他那輛破爛的木紋飾板內裝平托旅行車裡，睡著，或也許他在唱著……

這是個很棒的句子，不是嗎。

這是個很棒的結尾。

17. 英文曲名“Comfortably Numb”，收錄於平克・佛洛伊德樂團一九七九年概念搖滾歌劇專輯*The Wall*中首次發行。

18. Ford Pinto，福特汽車公司於一九七一年推出的旅行車，售價僅二千美元，因小巧、省油、低價而受歡迎，但不久後接連發生火燒車事故，調查發現福特公司為省成本故意忽略油箱瑕疵，裁罰一・二五億美元。

但是人生並不是詹姆斯·泰勒的歌曲，像我這樣的女孩不會就這樣跑進雪中一走了之。

我沒有在那晚跟他分手。

當我們眞的分手，嗯，這麼說吧，那並不是一首詹姆斯·泰勒的歌。而我們在憤怒、愛情和睡著之間所創造的——我們在彼此之間活過死過的——仍然糾纏著我。

這個戲劇性的結尾只是開始。

我最後讓這個男孩跟我結婚了。

拉伯克的另一面

紅奇兵[19]游泳隊裡有一個男選手是藥頭。我想我沒看過蒙提沒在嗨的。他的皮膚灰槁，包覆在運動員的肌肉上甚至顯得有點鬆垮。他的眼睛永遠都有黑眼圈，臉上有些小坑疤。他沒住宿舍，跟另外兩個不是游泳隊的男子住在某間屋子裡。他住的地方有個地下室，地下室的門上有個大麻葉圖案，大麻葉圖案的中央有個笑臉。門鎖著，要進去，你必須知道敲門的密碼。

二下。

三下。

一下。

我第一次走下去進入蒙提的地下室，是跟艾美一起。他開門，我們進去。當晚只有我們兩個女的，我們想找點危險刺激。短暫地，我覺得奇怪，然後奇怪地，我覺得好了。除了我們，那裡大概有四個男的。那四人之中有一個也是游泳選手。我看著他，看不出他的眼睛是開著還是閉著，但他微笑、點頭、招了招手。

那房間很暗，不單因爲牆壁刷成黑色、摻雜各種夜光漆、裝飾著亂七八糟的霓虹燈。地毯是暗

19. Red Raider，德州理工大學的吉祥物。

紅色粗絨，一張破爛棕色舊沙發，三盞熔岩燈，三張海報：切[20]、吉米[21]和麥爾坎[22]。

蒙提手中抓著藥走過來說：「選一顆，我會告訴你它的作用。」我挑了一顆膠囊，一邊紅色囊殼，另一邊黃色囊殼。

艾美跳過，搖搖頭說：「不了，神奇隊長。」她伸手拿水菸壺。

蒙提看著我，發出經典的呼麻笑聲說：「呼哈哈哈哈哈哈哈呵要不然來兩顆吧你？」

「這個吃了會怎樣？」

「你不想知道它是什麼嗎？」

「我就想知道吃了會怎樣啊，」我說，擺出狠角色的樣子。

我的大專運動員生涯那時已經進入當什麼好國民管你去死的時期。我比賽的時候連跳水都跳不好。泳池裡沒人在終點轉頭看我。我沒淹死已經算幸運了。我變成了嘴巴維持固定說「要」的嘴形的女人。我只想要體驗，尤其是能讓我他媽的腦袋麻痺放空的體驗。靠，我根本他媽的不知道自己是誰。靠，我哪知道我有什麼毛病。靠，有沒有誰，拜託，任何人，愛我？我願意把任何東西塞進我嘴裡。

「好啦，這顆特別漂亮的小藥丸兒會讓你鎮靜到底，讓你像在做夢。」

我立刻張嘴吞下。

苯巴比妥

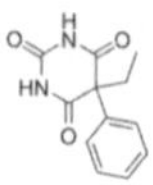

他說的對，我發昏想睡，但沒那麼像作夢，所以我又要了一顆。又有兩個女人現身。她們看起來不像游泳的人，太瘦、長髮糾結、指甲閃亮。她們穿著平口的無肩帶上衣、Levis 牛仔褲、夾腳拖鞋，咯咯傻笑著。她們嗑了迷幻藥後跳起舞來。

那個晚上，艾美努力要帶我回去，但是蒙提說服我不要走。「我會陪她走回去，我會陪她走，」他一直說。

那一趟走回去的路是我這輩子當中比較有趣的夜晚之一。不知爲什麼，我記得。凌晨三點，也許四點，夜色漆黑，氣候暖和。我們中途跑到校園裡波光閃爍的泳池，我和衣仰躺在水裡大笑，笑個不停。我說：「看我！我是歐菲麗亞！」[23]

蒙提說：「那我不就是哈姆雷特？」

「幹你媽啦啊啊啊啊啊！」我大叫，在閃爍著水底燈光的十英尺深水中翻滾。校警出現，在幾張表示我不是眞的警察的紙上寫了些東西，遞給我們，叫我們回家去。他們離開後，我們把那幾張紙吃了，然後在一顆樹下的地上亂七八糟互搞。我被自己的褲子礙著，而且我茫到並不眞的能做，不過蒙提似乎不在意。接著我們玩遊戲，我們盡全力快跑然後縱身跳進灌木叢裡。隔天我去游泳練習的時候，我全身都是樹叢的刮痕擦傷，腦袋像一團棉花。

再來一次。

我想要再來一次。

20. Che Guevara（1928－1967），切．格瓦拉，南美洲游擊隊領袖，出生於阿根廷，是古巴革命的核心人物之一，成為後世熱血、革命、叛逆的象徵人物。

21. Jimi Hendrix（1942－1970），美國二十世紀的傳奇電吉他樂手，音樂生涯僅四年，二十七歲因用藥過量致死。

22. Malcolm X（1925－1965），原名Malcolm Little，美國黑人民權運動領袖，主張激烈的運動路線，一九六五年在演講中遭伊斯蘭國三名成員槍殺身亡。

23. Ophelia，莎士比亞名作《哈姆雷特》（*Hamlet*，全名*The Tragedy of Hamlet, Prince of Denmark*）劇中的角色。她被一心復仇的哈姆雷特無情拋棄，加上父親的死讓她精神錯亂，最後失足落水溺斃。

我想要吃各種顏色的，然後看我有什麼感覺。不。

我想要吃各種顏色的，然後讓我沒有任何感覺。但，即使如此，對一個烈火焚身的女孩還是不夠。

某個晚上，在我進門的時候，鏡子上已經爲我準備了幾條白線。「哇，」我笑著說：「我是進入奧茲魔法師王國的桃樂絲啊！看這滿地罌粟花！」[24]把白色的吸進去，把理智和感受呼出來。

古柯鹼

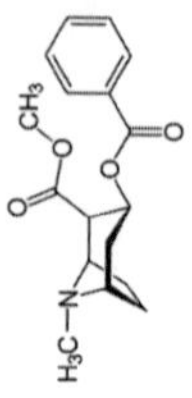

我跟那個地下室裡的人們學到拉伯克另一面的教育。某人的父親被綁架後撕票，警方在待宰畜欄牛隻踐踏的牛糞底下找到他。某人的哥哥用藥過量，順手用一塊鏡子的玻璃碎片把女友殺了。某人的母親謀殺了他的弟弟和妹妹，一個七歲、一個五歲，因爲耶穌要她這麼做——他們是妖魔鬼怪，耶穌在她的耳中輕聲說。有個女人的叔叔是戀童癖，但是家族裡沒人願意送他去坐牢，於是他們給他一座閣樓公寓。另一個女人的哥哥在國界賣古柯鹼。有個男人的墨西哥好友被發現棄置在鐵軌旁，手和屌都被砍了，斷肢裝在 Glad 垃圾袋裡。蒙提的半親哥哥住在州立醫院，因爲他多次強姦鄰居心智障礙的女孩。

我不知道能用什麼其他方式來說這些，只能坦白直說，不沖淡。這些誇張的戲劇性事件，這些血腥、道德淪喪、恐怖破表的故事……它們讓我感覺比較好一點，類似電視的效果，讓我感覺比較不像個被摧殘過的爛女兒、爛學生、爛貨。墮落的體育選手。那個地下室的人事物幫我把體內的感覺整個抽空，於是我不需要知道我是誰，或爲什麼，或所有的任何的一切。

二下。

三下。

一下。

海洛因

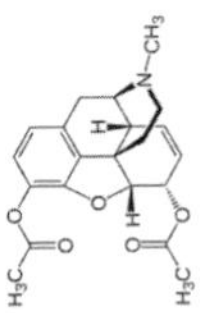

我第二年走進那個地下室的時候，幾乎都是單獨前往。我不在乎裡面還有誰。我不在乎房間看起來什麼樣子，牆上有什麼海報，髒褐色沙發覆滿了什麼東西。讓我感興趣的只有桌上備好的玩意兒：一根湯匙、一碟棉花、一個打火機和一支針筒。我拿起湯匙放進嘴裡。蒙提說：「呼哈哈哈哈哈哈哈哈呵要打在哪兒啊你？」

我說：「這裡。」然後用力拍我的手臂，讓靜脈浮起。

24.著名童話《綠野仙蹤》（*The Wizard of Oz*）裡的劇情，主角桃樂絲和她的伙伴們進入翡翠城，來到一片美麗的罌粟花田，讓他們昏昏欲睡。

殭屍

在拉伯克，我有一半的生活變成了殭屍。不是啃人肉的那種，少噁了，我不是食人族。不，我是高功能的那種，就好像各位身邊有許多人都是，對吧。這是其一。其二，我們無所不在。

在殭屍國度裡，某天晚上我在一家俱樂部認識一個醫學博士，他的鼾聲大到足以震倒一頭大象，車牌寫著「DR IS IN」（醫生在此）。我認識一個背部因爲槍傷而慢性疼痛的警察，把會藥物捲到褐色細菸裡抽。我認識一個墨西哥雕塑家，把藥物和迷幻仙人掌一起煮。我認識一個白天當保母的女人，夜晚都要脫離現實，早上再垂著眼皮回去照顧幼兒。我的創意寫作老師、兩名游泳隊員、一位足球明星、某家熱門餐廳老闆、音樂人、藝術家，喔耶，當然還有殭屍廢人們。

我喜歡針頭的尖刺。我喜歡追龍[25]。我仍然喜歡看注射器戳進手臂的動作。那眞的會讓我的嘴裡冒口水，即使只是電影裡的畫面。

三十秒就能進入空白忘我的境界。

而我喜歡我的人生，和一切表裡是非，就這樣遠離消失。

當你進入殭屍國度，一切看起來都有點像在水裡，動作緩慢而黏滯。其他人看起來會有點卡通感——他們的動作太快了，他們的嘴巴和眼睛有時會變成奇怪的形狀，他們的胳膊和腿股偶爾會幻化成蛇或其他動物的頭。有時你會發現自己在不恰當的時候咯咯傻笑。而且，一切都昏沉沉的，像在做清醒夢。

其實，那眞的像在做清醒夢。根據神經生物學，在清醒夢裡，首先作夢的人會知道自己在作夢。當頭腦在睡眠中通常會停止運作的部分被啟動，就會意識到自己在做夢。做夢者必須小心讓夢的幻想繼續，但要保持足夠警覺知道那是幻想。有些人研究這個過程做成理論，說那是介於理智與情感之間的空間。

殭屍也處於這種介於理智與情感之間的空間，而且還不只如此。問問任何一個高功能的殭屍，或是復原的殭屍，他們會立刻回你說，生活就像醒著做夢。好啊，說得好。雖然，對某些人來說，那是言語不足以描述的惡夢。

大致上，對我來說，置身殭屍國度還滿不賴的。比方說，我可以一整天坐在同一個地方，全神入迷地盯著牆上的光線變化，直到夜晚降臨。另外有一次，我把自己的手一次又一次浸到藍色油漆裡，然後在我公寓的白牆上蓋滿手印。不過，我承認，那些手印曾經變得很凶惡，威脅要把我生吞活剝。後來它們又變得溫和無害，甚至用我掌印的小嘴唱歌哄我入睡。

我想，現在回想起來，殭屍狀態是類似催眠或冥想的好東西。在催眠或冥想中，你的意識會從實相世界移轉進入更深層的潛意識世界。有時這會讓你平常的身體麻痺。殭屍或催眠／冥想的人都不會被這種狀態嚇壞。在殭屍國度裡，當你如此放鬆的時候，你會感覺嘴巴鬆弛得像水流，肌肉癱垮成暖液，你正在進入心靈中某個重要的地方，沉入深處，進入夢的世界。

不過，殭屍國度另一個弔詭的部分是，在夢的象限裡，你可能會經歷肉體的扭曲、振動或詭異的顫抖。重點是，不要恐慌，那不表示你要爆炸失控了。那是正常的，那表示你的身體準備好「去」你的心靈帶領前往的境界，那表示你正在體驗作用的歷程。

時間也不存在了。沒有過去，沒有現在，沒有未來。或者，它們同時都在發生。於是，你講話

25. 係指吸海洛因，因為用錫薄紙加熱海洛因產生的煙霧像龍。

變得緩慢含糊，你的雙腿變得沉重，雙手詭異變成巨大鉛球垂在你的手臂下遲鈍擺盪，口中像塞了一大團枕套；這些全都是去你將前往的某個境界必須經歷的肉體調適。我清楚記得，自己離開那間公寓前，凡事都變得那麼美好，但是當我走到外面回到世間，我會有——恕我沒有更好的說法——夜盲及笨女孩的腦袋。此外，四肢會變得不靈活。

又或許，我看透了這個世界的現實模樣，沒有我這種女孩的容身之處。那何不……離開？

還有其他不酷的時刻。像是那次，我在一座天橋下醒來，臉貼在柏油路面上我自己吐的一攤穢物裡，褲子被褪到我的腳踝處。或是那次，我在某個金髮藍眼空手道男子的床上醒來，脖子上纏著皮繩。還有那次，我從二樓陽臺跌下摔裂了我的頭骨，救護車上戴著乳膠手套的女人撫摸著我的額頭說：「莉狄亞，你看得見我嗎？為我保持清醒，莉狄亞。好女孩。」她看起來像是水裡的白色章魚女人，非常強悍。

我是個身體強壯的人。而這段經歷的重點是，我以為人生中會讓我死掉的那些東西，甚至也許我希望真的讓我死掉的東西，並沒有讓我如願。我清楚記得自己思考著，我還剩下什麼可以失去呢？跨越血液與頭腦的界線、心靈與身體的界線、現實與夢境的界線，這些歡欣快活的感覺填補了我的缺口。沒有哀痛，沒有思慮，只是跟隨映像流動著。

我變成殭屍有好一陣子，在拉伯克，在奧斯汀，在尤金。

跟我生命中其他受過的傷相比，那不算慘烈。

人生中的回復、回返與回憶，都是以「回」為起點。

這不是

這本書並不是另一個關於成癮的故事。

它不是《海洛英日記》[26]，它不是《猜火車》[27]，它不是威廉・布洛斯[28]，它不是他媽的《百萬碎片》[29]，好嗎？我不會上《歐普拉秀》[30]，我也比不上其他數不清有關毒品歲月故事的省思小品文供各位欣賞。它不是《冰毒少女》[31]，它不是《無處安放》[32]，它不是《白粉青春》[33]。不論成癮的故事變得多好賣，這本書都不是那種故事。我的人生比較平常，比較像……比較像一般人的。

癮，是我的一部分，毋庸置疑。但我想跟你描述其他的東西。小一點的，小一點的字，小一點的事，小到可以在血脈裡穿梭流徙。

26. *The Heroin Diaries: A Year in the Life of a Shattered Rock Star* (2007)，作者尼基・希克斯是八〇年代美國重金屬樂團成員，書中收錄他1986年到1987年間海洛因毒癮最嚴重時期的手記。
27. *Trainspotting* (1993)，作者歐文・威爾許描寫艾丁堡毒癮青年的頹廢生活，一九六六年翻拍成同名電影。
28. William Burroughs (1914 - 1997)，代表作如《裸體午餐》（*Naked Lunch*, 1959），主要描寫他身為海洛因成癮者的經驗。
29. *A Million Little Pieces* (2003)，作者詹姆斯・傅萊的半自傳小說，描寫一名酗酒、嗑藥二十三歲青年接受治療的心路歷程，二〇一八年翻拍成同名電影。
30. The Oprah Winfrey Show (1986 - 2011)，以節目製作人及主持人歐普拉・溫芙蕾為名，是美國電視史上最長壽的日間電視節目及收視最高的脫口秀，共二十五季四千五百六十一集。
31. *Crank* (2004)，作者埃倫・霍普金斯以自己女兒染上安非他命的真實經歷為本，是美國許多中學及戒斷計畫的推薦讀物。
32. *Tweak: Growing Up On Methamphetamines* (2007)，作者尼奇・舍夫的自傳小說，以札記形式寫下毒癮少年離家在外、反覆戒斷又染毒到終於脫身的歷程。
33. *Smack* (1999)，原英國書名*Junk* (1996)，作者梅爾文・伯吉斯以第一人稱描寫受暴少年與中產家庭女友逃家染毒，在接頭討生活的故事。

我母親第一次企圖自殺的時候，我十六歲。她走進我們佛州住家的客房待了很久。我敲敲門。她說：「走開，貝兒。」

稍後，她走出來坐在客廳裡。我走進那間客房，看到一瓶安眠藥，藥片大部分都已經不見了。屋子裡只有我和她在一起，我把一大堆伏特加酒瓶抱在懷裡，和安眠藥一起拿到客廳擺在她面前。我的眼睛淚水氾濫，內心思緒狂轉。她看著我，以我記憶中前所未見的犀利，以我見過她無比專注的神情。她的聲音堅定地詭異，比我習慣的活潑甜膩南方腔調低了兩個八度。她說：「待一邊去。這不關你的事。沒什麼好講的。」她轉移視線看著電視，正在播映《杏林春暖》[34]。

我直接走進浴室，坐在馬桶上，吃掉一整捲衛生紙。我的臉發燙到可以點火。我用力哭，不是啜泣而已，是用力到喉嚨嘶啞的那種哭。我鼓起我的二頭肌搥打浴室牆壁，留下一小道裂痕。我的手隨即痛了起來。我感覺我只有自己一個人，好像我沒有母親，也沒有父親，至少他們都不是我想要的那種父母親。我走出浴室，微微發覺自己可以讓她死。

這念頭把我嚇壞了。我沒有打電話給父親，我沒有打電話叫救護車，我打電話給我的姊姊。她住在波士頓，正忙著取得博士學位，努力抹殺自己的出身。我的姊姊叫我打電話叫救護車，然後打電話給我們的父親。此時母親正在客廳看著肥皂劇。

我當時還不知道，尋死的欲望會變成在體內血脈吟唱的歌，一輩子跟隨著你。我當時也還不知道，母親尋死的這首歌已經深切地流進姊姊和我的體內。我不知道，類似尋死欲望的這種東西，可以在一個女兒身上變成沉默忍受的能力，但在另一個女兒身上卻變成迎頭衝撞死亡的能力。我當時不知道，我們究竟是母親的女兒。

我的母親沒有死，至少那天沒有。我終究打了電話叫救護車，然後她進了醫院，他們給她洗了胃。她被診斷出有嚴重的躁鬱症，醫生指示用談話治療作爲幫助她痊癒的一部分。她和一位治療師會面了五次。然後，有一天，她回到家時說：「我好了。」可是她回到家時像個假扮活人的女死人，喝著酒，緩緩地，穩穩地。而她接下來做的事，嗯，這麼說吧，是愛是恨，有時很難分辨。

我十七歲的時候，母親幫我簽名報名參加一所青少年毒癮門診治療中心，因為她某天洗衣服的時候在我的褲子口袋裡發現大麻。我連續八週每天報到的地方是個溫和版的赤色高棉[35]。他們告訴我「行為保健」是你「通往選擇與希望的入口」。這是那裡的座右銘。穿過中心入口，我沒有發現選擇與希望，倒是發現了聖經與基督徒。他們的鱷魚嘴講起話來拖泥帶水，一身晒得像得了癌症的膚色，對著我做諮商談自尊自重與豐富人生。他們拿聖經的篇章塡塞我。我每天帶著瑪麗．雪萊的《科學怪人》[36]當我的道德支柱。他們總是要我把書放在前面櫃臺，但我知道它在那裡，我知道它會挺我，不像我的母親。

穿過通往選擇與希望的入口，有一群我所見過最悲哀的女孩。不是因爲誰揍了她們或因爲誰侵犯了她們或因爲她們貧窮或懷孕，或甚至因爲她們把針頭戳進自己手臂或把藥放進自己嘴巴或把大麻吸進自己肺臟或把酒倒進自己長期閉鎖的喉嚨。她們是我所見過最悲哀的女孩，是因爲她們每一個都缺乏追求自我的機會，然後將落得跟她們的母親一樣。

我的憤怒升高到核子彈的程度，但我還是上完了課，帶著證書結束課程。我想一拳揍在我的母親臉上。我那個虛僞做作的母親，那個近來天天灌掉一瓶七百五十毫升伏特加的女人。不過，她也是那個一年後將在我的獎學金文件上簽名的女人。好，我並沒有揍我母親的臉或打爆她的嘴。我只

34. General Hospital，簡稱GH，一九六三年於ABC電視臺開播的美國日間醫學電視劇，至二〇一八年底共有一萬四千集，是美國史上最長壽的肥皂劇。

35. Khmer Rouge，柬埔寨領導人諾羅敦．施亞努於五〇年代提出的名稱，泛指柬埔寨共產黨勢力，活躍於一九五一年至一九九九年，強調自我純化，不斷對成員進行思想肅清。

36. *Frankenstein*（1818），作者為英國作家瑪麗．雪萊，描述科學家法蘭克斯坦從墳場挖出屍塊拼湊成人型，通過電擊賦予生命，創造出了一個醜陋駭人的怪物。

是想著：離開，憋住氣，直到你能離開——這是你擅長的，也許是最擅長的——不然這個女人的痛苦會讓你窒息而死。

在我後來的日子裡，在我從大學退學之後，我曾獨居在奧斯汀快速道路旁一間破爛的公寓套房。獨立生活又給我自己惹了一些麻煩，於是我又去參加了另一回合為期六週的藥物與酒精強制諮商課程，在一間弱勢民眾醫療診所的詭異地下室。裡頭有窮人、墨西哥人、未婚媽媽、非裔美國人，和我。

在那裡，我應該要「透過清除心靈的障礙找到生命旅程中的意義」。除了有個不一樣的醫療口號，那裡有更多自以為清高的虛偽基督徒。我的療程班上甚至有一個女人名叫「桃樂絲」，跟我的母親同名，也跟《綠野仙蹤》的主角同名。我上完了那裡的課，也帶著證書結束課程。請相信我這麼說，我真的找到了「生命旅程中的意義」，好不容易。

所以說，這不是一個關於成癮的故事。

它只是關於我有個姊姊，在她十七歲的時候，有將近兩年把剃刀片放在皮包裡隨身帶著，等著看自己能不能稱得過漫長等待、離開我們這個家庭。

那是她的第一回合。

它只是關於我有個母親，在她中年的時候吞下一整瓶安眠藥，而當時只有她身為游泳選手的女兒在家，見證了她求死的意志。

那是她的第一回合。

我現在很了解那份意志。它是某些母女之間會有的意志。活在能夠孕育生命或終結生命的身體裡，才會產生這種意志。

那份意志，想把一切終結。

變調的情歌

菲立普眞的爲我寫了一首歌。他眞的寫了。那首歌不是描寫我大膽無懼的泳者人生如何迅速墮落麻痺，不是描寫我在二十一歲前做過三次墮胎，也不是描寫我暗地和德州人拚酒對賭贏了多少錢，或描寫所有那些夜晚我逼他侵入別人家，就像我的父親侵入我。

他爲我寫的那首歌幾乎都是樂器演奏。但各位要明白——而且我的大天使和他的情人也會同意我這個說法——他彈奏原聲吉他的技巧比得過詹姆斯．泰勒。那首歌具備敘事詩的質感，而且遠早於溫德姆希爾唱片創立[37]之前。但它其中有一段溫柔的副歌不知從哪來的，短短的，或者該說它來樂曲的內心，比我所知的地方更深的深處。那段歌詞是這樣的：

孩子們抓緊夢想
夢想飛翔，帶我們飛上月亮
他們來自於你
他們來自於你

我第一次聽到這首歌是什麼時候？我坐在一塊漂流木上，在我們的婚禮，在德州科珀斯克里斯

37. Windham Hill Records，創立於一九七六年的獨立唱片品牌，主打原聲樂器演奏音樂，於八〇和九〇年代風行一時。

蒂的海灘。不只我他媽的喉嚨天殺的哽咽到無法呼吸，我眼裡湧出的鹽水足與海洋相比，而且在場的人全都放聲痛哭起來。我沒有一點、一絲、一毫值得這樣的歌頌。但是，在我內心很深沉的地方，我藏匿了一個很小、很害怕的小女孩，她從那空曠的黑洞裡發出了微笑。

那是愛嗎？當時是嗎？我現在仍然不知道。可能是，但我們都拙於爲愛名狀。愛來了又去，像歌曲。但我確實知道，這是會發生在故事裡的情節。

菲立普和我試著經營那個所謂「結婚」的東西，在德州奧斯丁。我不知道要怎麼解釋爲什麼我們會搞砸。好吧，這是個天大的謊話。我完全知道爲什麼我們會搞砸，只是我不甘願說出口。聽著，我晚一點再告訴各位，好嗎？

我們努力在奧斯丁維持結婚狀態的時候，他找了一份工作——他唯一找得到的工作——是爲一家製作標誌的公司幹活。這是像他這樣的藝術家的下場——具備藝術史上最崇高畫家之才華的一個男人，必須在一家標誌工廠工作。我找到一份ACORN[38]的差事。沒錯，就是那個非政府組織ACORN，雖然我根本不屑什麼人道精神，也不在乎自己是個澈底失敗的運動員／學生／妻子／女人，爛到自覺像是動物嘔吐出的穢物，像一團人類毛球。

但我知道被糟蹋的女人是怎樣的。我們覺得自己不值得被溫柔對待。事實上，當外界對我們溫柔，我們會有點動怒。我們感覺受到威脅，在深層的地方。因爲，如果我承認自己多麼深切地需要溫柔，我就必須承認那個值得溫柔的自己被藏在悲傷的井裡。說眞的，就像把一個小孩拋棄在井底，因爲那裡比她必須面對的人生好過。這樣雖然不至於殺死那個小女孩的我，但也很接近了。

於是我準備好要搞破壞了。

我搞的第一個破壞是，某天晚上我喝醉揍了菲立普的臉。沒錯，我揍了我這輩子將遇見最俊美優秀的音樂家暨畫家，而他也是我曾遇見最被動溫順的男人。我揍了他的臉，卯足我的力氣。想知道我說了什麼嗎？我說：「你沒有任何追求。你的沒有任何追求正在扼殺我。」多麼崇高、敏睿、成熟，情感豐沛而激烈。我畢竟是我父親的女兒。

我搞的第二個破壞是，讓ACORN把我解僱了。這有點爲難，可是我討厭這份工作。我討厭必須出門走進炎熱的德州陽光裡，挨家挨戶敲門跟那些混蛋討錢，而他們在乎的只是再喝一杯拿鐵，還有他們將要買哪條比我房租還貴的牛仔褲。我會拜訪大概十幾戶人家，湊足啤酒錢，坐在人行道邊抽大麻、喝啤酒，然後在我的勸募表單上捏造的地址和姓名。

第三個破壞是意外。我懷孕了。我至今仍然不確定怎麼回事。我當時定期在吃避孕藥，而且J.T.和我越來越不做愛了——眞是料想不到。然而，有個精子向上游，克服萬難，成功了。這眞他媽的讓我難過。

聽著，這裡所寫全是不諱直言，沒沖淡。當時我心想，如果不想牽涉菲立普？那就墮胎。但是，某個部分的他和甚至某個內心深處的我——宛如隱藏的一顆光滑藍石——都讓我不可能做這個選擇。然而，當時我們已經無法假裝兩人在一起生活不會變成一首悲哀的鄉村歌曲。於是，隨著我的腹部隆成一座小丘，而生活已經被我東拼西湊得像科學怪人一樣，我做了我唯一能做的市——打電話給住在尤金市擔任奧勒岡大學英文教授的姊姊，問她我能不能跟她一起住。這通電話跨越了她在我童年時離開我的時刻，跨越隔在我們年齡之間的水流，跨越她過著成功學者的人生與我亂得像團火球的人生。事實是，如今我們都是成年女人，過著成年女人的人生。這意味著，我們在非常深層的地方有共通之處：我們都面對著要求女人該是什麼樣子的文化霸權。

我無法跟各位說明她迅速答應的意義有多麼深遠。也許她就是在等我回到她身邊，帶著我像房

38.全名Association of Community Organizations for Reform Now「即時改革社區組織協會」，一九七〇年成立，致力爭取中低收入戶的權益，全盛時在全美有五十萬會員，於上百個城市設立超過一千二百個社區支部，並擴及阿根廷、加拿大、墨西哥和秘魯。

子一樣大的肚子，一起生產和扶養孩子，在世俗的界線之外組成家庭。那是我能想到唯一可能成立的推論。雖然她曾經爲了拯救自己的人生而離開我，但她就是知道如何騰出空間來容納妹妹、小孩和自己。但我也知道，從排斥到迎接一個女兒到來，這是一種犧牲。

菲立普終究跟著我去了尤金。他住在城裡的另一頭。我們鮮少見面。他在史密斯氏書店工作，我在學校修英文課。有時我們偶然遇見，眼神交會凝視彼此，讓我幾乎無法呼吸。我會把手放在我的肚子上，感覺那裡有我們的結晶。那是我唯一能給他的。

就這樣，這就是我在前面不想說出口的。是我，我就是搞砸了我們婚姻的兇手。我無法承受，亦無法扼殺，他那小心呵護的溫柔。

家庭劇場

我的姊姊十六歲時，我八歲，她會指使我做一些事。

例如這樣：用你的嘴巴把這個蘋果咬緊，只能咬一部分。對，像這樣。再來，咬緊喔，咬緊……然後她把蘋果從我的牙齒間抽走丟到房間另一頭，我的金髮小腦袋因爲反作用力猛然往左倒，牙齒喀噠瞬間閉合咬到嘴唇。

或是這樣：看到那個菸灰缸嗎？你這樣做。往裡面吹氣。一、二、三。菸灰飛起，灌進我整個鼻腔，噴得我整張臉。

或是這樣：吊掛在房子上的冰柱很酷吧？過來這邊。把你的舌頭放在這根上面。這樣很漂亮喔！

我什麼都願意做。

讓我先在開頭做個聲名——小時候，我崇拜我家姊姊到了神魂顚倒的地步。我覺得她有種謎樣的魅力。其中一個原因是，她有一頭我所見過最濃密、最美麗、最長的棕紅色頭髮，比我母親一直買給我的蠢洋娃娃美多了。洋娃娃頭頂上的頭髮可以拔起來——紅褐色頭髮的克莉西，還有白金色短髮的薇薇特。我頂著一顆有點像棉花棒的頭，一頭亂髮被氯漂成白色。不論我多用力，都沒辦法從把我頭頂的頭髮拔掉。

另一個原因是，她讀莎士比亞而且可以默背引述幾場戲。她看過限制級的《羅密歐與朱麗葉》，她有電影劇照。她會畫眞的畫，會被掛到牆上的那種。她有一個幾乎跟我一樣大的黑色檔案夾（我暗自以爲可以用來當雪橇）。她會寫詩、講法文，她會談吉他、玩錄音，她會唱歌，她會溜冰。我是說，眞的很厲害的。我呢？我小她八歲，排除掉游泳，我做得最好的事情是自己穿衣服。如果我哪天沒哭、尿褲子或像個小猴子扭來扭去，那可要普天同慶了。

而且她有奶。

奶是女人擁有的神奇之物，嫩白、飽滿、令人莫名地垂涎。

不過，我說我什麼都願意做，指的不完全是這些事情，而是我在這些微小的羞辱行動中獲得天眞的快感，而且我把它們跟女性的模樣結合在一起。她指使我做的事，讓我的皮膚發熱而敏感。她的美麗嚴峻而霸道。

我的姊姊接近成年時，父親對她的多才多藝產生濃厚興趣。他會到處吹噓，在他的辦公室擺她的照片。只擺她的。

她的藝術老師一步步引導她走向世界。她的水彩畫——碩大性感的花朵，有點像喬治亞・歐姬芙[39]的畫——她的藝術老師幫她把畫作裱框，參加地方性的藝術展。

她在房間裡彈吉他和唱歌，把家庭這個字隔絕在房門之外。但是在外頭的世界，她的藝術老師幫她和某個朋友牽線，找地方一起現場表演賺錢。她學會在紙上畫那些碩大的花之後，她的藝術老師也幫她賣那些畫。她的藝術開闢了一條路。

我並不是說，我在八歲時就把這些都看明白了。八歲時，我只看到父親怎麼樣緊盯著她的頭髮，我只聽到他每年嚷著她怎麼樣從女孩長成年輕女人了。他的像一連串地震衝擊摧命，搖晃著女兒們站立的地面。

無所謂，也許我把年齡記錯了。我也許十歲，我也許九歲，我也許三十五歲，正在離第二次婚。我不知道當年小時候的我們幾歲，我只知道父親的憤怒構築了這個家。

有一次，姊姊走出房門要上學，她走到玄關，父親大叫：「老天，你穿這牛仔褲和布袋寬鬆上衣像個乞丐。你想搞得像男人嗎？你看起來像個他媽的男人。」我從我的臥室房門後往外偷看，看到他的臉逼近她的。我看到她盯著地面，紅棕色長髮遮掩著臉。然後我看到她抬起頭，直視他的眼睛，抱在她胸前的文學藝術書有如護甲。他們看起來幾乎跟對方一模一樣。但我卻要去尿尿這個現實眞是太令人難過了。

等我姊姊年紀更大的時候，她開始穿暗沉的灰紫色古著長洋裝上學。有時他和名叫維克特或帕克的男人出去，兩位都比她年紀大很多。他們開車載她離開我們家好幾小時，留下父親把客廳變成老菸槍的煙囪，一邊看電視劇《一家子》[40]，一邊搥打厚軟沙發椅的扶手。

不過，對我來說，最盛大的事件是她搬到屋子的地下室，住進底下某間我們從沒用過的臥房。我的父親無能爲力，只能眼睜睜看著，因爲我的母親背著他這麼做了。我的姊姊讀高中時就比從沒上過大學的母親聰明，但是母親有生存智慧，像隻敏捷的動物。

這個遷房之舉，對我來說眞是難以置信——我的姊姊竟然搬到鬼屋底下的肚子裡去。她想住在那裡。如果沒有大人陪，我甚至無法踏上地下室洗衣間的粗胚水泥地板。這趟路必須先走下鋪著藍色地毯的破爛階梯，再經過地下室走道未完工的陰森側板，穿越種種不知名的奇怪氣味，還有地窖管路哐啷碰撞、木材嘎吱裂開的詭異聲音。突破這些，才能抵達屋子另一頭的房間。我保證我光是試著走過去就會暈倒在半路上。我記得我問過母親，人會不會因爲「像河馬呵氣過度」[41]

39. Georgia Totto O'Keeffe（1887－1986），美國一九二〇年代藝術家，以半抽象、半寫實的畫風聞名，最著名的主題是巨大的花朵核心與花蕊。

40. All in the Family（1971－1979），美國七〇年代哥倫比亞廣播公司的電視劇，劇中主角是一位種族歧視、反墮胎、反嬉皮的保守人士，藉由他的荒唐言論和態度來反諷美國七〇年代的社會變動。

而死。

有時我只是站在鋪著藍色地毯的階梯頂端往下看，望穿那條喉嚨般的通道，希望能看到她。我抬起腳跨下一階，但會立刻感到天旋地轉，接著哀嘆一聲，喉嚨閉鎖，只好停下腳步。假如我冒險獨自走下一半的階梯，我的腦袋會開始發暈，胸口的皮膚開始發熱。我會死命抓著樓梯扶手，對著空氣叫她的名字，祈望她會來救我。

如果我成功獨自走下階梯，抵達恐怖通道的起點——一條沒有燈的通道——我唯一能到達她身邊的方法，是緊閉眼睛、憋住氣、拔腿快跑……當我跑到她透出的光亮房門，都會悲慘地輕輕吐氣「啊」一聲。我當時不曾撞牆，到現在也不知道爲什麼。

但是，在她的房間裡啊！在她的房間裡就像置身在一幅圖畫中。外婆手縫的拼布被單攤在她的床鋪上，晒著四季的顏色。音樂、書本、蠟燭、裝了寶石或貝殼或羽毛的木頭箱子；畫筆、大幅圖紙和素描鉛筆；絲絨洋裝、莫卡辛皮鞋和褲管像A字的牛仔褲。一把吉他、一臺錄音機、一臺播放機，還有喇叭。

在她的房間裡，你完全不覺得距離洗衣間那個恐怖地府只有三英尺。

她讓我跟她一起窩在床裡，我們在被單下滾來滾去，兩人的體溫彷彿讓我們重回子宮。「水彩被單，」她說。我開心地滿出來了，快要像河馬哈氣過度。有時我會憋氣，或是用手指和拇指交錯玩繞圈圈遊戲，像個頑皮小傻瓜傻笑著。女孩肌膚的氣息讓我感到興奮。

回程上樓是小事一樁，因爲姊姊會護送我，然後我就回到地上的現實世界了。

那年她拋下我們住到地下，這個突發的舉動完全跳脫想像。我渾然不覺危險活生生地存在著。

我的姊姊讀高中時，家裡曾接到一通電話。她躲在藝術教室的桌子底下，跟她的藝術老師包蒂特很平靜但非常堅決地說她不要回家。

永遠不要。

我的父母必須到學校面見官員。被姊姊更當成家人的藝術老師包蒂特對我那糊里糊塗的母親解釋說，我的姊姊不能跟我的父親共處一室，並且會強制執行諮商輔導。我覺得姊姊老師們的名字有神奇魔力：福拜爾特先生、薩里先生，還有包蒂特。當時我坐在學校辦公室角落，啃著一小張紙，努力忍住不哭。

如今我還記得諮商師的名字是芥川博士。我記得三個家人拋下我參加諮商的時候，我必須和父母的友人待在一起，也記得父親從未進入地下室，而她也鮮少上來。

還有姊姊越來越接近終幕戲，要離家上大學去了：女兒退場，舞臺左邊下。

還有父親的憤怒永遠占據了整間房子。

還有我將被她留下，她給我一搓她的頭髮作紀念。

還有父親調轉方向的眼睛。

41. 原文為hippoventating，正確拼字應該是hyperventilating「換氣過度」，作者當時還小不識此字，用自己知道的hippo「河馬」來拼字，以為跟河馬有關。

與姊姊無關

這本書不是關於我的姊姊。但如果它是，我會再跟各位說一次，在她能夠離開我們那個戀母情結的家庭之前，有兩年把剃刀片放在皮包裡隨身帶著。

我會告訴你，她的結腸以前爛得可以。小時候，我會跟她坐在浴室裡，在她每次想排便時握著她的手。她緊抓著我一個小女孩的手，力道大到讓我以爲手會被捏碎，因爲她排便就是這麼痛苦。

我會告訴你，她生來有一眼斜視，後來接生了我的那位醫生曾寫道這對於像她這樣的嬰孩可能有什麼含意：須嚴加注意，應視爲兒童風險的徵兆，父親、叔伯或祖父恐怕會對這種眼疾下手——在某些性侵案例中，陰莖太靠近兒童仍在發育的眼睛了。

我會告訴你，最後，我的姊姊如何在我的腦袋和心靈中取代了我的母親和父親，以及我們如何形成一個倖存者聯盟。也就是說，我們如今都還活著。

如果這本書的重點是我的姊姊，我會告訴你她如何擺脫過去身爲那個女兒的陰影活了下來。然後我會給你看一個畫面。

一輛西姆卡旅行車[42]，也許是白色，也許有木質面板。

我的父親很喜歡西北部。他熱衷探索山區、河流及湖泊。他熱愛釣魚、露營及健行。但他的妻子有一條不便於行的瘸腿，他還有兩個女兒而不是兒子，所以不論我們到哪裡，他的失望情緒總是隨行。我們健行的距離永遠不夠遠，負荷的重量永遠不夠重，探索的野外永遠不夠深。我們釣魚的方式不對。我們必須坐著尿尿，而且我們需要衛生紙。一個殘廢的妻子和兩個女兒。我們甚至連呼吸的方式都不對，從來都不對。

那個聖誕節，我四歲，我的姊姊十二歲。車子一直開、一直開，從五號州際公路開到皮阿拉普市[43]，經過伊納姆克洛市[44]，朝東邊開上七號州道往易北區[45]，再開上七〇六號州道往東，穿過阿什弗德區[46]抵達亞歷山大山莊，那裡就是瑞尼爾山國家公園[47]的入口了。我成年後開過這條路線很多次，所以我記得。或者，我告訴自己是因爲這個緣故。

不過，當時我只記得陽光照在一片雪白上多麼閃耀——就像到處可見、曝光過度的冬日景色。下車後，我們——姊姊、父親和我——堆了一個雪人；我們用車裡的塑膠復活節彩蛋裝飾雪人；母親笑著，戴著她的太陽眼鏡，坐在車尾門。

但是，我也記得，我們繼續往前開，傳來父親的聲音。當時我睡著了，姊姊則開始讀一本書。「你們兩個在幹什麼？自己玩自己的？我帶你們穿過全世界最美的風景，你們卻在胡鬧捏屁股？給我看看他媽的窗外。」於是我們照做了，沒吭一聲。姊姊的側臉看起來像石像。我的耳朵發燙。

我們的穿著只適合在前院活動——也許跟鄰居小孩打雪仗或玩雪翹，然後跑進屋裡換新襪子、喝熱巧克力。我們沒有帶食物或飲水或毯子或收音機或任何東西，只有裝著已經喝掉一半咖啡的格紋保溫壺。還有火柴。我的父母都在抽菸，一根接著一根。姊姊和我到此時已經習慣像囚犯一樣坐

42. Simca，七〇年代法國汽車製造商，美國克萊斯勒公司控股。
43. Puyallup，位於華盛頓州中西部皮爾斯郡，約在西雅圖南邊三十五公里處。
44. Enumclaw，位於華盛頓州中西部國王郡，皮阿拉普市以東約十五公里。
45. Elbe，位於華盛頓州國王郡的人口普查指定地區（CDP），人煙稀少，德國移民開拓，伊納姆克洛市以南約四十二公里。
46. Ashford，位於華盛頓州皮爾斯郡的人口普查指定地區，居民僅數百人，易北區以東約十公里。
47. Mt. Rainier National Park，位於華盛頓州中部，占地約十萬七千公頃，以野花與冰河聞名。園內的瑞尼爾山是一座活火山，喀斯開山脈最高峰，海拔四千三百九十二公尺。

在車裡。我們的父親開車載我們到瑞尼爾山來帶一棵樹回去。一棵他媽的樹，在他媽的美麗的西北部。

我們停下來取樹的地方，在我看來是一片毫無人跡的蠻荒之境。「路」被越來越多的雪堆積，沿路的坡度變得陡峭。蜿蜒的山路一路傾斜。我坐在西姆卡旅行車裡，頭部緊貼在後座椅背上。車上的暖氣全速吹著。在幾乎消失的道路兩旁，聳立著巨大的常青樹和冷杉，像覆雪的巨人哨兵，美麗卻隱約透露著惡兆——不知怎麼在我看來如此。我無法把脖子伸得夠長，看不到頂端。在父親停車的地方，巨木高聳入天。我記得心裡疑惑地想著，我們要怎麼拖這樣的一棵樹回家……用粗繩嗎？

在父親停車的地方，母親出聲說：「麥克？」

父親什麼都沒說，逕自準備好下車，所以我們這些小婦人也跟著他下車。

母親穿著羊毛襯裡的灰色長雨衣，領口有假浣熊毛和金色金屬環釦，戴著電影明星般的貓眼太陽眼鏡，頭髮在頭上一層層盤成髻，擦了紅色唇膏。我的姊姊穿著滑雪薄夾克、紅色長褲，戴著毛球繩結的白色假毛帽和兒童棉手套，腳上套著 K-Mart[48] 黑色橡膠靴。

在白雪覆蓋的山坡往上走，母親和我立刻就落後了。想像一下這樣的畫面——我母親畸型的腿一瘸一拐地往上爬，而我才四歲。不到五分鐘，積雪就到達我的臀部，不到二十分鐘就到我的下巴。我的母親一次又一次把我從雪坑裡拉出來，然後我又陷入下一個。我透過母親的聲音才體會到自己有多冷，她對著父親和姊姊如點般越來越小的身影喊叫：「麥克！莉狄亞發青了！」她在喊叫，還有我的牙齒在發顫。

我記得看到他回頭往下望著我們。我記得他喊著什麼我聽不清楚，然後他轉身離我們而去。我記得他抓著我姊姊的手臂，雖然我當時不知道，但我現在知道他拽著她一起往上走了更遠。

「啊，媽的，」母親那甜膩慵懶的口音讓我發噱，但是我在發抖，感覺溼淋淋的，全身。

母親和我想辦法爬下山回到車上，我記得好幾次我幾乎淹沒在沒頂的雪裡，然後母親把我猛拉出來呼吸見天。陽光太強烈，我幾乎無法保持睜開自己童稚的藍色眼睛。在車裡，母親說：「貝兒，把你的衣服全部脫掉。」而我只是呆呆坐在那裡，像根兒童冰棒。於是她把我的衣服全部脫掉，它們全溼透了。她把變重的衣物鋪在座椅上。她發動車子，把暖氣開到最強，要我坐在置腳空間的地板上。她脫下她那件怪異的浣熊毛領外套，把我裹得像帳篷一樣。我抬頭看著她，她說了我後來一輩子忘不了的話。她說：「莉狄亞貝兒，假裝我是貝琪·布恩，你是伊莎瑞兒·布恩，而這是我們的冒險！」

我立刻假裝起來。我不只準時收看影集《丹尼爾·布恩》[49]，還愛得不得了，而且我長得跟伊莎瑞兒一個樣。我笑了，揚起嘴角，忘了我有多冷。我忘了我的父親是我的父親。外頭是丹尼爾·布恩在某個地方。一個男人。一個高大的男人。

母親挖掘她的外套口袋深處，找到一些奶油糖，我們吃了。她要我喝格紋保溫壺裡的咖啡，味道像溫熱流體的土。但她說：「別忘了，你是伊莎瑞兒·布恩！你可以做任何事情！等我們回家，我幫你做一件鹿皮裝！」

這是個謊言，一個美麗而極具創意的救命謊言。

等我感覺好點的時候，我從汽車前座窗戶看出去，看能不能看到我的父親和姊姊。但我只看到耀眼的藍天，整片陽光和整片雪白讓我瞇起眼。車窗一直起霧，所以我必須一直用手擦出一個能望穿玻

48. 美國大型平價超市零售商。

49. Daniel Boone（1964-1970），迪士尼出品的電視影集，描寫生於美國賓夕法尼亞州探險家丹尼爾·布恩（1734－1820）的故事，蕾貝嘉（貝琪）·布恩是他的妻子，伊莎瑞兒·布恩是他的其中一個女兒。

璃的圓圈。我的母親要我跟她一起唱歌：〈我看見月亮〉、〈你是我的陽光〉、〈翻山越嶺的熊〉[50]。

現在的我了解當時我剛開始的感受。我覺得開心得不得了，可以單獨跟母親在一起，唱著歌，被她的南方甜膩口音、她的浣熊毛外套、她說我們是貝琪和伊莎瑞兒．布恩的故事包裹著。然而，即使只有四歲，不一會兒我覺得胸口緊迫了起來。我從來沒有一天沒想著姊姊。她，在，哪裡？

我的母親從車窗向外望，往山上看，眼睛抽動著。即使在那個年紀，我也很清楚聖誕節會怎麼過。父親會坐在沙發躺椅中抽菸，不發一語卻掌控一切。姊姊會像小女孩做家事般地拆禮物。我會帶著孩童無知的歡喜拆禮物，環視他們每個人。母親會拍手笑著。然後，有什麼事——幾乎任何事都可能——會發生，父親的憤怒會把溫柔摧毀得絲毫不剩，姊姊跟我會被單獨留在客廳，有成堆的包裝紙要清理。空氣中有新砍的冷杉和香菸的味道。

等我看到一個大男人和一個小女孩的模糊身影走下山時，我已經睡著了，所以他們在我看來好像夢中的人物。母親在他們靠近車子的時候說了聲「喔，謝天謝地」，但我能在她的聲音裡聽出言外之意。

這是我要給你看那幅畫面。我望穿西姆卡旅行車車窗看到的姊姊是這付模樣。她的雙頰紅得像蘋果，雙眼浮腫。父親拽著她的手臂，看起來好像她無法靠雙腿好好走路。母親搖下車窗，我看到姊姊鼻子底下的鼻涕。她在哭嗎？她沒出聲，但她在顫抖。姊姊直直望著我。我咬住嘴唇。她的眼神比雪還冷。就是這幅畫面。

我記得那趟開車回家的路。路途上長長的沉默。就我所知，我們沒有載一棵樹回家，但卻載回了我們這個家的一切，如此沉重，如此難堪。

50. "I See the Moon"（1953），美國童謠改編的流行歌曲；"You Are My Sunshine"（1939），美國鄉村歌曲；"The Bear Went Over the Mountain"，美國兒歌。

灰燼

死嬰不附骨灰罈，除非你自費。他們除了骨灰會塞一些東西進去，來掩飾其體積微小。那是多少年前了？我女兒的骨灰放在一個粉紅色的小盒子裡——女生用粉紅色——盒子的大小如同你可握在掌心的沙包。

我把盒子帶到荷西塔角[51]。十二月的荷西塔角海岸壯麗而迷人，我、我的第一任丈夫、我的姊姊，怪的是我的父母也來了。他們幾乎像陌生人。

我們假扮著家人，跌跌撞撞爬下岩石來到水邊。海浪的聲音大到可以打斷你的思緒。我的母親閉上雙眼，用她拖長音的南方腔調說了禱詞。菲立普唱了〈我看見月亮〉，那是我母親在我小時候唱給我聽的搖籃曲，讓我覺得快要暈厥過去。我的姊姊朗誦艾蜜莉·狄金生的詩〈鋪好這張寬大的床〉[52]，幾乎讓我們全都承受不住。然後，我那身爲建築師的父親，從口袋裡掏出東西，是一張折疊的紙。在那上面，他寫了一首詩，類似，壓了韻。他朗讀的時候聲音在顫抖。那我這輩子唯一聽過的一次。

天空下著冷雨，刮著風，跟平常的奧勒岡州一樣。

我把粉紅色小盒子緊抓在手裡幾乎要捏碎了。菲立普跟我一起把它拿到河流匯入海洋的地方。

51. Heceta Head，位於美國奧勒岡州萊恩郡臨太平洋的岬角，以十八世紀末西班牙探險家Bruno de Heceta命名。
52. Emily Elizabeth Dickinson (1830 - 1886)，美國女詩人，詩作"Ample make this Bed"在她逝世後於一八九一年首度出版。

這是我挑選這個地點的原因。我可以看到河流的岩石延伸入海水與海沙，我可以聞到、嘗到鹽水的味道。我不知道自己當時有沒有哭，我的臉龐被海和雨澆溼了。燈塔聳立在旁護衛著，各種生命中的水全都匯聚在這個微小的結點。

然後我把手裡那個脆弱的小盒子遞給他。他伸手接了過去。我說：「你能把它丟多遠就丟多遠。」於是他就把它隨手拋了出去——眞的就是這樣。

嗯，結果，那條延伸入海的小河道呢？位在荷西塔角那條？它的水流殘酷而交錯。所以當菲立普和我站在那兒看著那個小盒子幾乎漂離我們的視線，也站在那兒看著它……媽的又漂了回來。它就漂到我們的腳邊，輕輕撞著他的鞋子。

我探過肩膀往後看向愁雲凝聚的地方，我的家人傻傻站在那裡。他們距離很遠，渺小如豆。我看著菲立普，然後我說：「試試看把它踢走。」不知道，我不知道自己當時爲什麼這麼說。

於是他，嗯，就把它踢了出去。

這次它跑得一點都不遠，只是溼淋淋地飛入半空中、噗通落下、旋繞著回到我們身邊，但這次比較慢。我忍不住，開始大笑。他也開始大笑。我是說，笑到遏制不住。我說：「去踢它啦，可惡。」於是他照做了。

這時候那個小盒子開始瓦解了。粗劣的粉紅色爛紙盒。我把愚蠢的紙撕掉，看到骨灰其實包在一個小塑膠袋裡，幾乎像一小袋大麻。我努力不笑，但我忍不住，菲立普一邊問「怎樣啦？」一邊探過我的肩膀偷看。我們咯咯笑著，停不下來。

我說：「該死，我得停下來不要笑，這不好笑啊。這實在他媽的一點都不好笑啊。」他同意，但他也停不下來。我臉上沾滿鼻涕。我笑得好用力，笑到肚子——之前女兒待的世界——都痛了。

終於，我知道要怎麼做了。

我用牙齒撕開裝滿骨灰的小假胎膜，像動物一樣，然後我認眞向外走入海中。我穿著一件紅色羊毛古著外套和一雙刷毛牛仔靴。菲立普想跟著我一起，但我說不要。我破浪前行，直到海水漫過我的腹部。手術縫線的地方感到海水的冰冷，痲痺了傷口的疼痛。我把我的女兒倒在我的右手，那些物質幾無重量。有些骨灰吹散到空中，但大部分沒有。它是溼的，像沙一樣。我把右手放下沒入水中，然後放手。我閉上眼睛。

我的父親後來跟我說，那是他見過最勇敢的行動。我一直不知道要怎麼理解這番話。

我從海水中走出來，回到我的第一任丈夫身邊，他緊緊地擁抱我。我們當時已經分開了，但他還是這麼做。我感覺到他的肩膀在發抖，以爲他在哭，但其實沒有，他又在笑了。於是我說：「怎樣啦？」他指著我紅色古著外套側邊，有一抹骨灰泥。我也又笑了起來，一邊說：「我懂，我懂。」我們緊緊擁抱對方。

我的姊姊說，從他們所在的地方看起來，我們像在啜泣。

也許我們當時是在啜泣。

我不知道。

我把那個塑膠袋原原本本地放在我的口袋裡好幾年。我仍然保留著那件紅色外套。不過，如果還有任何骨灰的殘跡留下，也看不出來了。

II 在水藍之下

浸禮

有一家人在海灘上，彷彿我們曾經是在海灘上的一家人。

我的姊姊和我成年後，一起到佛羅里達州探望我的母親和父親。我們去探望他們，因爲有罪惡感。我們去探望他們，因爲覺得慚愧。我們去探望他們，因爲成年後的女人是笨蛋。我不知道我們幹嘛去探望他們。我不記得了。我想是母親懇求想見見她的女兒們。我當時二十六歲，姊姊三十四歲。

我那一條腿較短的母親待在沙灘上。一個父親和他的兩個女兒涉水走進聖奧古斯丁市的海洋。我們在海裡嬉戲，忘了我們自己是姊妹、自己、父親，喪失了記憶。佛羅里達州的海水與體溫接近。海浪，除非有天氣狀況，一向平靜，它們會溫和輕柔地滾動軀體。我聽到海岸上傳來一個聲響。我看到母親歪斜踉蹌地奔跑著。我順著她的手臂和手指的方向看去，父親面朝下趴在海裡。我嘗到自己嘴脣上的鹽味。當我終於抓到他，我看到他背上的痔，在水深及膝的海水水面上。剛剛在水裡奔跑感覺像在果凍裡，幾乎有點好笑。我把他翻過來，他的臉部扭曲成一張鬼臉——牙齒緊咬、眼睛爆凸、臉上發紫發白。我的姊姊隨後來了。我們把他死沉的二百二十磅重身軀拖上岸，兩個人都對著他叫喊著「爸」。母親像一隻在海岸上拿著手杖呱呱叫的企鵝，離女兒們遠遠地。

歲月之間，有好幾個時刻會在你不經意時浮現，伴隨猛烈的力道。我父親當時幾乎死在我面前。我就直說吧，我當時大可殺了他。我低頭看著他的皮膚逐漸失去血色，突出直瞪的藍色雙眼與我的神似，還有他野獸般的牙齒。他的臉看起來那麼熟悉，但我認不出來。我捏住他的鼻子，把我的嘴覆上他的嘴。我可以感覺到他的舌頭、牙齒、唾液。他的嘴唇溫熱，但沒有反應。姊姊用她的拳頭按壓他的胸部。他的泳褲鬆脫了一半。他的性徵無害地懸垂著。

我把我的嘴唇接上他的，把空氣吹進他的口中，直到救護車到來。

缺氧是指在水中窒息但未致死，可能導致腦部受損和多重器官衰竭。我的父親因爲缺氧喪失了記憶。

我沒有殺死他，也沒有救回他。我該怎麼在土地上活下去呢？

與業餘泳者游泳

你可以從一個人在水中的樣子了解這個人很多。有些人像大蟲子，緊張慌亂，抽筋似地游動。有些人像海獺划水，翻轉下潛，輕鬆自在。有些人比較像在踩水，帶著大大的傻笑。有些人看起來像斷了手斷了腳，或彷彿他們身上哪裡很痛。

我與肯．克西[53]一起游泳過一次，在福爾溪上游附近的人造水庫裡。他厚實的身體因為喝酒而浮腫，包裹在他過往的名聲外圍膨脹堆積。那是一次夜遊。我想有五個人。我們完全、澈底、極度地嗨著，嗨到像火箭發射沖天。

雲飄來飄去，月亮隨之忽隱忽現。水溫還是暖的，所以那時應該是夏末，在我心裡因為某種原因卻清晰記得那是秋天。但如果那是秋天，我們會冷到乳頭硬凸。所以，在他死前不到十年的某個夏末時分，我們一起入水了。人造水庫的味道像泥巴和水泥摻雜了水藻。

我潛入渾黑的水中睜開眼睛。夜裡望進湖水，就像喝醉酒看外太空，黑暗而模糊。我浮出水面，手臂用力撥水悄然划行，下潛，再上來，然後回頭看了一眼。我看到他獨特的頭和寬厚的肩。「天哪，你這個女生，你是什麼啊？什麼美人魚嗎？」他說。我噴出一道水柱。呵。

在那個水庫黑暗的水中，我們繞著彼此游著，望著天空，踩著水，仰躺漂浮，雙腳隨意拍打出水。偶爾，肯．克西的肚子浮出水面，像個小島。我們瞎聊打屁，大多是他在說故事……

這擺明了是鬼扯。剛剛我描寫得好像我們在那兒閒聊，其實當時我的腦袋空白得像一團棉花。我想不出任何有趣的事可說，所以我只能任他說，而且我甚至不記得他說了什麼，因為我的腦袋像呆子的頭一樣膨脹收縮著。

還有，其實他沒有跟我在水裡。

他在岸上。

不過，後來他一定從哪裡說了什麼深刻的話，因爲我張開口卻說不出話、說不出話、說不出話。直到不再說不出話，我才吐出了字句。那一陣子我正在條列所有人們在我的嬰兒死後跟我說過的可怕話語。

例如說：「你知道，也許她在你眞的認識她之前死去比較好。」或是：「唉呀，二十幾歲的人眞正想要的是跑趴玩樂的自由。」或是，我個人的最愛，出自我那個法西斯主義天主教徒姑姑：「最悲慘的是她會下地獄，不是嗎？因爲她沒有受洗。」

然後肯．克西說：「傑德去世的時候，跟我說話的每個人都說了蠢話，你想像得到最誇張的廢話都有。再沒有人了解死亡了。死亡曾經是神聖的。看看《奧義書》[54]。他媽的宗教把死亡殺了。」

我那時已讀過他在傑德死後寫給朋友溫德爾．貝里、賴瑞．麥可莫特瑞、艾德．麥克萊納、鮑伯．史東及葛尼．諾曼的書信，刊登在一九八四年夏天的《共同進化季刊》[55]。他寫道他們如何自

53. Ken Kesey（1935 – 2001），本名Kenneth Elton Kesey，美國知名小說家，曾組織「歡樂搞怪幫」（Merry Pranksters）於一九六四年開著一輛彩繪巴士到全美各地舉辦派對、分送迷幻藥LSD。一九六二年他以《飛越杜鵑窩》（*One Flew Over the Cuckoo's Nest*）一炮而紅，一九七五年改編成同名電影，其他代表作如《有時有個偉大的念頭》（*Sometimes a Great Notion*, 1964），一九七一年改編成電影，又名《永不讓步》（Never Give an Inch）。

54. *Upanishad*，古印度的吠陀文獻的著作，是印度最古老的哲學聖典之一，探討人生與宇宙的根源和關係，找到真我，追求「梵我合一」的境界。

55. CoEvolution Quarterly（1974 – 1985），嬉皮文化重要推手斯圖爾特．布蘭德繼《全球概覽》（*Whole Earth Catalog*）雜誌後創辦。

己爲他的遺體造了箱子，他如何把一個焊了霍皮族[56]十字架的銀哨丟進他的墓穴裡，開頭的幾鏟土聽起來如何像「默示錄的雷鳴」。

我屏住呼吸。我想到水。我想到我女兒的骨灰，在奧勒岡州外海的海洋中游泳。我們的孩子的死亡，與我們一同在水中泅泳，蜷繞在我們身邊，連結起經歷相似的我們一起漂浮。

所以，如果肯．克西跟我說了這些話，他是不是在水裡眞的有關係嗎？如果與肯．克西在如此接近死亡之處相遇，因而把寫作帶進了我的手裡，又如果我把我們的相遇寫成發生在夢中的湖畔場景，誰管他有沒有在水裡呢？他有心胸寬大的摔角選手身體、口不擇言的嘴、死掉的兒子，而我有被掏空的內臟。我在水中，在我感覺較自在的世界，可以看到他在岸上，小小的肯．克西做著以前的肯．克西會幹的事，比較小的那個在那個人裡面，像俄羅斯娃娃。

那個晚上，我在湖中來回游泳，試著淹沒人們的話語。

56. Hopi，美國政府承認的一個美洲原住民部落，主要生活在亞利桑那州的霍皮族保留地。

父親

在我父親對我們下手之前，他是一個建築師，一名藝術愛好者。
在我父親成爲建築師之前，他是韓戰中的一名領航員。
在我父親成爲領航員之前，他是一名藝術家。
在我父親成爲藝術家之前，他是一名運動員。
在我父親成爲運動員之前，他是一名不快樂的輔祭男童。
我盡力描寫他了。我想。
可惡。
容我再試一次。

在我父親對我們下手之前，他是一個建築師，一名藝術愛好者。他的手。我記得他的手在大幅白色紙張上工作，成排的筆和鉛筆和細緻的橡皮擦，一把丁字尺順著一根鋼絲在繪圖桌上上下移動，他高大的形體彎曲伏在他設計作品的疆域之上。我記得他房間裡傳來古典音樂的聲音，管弦樂的曲式沿著我的脊柱纏繞而上，作曲家的名字流進入我的腦海。我仍然可以看到咖啡桌上那些書頁厚實的建築和藝術雜誌。這個魅力十足的男人教我畫畫，教我什麼是陰影，什麼是光線、構圖、透視。我和他一起進出其他男人的建築空間。我聽的不是床邊故事，而是勒．柯比意[57]、安東尼．高第[58]、卡羅．斯卡帕[59]、槇文彥[60]。他談藝術時有一種美感，徐徐緩緩地，一根香菸指向天空，煙如水卷，繚繞著他話語中透露出的神聖。我和父親一起穿梭在落水山莊[61]。

在我父親成爲建築師之前，他是韓戰中的一名領航員。

這部分我只能從黑白照片追溯。當我手裡拿著這些照片，突然不得不面對眞實戰爭的現實，而他就置身其中。照片裡有軍營、步槍和制服。照片裡有吉普車、直升機和軍事場面。照片裡有我的父親和男人。那些男人我從未見過且永遠不會見面，那些男人也許如今已不在世上，那些男人參戰是在我出生之前，在越戰之前。

照片有兩類。第一類，是以獨特建築爲主的照片，都是韓國的佛寺和神社。

第二類有人物，有一個黑人重複出現在幾張照片中。當我手裡拿著這些照片，我的父親並不是那個暴虐的混蛋。他變成了一個不同的故事，那個他跟我的母親、叔叔、姑姑說了又說的故事，關於他多麼關心他最好的朋友——某個我將永遠不知其名的黑人。我不記得了。那些故事被述說的時候我還是個小孩子。

但是，那些故事都是關於在大夥兒休假上館子、喝酒或跳舞的時候，爸爸則跟這傢伙在外頭坐在車子裡；關於爸爸進去拿食物或啤酒，帶到車上、路邊或某棟建築旁的空地，跟他坐在一起分享。

我看著照片裡那個黑人。我希望我能和他聊聊，問他一些關於當時的我的父親的問題。他有趣嗎？他親切嗎？他爲你畫過畫嗎？什麼讓他害怕，或讓他受傷，或讓他快樂？我父親在戰時是什麼樣子？男人是什麼？

我的父親當時英俊瀟灑。

在我父親成爲軍人之前，他是一名藝術家。

有時候，當我和母親獨處的時候，我會問她關於他們初識時的我的父親的問題。她幾乎每次都會走進客房，從壁櫥裡抽出一個鞋盒，坐在我身邊，然後展開一張畫紙。畫紙上是一隻紅雀，一隻精美描繪的——在藝術層面上令人驚嘆——紅雀。她會微笑垂眼，用她黏膩慵懶的南方腔調，以幾乎像女孩一樣的語氣說：「你父親因爲這幅畫得了藝術獎。」在同一個盒子，她會展開一疊零散的泛黃紙張，上面寫滿了美麗的筆跡。「我因爲這個故事得了獎。」

然後，她會小心翼翼地再把這些折起來，放回盒裡，放回壁櫥。

當我手裡拿著他們兩人的照片，我不禁心痛起來。我的父親完全就是詹姆斯．狄恩[62]的模樣，牛仔襯衫袖口捲起，緊身白色T恤顯露肌肉線條，香菸夾在袖子裡，戴著鏡面太陽眼鏡。我的母親穿著五十年代的洋裝，寬圓裙，頭髮紮在後腦，嘴脣紅得像可口可樂罐——在黑白照片中看起來是黑的。他們俊美亮眼，一派好萊塢風情。她面帶微笑，而他看起來像一個女人會愛上的人。

還有一張照片，他坐在野餐桌邊，卡其長褲和白襯衫。他爲什麼擺出這樣的坐姿？翹著腿、身體傾斜、修長手指梳過濃密的頭髮，另一隻手勾在脖子上，手肘微微內收。他擁有藝術家的肢體語

57. Le Corbusier（1887 - 1965），法國建築師、室內設計師、藝術家，以功能主義風格著稱，被譽為現代建築之父，代表作如法國普瓦西的薩伏伊別墅。
58. Antoni Gaud（1852 - 1926），西班牙建築師，被譽為上帝的建築師，風格屬於加泰隆尼亞現代主義，代表作如西班牙巴塞隆納的聖家堂。
59. Carlo Scarpa（1906 - 1978），義大利建築師、玻璃工藝與家具設計師，注重與大地的關聯、就地取材及有意味的形式，代表作如義大利波薩尼奧的石膏像博物館。
60. Fumihiko Maki（1928 - ），日本當代建築師，注重建築與環境的協調，以及都市、文化和人性的紋理，代表作如日本東京體育館、臺灣桃園機場捷運臺北車站大廳。
61. Fallingwater，位於賓夕法尼亞州西南部鄉村、匹茲堡東南方五十英里處，一九三四年由美國建築師法蘭克・洛伊・萊特設計，橫跨在熊奔溪的瀑布之上。
62. James Dean（1931 - 1955），美國傳奇演員，以叛逆浪漫青年的形象著稱，二十四歲因車禍英年早逝，生前僅拍過《天倫夢覺》、《養子不教誰之過》及《巨人》三部電影。

言。我知道，我連續跟三個這種人結了婚。

在我父親成爲藝術家之前，他是一名運動員。

我知道怎麼說這個故事。我知道如何把一件件事物編成故事。

中學最後一年，在俄亥俄州克里夫蘭的一所天主教學校，滿壘，灰色的路面和冬季決定了命運。場邊的修女和神父一身黑色，家族成員穿著黑外套、黑靴，戴黑帽。場上的男孩英風颯爽，就像球場上的男孩們應該的那樣；他們是奇特的天使。呼吸，口中吐出白霧。目光銳利，盯著場上的攻守、動作、細微的一舉一動。第九局上半。計分板登錄著分數，雖然沒有人需要看。此刻，汗水在他的上唇凝結。他伸展雙臂紮實地擊中球，把那個小小世界敲出球場，那一刻，全體修女和神父抬頭仰望，有如見證了信仰。緊接著，一切的結局迎接召喚著男孩，有如看見希望。他看到大學，他看到離家，他看到抓著運動員這個字眼帶來的機會。他鬆開手臂，他的身體顫抖，歡呼聲響起，像合唱。每個人發出的聲音都一樣，只有一個人例外。那一刻，有一個人離開，他的背影中止了喧嘩。

全壘打。父親離開他。男孩轉變成大人——他當時的神態一定相當……英風颯爽。

以上。

我最多只能寫成這樣了。

要進一步深入他的故事，會抽空我肺臟裡的空氣，好像我游了一整夜的泳。

我倒是知道他的舌頭被割過。當我看著我的兒子，想到此事，我想我會殺了割男孩舌頭的女人。

在我的父親成爲我的父親之前，他是一個男孩。

只是個男孩。

在我恨他之前，我愛過他。

學騎腳踏車

我十歲的時候，姊姊離家讓我沮喪不已。爲了讓我打起精神，父親牽了一輛鮮豔粉紅色的史溫腳踏車回家。它裝配了香蕉座墊，車把上有流蘇垂下。我看著他從旅行車車廂把腳踏車搬出來。我看著他把它推到前廊。我看著他踢腳架把車停好。我們之間的窗戶是一層隔膜。

我覺得那是我看過最美麗的東西——除了我的綠色金屬玩具軍用吉普車，但還是比得過。豔粉紅色閃閃發亮，流蘇好像頭髮，白色香蕉座墊寬大。我倒抽了口氣。

然而，問題是，我不知道怎麼騎腳踏車，完全不知道。游泳之外，要我做其他大都會讓我感到害怕。我甚至放棄了三輪車，不曾掌握三輪的可怕。我把三輪車騎得歪七扭八的，失敗到惹我父親嫌惡地到把它藏到車庫裡。所以，當我來到外面觸摸那輛豔粉紅色的車，她如此美麗，但我只覺得恐懼。當我父親說：「是時候學騎腳踏車了。」我的雙腿發抖，喉嚨發疼。

他的意思是，立刻。他的意思是，要我在那一秒就跨上去試騎。

我的母親站在門口說：「麥克，她不知道怎麼騎哪！」用她黏膩慵懶的南方腔調。但我的父親是認眞的。

「走，」他說，然後推著腳踏車轉頭到街上。

我立刻感覺到眼淚就要流出的刺痛，但還是跟著走了。在恐懼和激怒他之間，我選擇了恐懼。

父親把腳架踢起來，握住把手，叫我坐上去。我照做了。他慢慢地把我和腳踏車推向前，叫我把腳放在踏板上。但是踏板對我來說像是搞不定的巨大謎團，它們以我無法理解的方式動來動去，而我的腳好像人體棍棒一樣不時絆到它們。

「老天，我說了，把你的腳放在踏板上。」

恐懼盤據了我的小小胸膛，但對於他的憤怒的恐懼又勝出了。我把腳放在踏板上，試著順著它們踩著一圈又一圈，直直往下望。

父親仍然抓著車把，帶我們往前進，說：「現在，頭抬起來，把手放在車把上。」我把我的手放在他的手旁邊——我的手看起來像洋娃娃的手——緊貼著父親雙手的肉。「我說，頭抬起來，該死，如果你不看路，你會摔車的。」

訓練輪。不是有這樣的東西嗎？我怎麼沒看到？

我把手放在車把上，把頭抬起來。我的腳感覺很笨拙，像沉重的石塊上下踩著。然後，他放開車把，抓住腳踏車後面。我搖擺前進了一下，然後放手，跌倒。我跌倒時膝蓋先著地。他抓住我的襯衫，一把把我拉起來。「不要哭，看在老天的分上，」他說：「你最好不要給我哭。」

我沒有哭，我只是幾乎呼吸不過來。

我們重複這個過程在街上來回，直到太陽西下。我記得當時感謝上帝把太陽降下來。很快天就要黑了，晚餐時間到了，母親會把盤子擺出來。我知道怎麼吃晚飯。

但這不是我父親要的。

在靠近屋子的一條通道上，他轉過身來對我說：「現在，我們到山坡上試試。」

那座山坡在我們死巷出來的街區上方。我不知道實際的坡度，但在游泳練習結束後開車返家的路上，母親會踩剎車。山頂上有我最喜愛的空地，山腳有到我家必須的右轉。

我的父親必須把我推上山坡。「你可以踩踏板嗎？看在老天分上。」

我覺得自己可能要吐了。我希望各位明白，我這麼說的時候，我相當肯定就要噴出的那陣嘔吐會是怎樣。那感覺就像是，如果我眞的吐了，我的整個身體會從裡到外翻出來，猛烈地吐到把我自己都吐了出來。直到今天，我還是不知道當時我爲什麼沒有哭。我默不作聲。只聽得到一個小女孩踩著踏板上坡的呼吸聲。

在山坡頂上，他把我連人帶美麗的腳踏車轉過來。他抓著座墊後面。我記得我渾身發抖，雙眼發直地往下看，感覺像坐在俯衝前的雲霄飛車上。

他說：「你速度加快的時候要倒踩踏板來刹車，一點一點地踩。」

他說：「到了山腳，你要煞得夠用力才能轉彎，然後你要往左轉。」

寥寥幾個字，對小女孩的我卻難以理解。

然後我做了不可思議的事。我說：「爸爸，我做不到。」

我的下脣顫抖著，像小孩那樣。

「你當然絕對可以，」他說，然後，推。

精神藥物會讓你置身於情感無以言喻的疆域，這點我在成年後明白了。你的思考、你的感覺、你的身體狀況——你的頭、你的四肢、你的雙手——會進入一個解離奇異的夢境。你的身體支解分離，你的腦袋向內折收到大腦未曾發掘的境地。我對當時自身狀態所能做的最佳描述是：他把我推下那座山坡的時候，我的恐懼產生的腦內啡誘發了一種異變的狀態。

剛開始，我用力握著車把，握到我的掌心刺痛。我一路尖叫著往下衝。我把踏板往後踩，但在我看來似乎沒怎麼慢下來。停車像謊言一樣不眞實，右轉感覺就像要一路騎到中國那樣不可能。

風吹著我的臉，我的掌心刺痛，我的膝蓋發疼，往後踩，加速又加速加速加速加速，屏住呼吸，我的皮膚發麻好像在樹上有可怕的蜘蛛爬上我的皮膚，彷彿站在高聳的大峽谷上方，我的頭太燙了，轉彎轉彎轉彎轉彎轉彎轉彎，我在轉彎啊，我在刹車啊，我感覺不到我的腳，我感覺不到我的腿，我感覺不到我的臂，我感覺不到我的手、我的頭、我的心。父親的聲音喊著好女孩，父親跑下山，父親害的是他推我的，我的眼睛緊閉，我的四肢殘廢，我放手，是我，我放手，好想睡，好輕盈，漂浮、漂浮，物體加速，閉上眼，猛烈撞擊，翻車，空白。

我在我父親的懷裡醒來——他把我抱進我們家。我聽到母親聲音中的憂慮：「麥克？麥克？」他把我抱進我的臥室。她跟著進來。

他吼著：「拿手電筒。」

她吼著：「爲什麼？出了什麼事？」

他吼著：「去拿來，去你的，我想她下面受傷了。」

她照做了。他把我放在我那吊著公主掛帳的床上。我盯著白色的蕾絲。我的手在放我的兩腿間。母親拿了手電筒回來。父親把我的手拉開，然後把我的長褲拉下來。

母親說：「麥克？」

我開始哭。尿尿的地方在痛。父親把我的內褲拉下來。

母親說：「麥克。」

父親把我的腿張開，打開手電筒說：「她流血了。」母親哭了，父親說：「桃樂絲，到外面去，你歇斯底里了。」母親離開。父親說：「把門關上，該死的東西。」

不是有醫生之類的嗎？醫院呢？

我把我的腳踏車撞進一排郵箱。

我把我的處女膜弄破了。

我父親的手。

手電筒。

血。

女孩。

隔天，他下班後逼我騎上腳踏車。他逼我回到山頂。我坐在腳踏車上痛得不得了，痛到我咬住臉頰內側。但我沒有哭。他說：「你必須立刻回來練習，戰勝你的恐懼。你一定要。」再一次，他推我。小女孩的年紀還不夠大，不懂自己的憤怒、自己的恐懼。她的身體滑行下坡，在她的豔粉紅色史溫腳踏車上，流蘇飛揚。

在恐懼和憤怒之間，我選擇了憤怒。

下坡的半途中，我想到我的父親以及我多麼厭惡他的皮膚聞起來像菸灰、他的手指上有燻黃的煙漬、他的建築師大手，還有他推我，而我閉上眼睛……我閉上眼睛，真的，我放掉車把，把雙手往身體兩側張開。我感覺風吹在我的掌心和手指、我的臉、我的胸，也許直接穿透了我的心。我不剎車了。我的雙腳失重。

我還沒往我們家轉什麼彎之前就失控了。雖然沒有骨折，但我渾身擦傷，我的臉，我的手肘和手臂，我的膝蓋和雙腿，我強壯如游泳男孩的肩膀。我整個就是我的身體，在流血，不斷流血。

但我沒有哭。

在那之後的許多年裡。

二流歡樂搞怪幫

班奈特・霍夫曼
傑夫・佛瑞斯特
羅伯特・布呂歇爾
班・博赫納
詹姆斯・芬利
玲・傑弗瑞斯
尼爾・李斯特盧姆
哈爾・鮑爾斯
珍・薩瑟
查爾斯・瓦拉尼
梅瑞狄斯・沃德利
肯・茲默曼
莉狄亞
最後的十二位門徒與我。

我會跨入一九八八至八九年肯・克西小說共同創作工作坊大門的，是因爲我的作家朋友梅瑞狄斯・沃德利在未經任何人同意之下，就抓著我的手大剌剌走進教室。在我眼中，梅瑞狄斯像是兩種人物的交集，一個是福克納[63]筆下迷人而複雜的角色、但只有一點南方的黏膩腔調，另一個是英國騎術冠軍富家女。梅瑞狄斯的頭髮濃密黝黑，雙眸更是深邃。她的眼睛會放電。那門課要開始的那天，我們正在她的公寓裡喝啤酒。我承認我嫉妒，幾乎到到被啤酒嗆到的程度。到了她該去上課的時候，她說：「發生在你身上的爛事夠多了。跟我走吧。」

我說：「什麼？別發神經了。我沒參加藝術創作碩士的學程。我甚至不是研究生。他們不會讓我登記的。」

如果你查詢維基百科網站，上面會說我們寫的那本書是肯．克西和「十三名研究生」共同寫作而成。我不是藝術創作碩士的學生。我是個大學生，還算會用英文放話批判，跟很多人類上過床，搭嗑藥列車奔馳搞嗨，還有喝酒、喝酒、喝酒。我的運動員身材早就不見了。我長出了飽滿的奶子，還有可以稱得上是「翹臀」的東西。我頂著一頭厚實的金色爆炸捲髮。我不是有造詣的作家。我不是有造詣的任何東西。我唯一擅長的只有當酒鬼或挑逗性慾的尤物，我差不多只能這麼說。他們幹嘛讓我加入他們的團體？肯．克西何必呢？

「胡說，」梅瑞狄斯說：「克西會愛死你的，相信我，而且你是個好作家。班上有一半的人你已經認識了。再說，不管怎樣，你以為克西在乎奧勒岡大學的什麼狗必規定嗎？」

我像個傻瓜一樣滿臉通紅，任她帶我走上奧勒岡大學通往肯．克西住家的路——他家會用來當作該年度的教室——然後帶我穿過前門。

一群門徒坐在一張大桌邊。

63. William Faulkner（1987 - 1962），美國文學史上最具影響力的偉大作家之一，以意識流文學手法及美國南方書寫著稱，著作如《聲音與憤怒》、《我彌留之際》。

我的喉嚨緊縮到跟吸管一樣窄。我覺得我要吐了。

「各位，這位是莉狄亞，」梅瑞狄斯說。

好極了。現在我得站在那裡像個白痴一樣解釋自己爲什麼會在這裡。我只是站在那兒，腦袋有條電報紙條輸送著：這個人是肯克西啊這個人是肯克西啊。父親曾送我他的書。我和父親坐在黑暗的電影院裡看過那些電影，保羅．紐曼演出的《永不讓步》，還有《飛越杜鵑窩》。

克西在房間遠遠的另一端，他頂著酒桶般的身體直直走過來，幫我拉了把椅子，然後說：「嗯，哈囉。我們這兒有什麼來著？一個優級的浪女。」那是我第一次不是在照片或奧勒岡某個文學活動看到他。他靠得越近，我越覺得反胃想吐。但是他就正對著我，我可以從他的肩膀和胸廓看出他以前是個摔角選手。他的臉像棉花糖夾心派一樣圓，臉頰紅通通地透著明顯的血絲，因爲喝酒而浮腫。他的頭髮像棉花胡亂黏在他頭上。他的微笑，風流千古。他的眼睛是清澈的藍色，跟我的一樣。

我的臉部發燙，我的頭頂發癢，教室裡的其他人看起來全都是別著藝術創作碩士特別勳章的作家模樣，我覺得自己跟他們相比像個凡人，彷彿我會突然化成一朵微弱的橘色火焰。正當大家因爲浪女的這個說法大笑起來，他彎身在我耳邊輕聲說：「我知道你發生過什麼事。死亡眞是王八蛋。」

一九八四年，克西的兒子傑德當時是奧勒岡大學的摔角隊選手，在前往摔角錦標賽途中丟了性命，因爲載著校隊的那輛廂型車胎紋過淺出了車禍。我的女嬰寶寶在同年死亡。他靠在我耳邊，聞起來像伏特加的味道，很熟悉。

他遞給我一個隨身酒瓶，我們相處愉快，很快建立了情感，就像曾見過外星人的陌生人那樣。就只需要這樣，從沒有人質疑我，尤其是克西。這對我來說眞是難以理解的美妙。我愛這樣。

我當時二十五歲。

小說共同創作工作坊的第一天，克西拿出一個棕色雪茄盒，請傑夫．佛瑞斯特捲一根草。傑夫．佛瑞斯特的捲髮是美麗的淺棕金色，雙眼澄澈，皮膚有日晒的光澤。他在我看來像個衝浪客，但他的字彙運用詼諧，文字技巧很強。傑夫似乎連睫毛都沒扇一下，就捲了完美的一大根。克西則開始講他的克西演講，以此開頭：「我一直厭惡跟作家共處一室。」

班奈特．霍夫曼從那根施洗的大麻菸吸了一大口，然後傳給別人。班奈特．霍夫曼個子高瘦，膚色淺白。他的沉靜讓我著迷。我們輪流呼麻的時候，班奈特闔上他的眼睛，他的臉褪了色，然後倒地，幾乎像慢動作一樣。他完全不省人事。我不記得當時是誰表示擔心，可能是個女的，好像說我們該打電話給誰或做什麼。俊美的班奈特就那樣倒在地上。

克西只是跨過我們同伴的身體，繼續他的演說，只停頓一下說了句：「他不會有事的。」他看著我們，一副「你們不知道嗎？這種事常常發生」的樣子。六〇年代和一九八八年之間的距離如海寬。你可以從我們穿的衣服、我們喝的啤酒、我們端的一副「我是奧勒岡大學呆頭鵝」的模樣看得出來。我們的皮膚表面不會閃耀迷幻蘑菇或仙人掌毒鹼或LSD的光澤。當時沒有CIA資助精神作用藥物之影響的研究。據我所知，我們之中只有一個人曾經待過勒戒療養院或監獄——這不是我隨口亂掰的。

我坐著，試著寫下怪異的句子，不要讓自己丟臉，但我在自己的腦袋裡其實笑到不行。我這一生從來沒有像那樣待在任何「課堂」上。但我以前當掉過好幾門課，也曾被大學退學，我這一生到那時之前因為行為惡劣或狀況不穩定待過什麼機構之家，所以這裡對我來說至少比其他專制的鬼地方安全。

我們第一天在那個家裡自由寫作的時候，某人——可能是博赫納——懶懶地說：「我沒辦法在這種地方寫作。」博赫納是個有點激進的嬉皮，會攜械抱樹的那種。克西說：「那就像有個恐怖分子闖進門威脅要把你們全部幹掉那樣寫作，有一把半自動步槍抵著你的頭。」他看著我們，一副我們早該知道的樣子。

克西訂了兩條規定：第一條，我們不能跟這堂課以外的人談論小說的情節；第二條，克西一個人算這個班的半數。後來訂了第三條：不准在這堂課以外的地方寫作。爲什麼？因爲我們會做一般奧勒岡作家會做的事，然後變得迷戀自己個人的聲音。

就像在所有的異教名人身邊一樣，小說共同創作班上的每個人都想成爲克西最喜歡的學生。但因爲我們跟他相處了一年，這種能量至少淡化了一點點。我們見過他服用的各種處方藥。我們見過他肚子的眞實大小。我們見過他的過敏會有多嚴重。我們見過他多能睡。我們知道他聞起來的味道，他似乎極低的精力，他喝酒的時候——他總是喝酒——因爲伏特加浮腫如彈珠的眼睛。

然而，他的氣場仍足以充滿整個空間，不論那是什麼空間。那年間，在奧勒岡大學的一場朗讀會，他站在桌上把嘶吼著把聲音灌進麥克風裡：「幹你媽的上帝！幹！」那群大約五百人的聽眾爆出喝采。他相信要有場面，讓群眾有表演可看。

克西那年的課進入秋天的時候，我大部分的時間都感覺像個尷尬的混蛋。我跟他在聚會碰面會耳朵發燙，汗水在我的雙腿之間滲流成線，在我的雙乳之下弄溼罩杯。我不知道該怎麼跟一個群體產生親近的感覺。我唯一的群體互動範本是我那個弒父戀母的伊底帕斯恐怖家庭。還有游泳隊，但你在水中不會跟誰交談。我覺得自己顯著的特徵是胸部、臀部和金髮。那些性感的東西，就是等同我的一切。

不是說我覺得好像會有恐怖分子闖進來把我幹掉，但我確實覺得會有某個學術機關的警察闖進來把我上銬，說：「你！你不屬於這裡。你沒有登記入學。你甚至沒參加這個寫作計畫。看看你這整個……頭髮。」不過這些事並沒有發生，我只是在紙上寫東西，像其他每個人一樣。

我跟傑夫和班奈特走得最近，也許因爲一開始的事件多少刻印在我心裡——傑夫小心翼翼地捲那根大麻菸，班奈特昏死倒地像個復活奇蹟。

我對其他人的記憶彷彿視網膜上的閃光——哈爾的頭髮多麼白，羅伯特的腳步多麼輕盈，珍的心靈和銳利綠眼凝視多麼震懾我，我多麼希望玲當我的母親——她比起我眞正的母親是個更令人驚嘆的好酒徒，梅瑞狄斯的臀部多麼美妙，博赫納如何變成我們的猶大，查爾斯如何變成條子，詹姆斯的詞彙搭配他的火紅頭髮如何令人佩服，茲默曼如何出現在這本書裡別的地方。

克西那年的課進入冬天的時候，我們全部一起去他鄰近亞查茨的海岸小屋。那是個破舊的老房子，拼木地板，簡陋淋浴間，一張桌子，幾把椅子，沒有暖氣，但是正面的窗戶望出去就是海洋。而當然，各個房間都充滿了肯．克西的存在。我們喝酒，我們在海灘散步，我們聽克西的故事。嘿，我願意跟各位說那些故事，但你們已經知道了。他會一再重複說同樣那些故事。我們，簡單來說，就是一堆新的耳朵。在那個海岸小屋，我們聽著提姆西．李瑞[64]、梅森．威廉斯[65]、傑瑞．賈西亞[66]和尼爾．卡薩迪[67]的故事。在那個海岸小屋，我們嗑藥搞嗨，我們有些人上了我們其他人，我們在小筆記本上寫作，我們睡在地板上的睡袋裡。我們等著什麼會發生。

有件事我不確定是否屬實，得打電話給他們全部十二人調查統計才知道。但我想，那整年裡，

64. Timothy Leary（1920 - 1996），美國心理學家、作家，晚年支持研究迷幻藥在受控制下的治療潛力，對六〇年代反文化運動有重要影響。
65. Mason Williams（1938 - ），美國古典吉他樂手、喜劇編劇、詩人。
66. Jerry Garcia（1942 - 1995），美國創作歌手與吉他手，六〇年代反文化運動搖滾樂團感恩至死的成員。
67. Neal Cassady（1926 - 1968），美國作家、詩人，五〇年代垮掉的一代及六〇年代迷幻和反文化運動的重要人物。

我們都有個傻傻的期待。我們的期待跟大家那本根本不算佳作的共同創作毫無關係。我想，我們都期待肯．克西會再寫出一部完美的作品，希望他內在還有那麼一本，而我們能以某種方法把它挖出來。但是，他不斷進行的事就只有喝酒。不論我們多常跟他搞嗨或跟他在海灘散步或聽他說他的故事，都無法讓這個男人裡面的那個男人復活。

《永不讓步》和《飛越杜鵑窩》還在我的書架上，與《我彌留之際》、《喧嘩與騷動》、《押沙龍，押沙龍！》[68]擺在一起。有些書會讓你無法呼吸，是因為作品本身，還是作者？當我把肯．克西的書捧在手中，翻開書頁，我能聽見他的聲音，我能看見他、聞到他、感覺他，但讓我無法呼吸的是文字。這樣還不夠嗎？

克西那年的課進入春天的時候，復活節，我們走上皮斯加山[69]，來到傑德的安息處。我們嗑了藥在嗨，有人吸了大麻、有人服了酸劑、有人吃了蘑菇，克西一直拿著隨身酒瓶喝酒。到了山頂，風吹得樹葉劇烈顫抖。山丘長滿了草，山阜有如克西的肩。我喜歡山上那裡，傑德就在我們腳下。我靠近死亡才最感覺活著，只是不太喜歡談起，除了幾次跟克西聊過。在那山頂上，我們一度彼此相擁。

克西那年的課接近尾聲的時候，在他位於怡人山的家裡，他放映尼爾．卡薩迪的錄影片段給我們全體十三人看。我想是巴布斯[70]帶過來的。我們有人吸了大麻、有人服了酸劑、有人吃了蘑菇，而克西一直喝酒。費伊[71]在廚房裡，然後她去教堂。我們坐在地板上。我們坐在舊軟墊椅子裡。我們坐在凹陷的沙發上。

尼爾．卡薩迪出現在螢幕上的時候，我胸中滿是蝴蝶亂飛。他的模樣和動作完全就是凱魯亞克[72]詩句的化身。尼爾．卡薩迪的臉部特寫……所有那些荒謬瘋狂美妙神奇的鬼話、眼神的漂移、頭部的搖晃、臉部的抽搐……眞是美極了……但是看起來那麼不眞實，或者超現實。在歷史面前，我們什麼都不是，不過是一群坐以待斃的鴨子，誰都可以輕易把我們一個一個從湖中拎起來帶走。我坐在那裡，希望我們的觀賞有更多意義。

我轉頭看著克西在看尼爾・卡薩迪，看他臉上的神情。他與末路門徒們坐在那片黑暗裡，歪著嘴笑，像藏著玩笑的那種微笑。他瞇著眼睛，輕笑了一、二聲。然後我看到他撫摩自己的前額，似乎偏頭痛發作了。但在尼爾・卡薩迪的光芒裡，在我眼中，那彷佛是一個男人試圖將時間抹去。

這整個經驗讓我感覺像愛麗絲夢遊仙境。我再次感覺不可思議，自己竟然跟身爲「作家」的一群人和肯・克西共處一室觀賞尼爾・卡薩迪的影片？我們算哪位啊？看完影片後，克西說了一些話，我們問了一些問題，然後他必須上床了。當時是下午四點半。我感覺好像我們有哪裡表現得不夠好，但我不知道是什麼。

克西那年的課以那本書的朗讀會暨招待會作結，地點在奧勒岡大學的葛林格廳。我們都穿了一九三〇年代的復古服裝來模仿書中的角色。大夥兒輪流從克西的隨身酒瓶啜飲薄荷杜鬆子酒。它端放在講臺上，有如標註他的性情的旗幟。我們接受了《時人》雜誌訪問。我們會有一張照片登上《滾石》月刊。在這之後還辦過好幾場聚會，但我幾乎都不記得了。

我的父親眞的從佛羅里達州搭飛機到尤金來參加朗讀會。他穿了價值四百美元的灰色斜紋西裝坐在觀眾席裡。他看上去很驕傲，在肯・克西面前，不知爲了什麼。我出生的時候，一九六三年，

68. *As I Lay Dying*、*The Sound and the Fury*、*Absalom, Absalom!*，皆為福克納的作品。
69. Mount Pisgah，位於美國奧勒岡州雷恩縣，最高海拔一千五百三十一英尺，以聖經中的毘斯迦山命名。
70. Ken Babbs（1936 - ），歡樂搞怪幫的成員之一，六〇年代迷幻藥運動領袖之一。
71. Norma Faye Haxby，肯・克西的妻子。
72. Jack Kerouac（1922 - 1969），美國小說家、作家、藝術家與詩人，垮掉的一代的代表作家。

當時我們家住在斯廷森海灘上方山中的房子。那裡鄰近拉洪達[73]，騎自行車可到，也就是肯．克西於同年開始舉辦派對及迷幻藥試驗的地方。

輪到我朗讀的時候，我拿隨身酒瓶喝了酒，然後看看觀眾。父親的建築師眼神有如鋼鐵，我對他那雙手的記憶難以抹滅。我看了克西一眼，他捏了捏自己的乳頭微笑，讓我笑了。朗讀結束時，父親跟克西握手說：「我是你的仰慕者。」我知道這是真的。我看著他們的手交疊緊握。

跟克西見面時，父親的聲音在顫抖。當兩人告別，克西對父親說：「你知道，莉狄亞可以把球打出球場。」我的父親曾經夠格參加克里夫蘭印第安人隊的試訓，這對他來說別具意義。我是指克西說的這番話。

我們創作的那部小說《洞穴》[74]其實不怎麼樣。故事的靈感來自一則真實新聞剪報：一九六四年十月三十一日美聯社報導，標題是〈查爾斯．奧斯華．洛區，神學博士暨美國祖先祕密洞穴發現者，於一九二八年引發考古學爭議〉。我們把年代設定在一九三〇年代，洛區被想像成獲判謀殺罪的兇手，他在牧師監護下從聖昆汀監獄獲釋，帶領探險隊重新探索這個洞穴。

那不是一部好小說。無論我們交出了什麼作品，那都不是小說。而如果我們跟隨一位前科犯牧師進入一個山洞，我們只會發現海獅的排泄物。

我不知道那夥人會不會同意我的看法，但在我看來，那年我們交出的作品其實是個結束。那是某事物走到終極的部分或重點，或是某事物剩下的一小塊殘片，或也許僅僅是克西的最後一舉，把他的結束再延長推進了一點點。

每個奧勒岡作家都有一個跟肯．克西有關的故事，我是說真的。在奧勒岡州參加文學朗讀會，有八成五的機率會出現他的名字，不論說話的那個人認不認識他。有時是關於他在怡人山的房子，有時關於歡樂搞怪幫的巴士，有時關於寫作。有時關於他「狂野的性情」。常常，每當我坐在觀眾席聽到他的名字以如此……痿軟的方式被提及，就會忍不住胃痛。

我想，認識肯．克西的每個人對他的了解都不一樣。也許具備英雄傳奇色彩的人物都是這樣，也許根本沒有人眞正了解他們。我們只是擁有他們周邊的經驗，然後聲稱它們是我們自己的。我們加以名狀，並且希望從我們口中吐露出什麼親密的感覺，但是跟書本或影片中描繪的親密感不一樣。

直到接下來那年，不是共同創作班那一年，是大夥兒寫的那本不怎麼樣的書出版並且讓我覺得全體澈底辜負了克西的隔年，也是他因爲沉迷伏特加搞到最後住進梅奧診所[75]的隔年，我們才單獨在他的海岸小屋見過一次面。

那天晚上，他燒開水煮義大利麵，倒了一整罐拉古義大利麵醬。我們用彎掉的舊叉子吃麵。我們用錫杯喝威士忌。他講了人生故事，那是他最擅長的。我呢？我沒有任何故事。有嗎？天黑時，他點燃一些看起來醜醜的老蠟燭。我們坐在相鄰的兩把木頭椅子上，望著外頭照著月光的海水。我清楚記得自己試著在椅子上坐得老派一點，彷彿我曾是歷史的一部分。我把雙腿伸長，一隻腳踝交疊在另一隻上面，雙臂交叉在胸前。我看起來像林肯[76]。

然後他說：「你這輩子發生過最好的事是什麼？」

我像團肉瘤坐在那裡，努力思索在我身上發生過最好的事。我們倆都已經知道最壞的事是什麼了。最好的事不曾發生在我身上。有嗎？我只答得出最壞的。我望著外面的大海。

73. La Honda，位於加州聖馬刁縣南邊。
74. *Caverns*，一九八九年出版，封面上的作者為O.U. Levon，亦即Novel of University of Oregon縮寫倒過來。
75. Mayo Clinic，曾被評選為全美第一的世界知名醫療機構，病患包括多位美國總統。
76. Abe Lincoln（1809－1865），即Abraham Lincoln，第十六任美國總統，任內發生南北戰爭，領導北軍戰勝並解放黑奴。

最後，我說：「游泳。」

「為什麼是游泳？」他說，轉頭看著我。

「因為那是我這輩子以來唯一擅長的事，」我口中冒出這句話。

「那不是你唯一擅長的事。」然後他用他那摔角作家的粗壯手臂環繞我。

幹。就是這個。來了。他的皮膚聞起來……它聞起來像某人父親的皮膚，混雜了刮鬍水、汗水、義大利肉醬的味道。他就要告訴我我擅長上床，他就要告訴我我是個浪女——上課那一年他給我取的綽號，然後我就要為肯．克西張開雙腿，因為那就是無知愚蠢的金髮妞會幹的事。我閉上眼，等著他那雙男人的手做出對我這種女人會做的事。

但他沒有跟我說那些。他說：「我看過很多作家來來去去。你是有料的。它就在你手裡。你下一步要做什麼呢？」

我睜開眼睛，看著我的手。它們看起來非常笨拙。「下一步？」我說。

「你知道，你的人生。下一步是什麼？」

我沒有計畫。我有悲傷，我有憤怒，我有我的性慾。我喜歡書勝過人，我喜歡喝醉、搞嗨、上床，這樣我就不必回答這樣的問題了。

如今當我在訴說這件事的時候，我明白有別種訴說的方法，可以溫柔，沉靜而細微地。他問我的問題，那正是一個慈愛的父親應該問的。

不然我可以瞎扯。我可以寫成一段驚天動地的迷幻戀情，或是老男人與年輕女人的火辣性愛。我什麼都可以寫，也許有百萬種方法可以訴說這件事。

肯．克西是我這輩子遇見過最傑出的騙子。

我回到家之後，把左半邊的頭髮全部剪掉。鏡子裡有兩個不同的女人在看我，一個有著長及背部一半的金髮，另一個是頭髮剃到貼頭的女人，臉上長著一副美男子的骨架。

我
是
誰

回到奧勒岡大學，我繼續去上課。有一次，在文學創作學院，一個像摔跤選手一樣高大的男人走過我身邊，盯著我那頭不對稱的頭髮，還稍微撞了我的肩膀。想必是個作家。誰在乎作家了。我可不在乎。繼續走。我胸腔裡心臟的每次跳動幾乎都在折磨自己。

我沒有再見過肯・克西。他的肝臟衰竭，得了C型肝炎。一九九七年他中風，後來罹患癌症死了。但依我之見，我會說他是沉溺而逝。

沉溺，有各種形式。

III

潮溼

快樂童年

我六歲。

我的朋友凱蒂在水中我的朋友克莉絲蒂在水中幻影湖水池與網球俱樂部[77]天天夏天每一天我們在水裡游泳我們在上午游泳我們在白天游泳我們在下午游泳我們在晚上游泳每天我們吃彩虹冰棒我們吃軟糖奶油冰棒我們在水下游啊游好幾趟憋住呼吸游回游去再游來三趟沒有男孩我們待在水底戴蛙鏡看對方吐出你的空氣坐在池底我們從低空跳水我們從高空跳水我們在深水端池底找到幾分錢我們笑啊笑我們在游泳競賽比賽我們在傍晚比賽我們贏啊贏金色小獎牌藍色美麗緞帶我們從出發臺跳水我們飛越空中我們入水女孩們濺起喜悅的水花。

我八歲。

我的姊姊我的仰慕我的姊姊我的敬畏我的姊姊的房間藝術的世界音樂的世界詩的世界乾燥花的水彩床單的紅棕色長髮的。

我十歲。

在薩里香[78]度假。我的父親情緒平靜，菸煙在他頭上繚繞，他向外凝望著奧勒岡州的海洋。我的母親哼著歌。我的姊姊跟我在度假村的泳池裡游泳，笑著，像其他人的孩子一樣。

我十一歲。

我和朋友布羅迪吹奏單簧管我們的腳打著四分之三拍我們的嘴含著樂器我們的手指在音樂學習與音樂舞動之間掙扎我們的膝蓋我們的生命幾乎觸動彼此。

我十三歲。

我的朋友克莉斯蒂的家人我最好的朋友我的全世界奇蹟發生帶我跟他們一起去露營旅行搭他們大大的溫尼巴格露營車夜裡在小小的溫尼巴格露營車閣樓我們睡在我們的睡袋裡我看著她睡覺我的肌膚又熱又癢我得尿尿我把雙手放在我的雙腿間像個焦躁的小猴子我繼續睡覺我尿在褲子裡把睡衣藏在溫尼巴格露營車貯物壁櫥聽她的父母整天奇怪「什麼聞起來有腥臭味?」克莉斯蒂微笑我們奔跑在雜草中與青蛙玩耍浸在我們的水深及膝的生命裡。

我十五歲。

游泳練習後的女更衣室充滿裸體肌膚，而且是潮溼的。小女孩們擁有青春V形的軀幹，快長成女人的刮著腿毛。女人和女孩的身體在暖氣和蒸汽空間裡自在鬆開毛髮。我的腦袋游泳發暈。我想在這裡待下去。我想在家庭之外有所歸依。

77. Phantom Lake Bath and Tennis Club，位於華盛頓州，隸屬米德萊克斯夏季游泳聯盟，提供各年紀各級泳隊訓練。
78. Salishan，位於奧勒岡州格林伊頓海灘的度假中心。

疾病的隱喻

吻了一個女孩，讓我哭了。

我親吻安妮．馮．黎溫，然後感染了單核白血球增多症[79]，那年我十一歲。我的皮膚呈現一種蒼白泛黃的顏色，手上的藍色靜脈看起來像我用父親的建築繪圖氈尖馬克筆描畫的。我在第一週半體重就掉了十磅。我的視力變得有點模糊。我沒有半點游泳選手的力氣——我記得當時還奇怪我的力氣跑哪兒去了——我怎麼抬不起自己的手臂？我的腿怎麼了？我一下床或站立就昏倒。我無法自行進食，或走路，或上廁所，或穿衣服、脫衣服。我無法洗澡。我無法拿水。

我的母親那時正處於她的房仲事業輝煌時期。我的父親那時選擇當自由建築師試試自己的運氣。他的辦公室在我隔壁的臥室，那原本是我姊姊的房間，在她離家之前。換句話說，跟我待在家裡的是我的父親，足足有四週。

我努力思索著，如何能夠告訴各位四週可以等於好幾年。那不可能，我知道，但真的發生了。語言讓我能在描述中把那些日子拉長，彷彿太陽和月亮拋棄了我。敘事把事件揭開，讓我能訴說這段經歷。那是，無垠無盡的一頁空白。

在我的病榻上，父親脫下我汗溼的衣服，父親給我穿上內衣和漂亮的睡袍，父親撫摸我的頭髮，親吻我的皮膚。父親把我搬到浴缸裡，讓我躺下，梳洗我，每一處。父親把我抱在他的懷裡擦乾，再給我穿上衣服，然後把我搬回床上。他的皮膚有香菸和歐仕派古龍水的味道。他的手指發黃。他的中指結了許多硬繭，因爲長年握筆或鉛筆。他的眼睛是鋼鐵般的藍色，跟我的一樣。他叫我「寶貝」。

深夜，我的母親結束推銷美好住家給別人的工作回家。她會進來我的房間，唱〈我看見月亮〉，親親我，說：「別哭，貝兒，一切都會好起來的。你等著看吧。」然後隔天一大早就出門。

我這輩子只有另一次經歷過那幾週所處的譫妄[80]狀態，因爲有時候靈魂必須離開肉體，那並不是死亡。有人從聖歌中得知這種靈魂出體的狀態。我當時知道她——我的肉體——仍在那裡，但我留下她猶如死屍地躺在一個父親的懷裡。

我進入一片白色。在那片白色裡有向日葵，青金石色的玻璃，和深水游泳池。到處是美麗的岩石，但你必須找到它們。那需要耗上一整天進行精緻的小旅行，就像置身在一個極美的夢裡。在那片白色裡還有故事，彷彿寫在那片白色的牆壁、地面或天空。那些文字，你看得見它們，能伸手觸及它們，就像石塊。您可以撿起石塊或文字，然後帶著它們。有時那些文字石塊會唱歌。一段時日之後，我相信它們更甚於我自己的生活。當時我會想，死亡，是可行的，甚至是美妙的。

不過，即使是已經被力氣拋棄的女孩也注定重返再起。就這樣，我又開始進食了。我從父親手中把叉子或湯匙拿過來。我開始下床和走路。我心裡想著，母親在少女時期全身打石膏那麼多個月，當她終於踩到地面、移動雙腿、呼吸著所謂的「意志」時，是否就是這樣的感覺？然後，感謝老天慈悲，我再次下水了，去游泳。遠離我父親的房子，我每天都會游泳，把自己一點一滴找回來——還有力量，一個女孩的力量。

關於他的一切，都在他那雙手裡。

79. mononucleosis，單核白血球增多症，由EB病毒造成的傳染病。
80. delirium，急性發作的精神症候群，特徵主要有認知失常、意識不清、喪失定向感、情緒激動或呆滯、幻覺等。

燃燒

我十三歲的時候，在天主教的黑廂裡向神父告解說了那些關於吾父的祕密，在教我不得說謊的天父之家。

榮耀汝父。

念七次萬福瑪利亞。

捏造故事是邪惡的。

整整三天三夜，我勤奮地向那個被稱爲上帝的東西禱告，甚至被我嘴裡的口水嗆到。我交握雙手直到它們泛紅，指甲用力戳進皮膚，浮現小小的猩紅色月形印痕。我緊閉雙眼，以爲自己的額頭就要滲血。我的頭，我的心，我內在的一切，都在燃燒。

不論我跳進泳池的冷水多少次，我一直讓潮溼的水與我內在的火共存。

慈悲並非來自天父。慈悲來自一本書。那年我讀了薇塔．薩克維爾．韋斯特[81]所寫的《聖女貞德》[82]——姊姊在她離開吾父之家的時候送給我這本書。

我十三歲的時候讀這本書，覺得大部分都很駭人，而且必須跳過看不懂的文字和書頁。但我已經知道貞德是誰，因爲姊姊曾經跟我詳細描述過——她是個內心交戰的女孩—女人，腦海裡有天父的聲音。所以我知道，如果我繼續讀下去，就會碰到她被火焚的情節。我不想，但也忍不住。

貞德被火焚的場景出現在第三百四十一頁。放在她頭上的不是荊棘冠冕，而是紙紮高帽。她一直到火焰燒及頭部才死亡。民眾目睹各式各樣的事件發生，例如有人看到從她的頭顱飛出一隻鴿子。除了油，火堆還堆了硫與薪柴，但她的心與臟器未化成灰，劊子手必須把貞德的內臟丟到塞納河裡。

我看得見她，也看得見那是什麼場面，聞得到那是什麼味道，她的頭髮如何灼火成焰，她的顱骨如何燒結現形，直到她的顎骨和牙齒暴露了出來。在她燔灼成廢灰之前，有慘烈的一個微笑或一聲尖叫。

我十三歲的時候讀這個故事，而他們說，榮耀汝父，捏造故事是邪惡的。此後，我這一生一直是個烈火燃燒的女孩。

貞德被火焚的畫面在我內心燃燒，像新的宗教。她的臉龐仰向天空，她的信念堅強，像一場聖戰。某父的聲音在她的腦海裡縈繞，像我。老天，放在烈焰中燃燒女鬥士的畫面旁邊，被釘在木架上的瘦男人算什麼？我把燃燒女鬥士的畫面烙在心中，就此永遠棄絕任何父之家的信仰。

我不恨那場火。我恨不信她的那些人。我恨任她焚燒的那個父。我恨那些男人……我想我以前恨男人。我越常跟他們相處，越接近自燃的燃點，吸引著他們冒險撲向火焰。

81. Vita Sackville-West（1892 - 1962），英國名詩人、小說家及園藝師，是二十世紀女性主義先鋒維吉尼亞．吳爾芙的情人。
82. Saint Joan of Arc（c. 1412 - 1431），出身農家，於英法百年戰爭帶領法國軍隊對抗英格蘭入侵，後被政敵俘虜，於宗教法庭判為女巫，一四三一年在法國盧昂當眾受火刑處死。一四五六年老母終於幫她平反，一九二〇年教宗本篤十五世封貞德為聖女。

多毛的女孩

女孩游泳選手的毛髮旺盛。

我不知道你對這些事的了解有多少，不過競賽游泳選手不會刮腿毛，除非她們準備參加重大賽事，例如區域賽、州級賽、全國賽。所以，當我還是個幾乎沒有毛的少女，在泳池中以小妹妹的視角仰望南希·霍格斯赫德挺拔的軀體，快被她們的腿毛嚇死人了，還有恥毛從她們的泳衣鑽出來，在她們大腿根部恣意飄動。老天，說來眞是恐怖。

好啦，這是假話，那並不恐怖，那簡直迷死人了。我忍不住盯著看，讓我變成張嘴呼吸的蠢蛋。

喬·哈斯巴格在更衣室沖澡的時候，我眼中只有她那雙令我渴望撫摸的腿，還有那一小塊毛茸茸的特殊部位，尤其因爲我從少女時期開始就不敢看奶、屄、甚至臉。

這也是假話。我以前會盯著奶子和陰戶看，像個酒鬼直盯著七百五十毫升瓶裝的伏特加。

這些多毛的女孩與女人——她們全都長了很多毛——是神祕的。我不知道她們在現實中是什麼身分——學生、女朋友、拿著吹風機的女性、拎著皮包在購物中心逛街而且開車到處逛的女人——但是在游泳池和更衣室裡，對當時年紀還小的我來說，她們是神祕的。我想這是爲什麼我記得她們那麼多人的名字，對一名小女子來說，那些名字的意義非凡——喬·哈斯巴格、伊芙·科森克拉尼斯、凱倫·莫及雪莉·巴巴索霍夫。

還有琳恩·科列拉·貝爾。

我以前常流連在更衣室，作夢般搖搖晃晃地往外走到我媽媽的車子那兒，仰頭看著天空，腦袋裡反覆播放歌曲唱著琳恩科列拉貝爾琳恩科列拉貝爾琳恩科列拉貝爾。琳恩科列拉貝爾有著我見過最寬闊的肩膀和最窄小的臀部，讓我像河馬一樣換氣過度。

等到我十二歲的時候，我幾乎忍不住要啃咬她們其中哪個誰。這有什麼好奇怪的嗎？想想所有那些肌膚，而且是潮溼的。我會一直站在熱水淋浴間裡盯著看個不停，我敢說自己當時我流口水了……我竟然沒在那充滿蒸氣的夢幻境界裡暈倒摔破頭，那才奇怪呢。

有很長一段時間我覺得自己不正常，我竟然渴望撲倒她們其中哪個誰。我想像隻小猴子一樣頂騎她們。在家，在床上，獨自一人的時候，我會趴臥著拼命用蝶式踢腿頂我的床，或是用枕頭摩擦我的臀部，雙膝緊夾住摧殘它。終究，這些花招帶給我相當的挫敗感——這存在我體內無以名狀的東西——以至於我必須用整理頭髮的工具來解決，例如髮梳、排梳和橡皮筋。搞定。

嗯？你沒試過？那就閉嘴。

你知道嗎，我現在回想，我當時甚至沒想過要把什麼東西放「進去」那裡。我擁有運動員的體質，所以直到年紀相當大才來潮，而且沒有人——我的母親、我的姊姊、我的朋友、我的游泳教練都沒有——多費神跟我解釋男女之間的性事。我是說，當然，我後來搞懂了，透過電視、電影等等，還有我那位淫蕩的朋友凱莉．蓋茲跟我說明——她害我吐了一點在嘴裡。但有相當長的一段時間，你知道，甚至時至今日，當我跟一個女孩坐得太靠近，我都覺得自己可能會被赤身裸體摩擦她的欲望折磨而死。

聽著，我想試著說明的是，我的慾望不是你所想的小女孩迷戀情愫而已。我的慾望也不是女游泳選手都是女同性戀的老套情結——雖然有許多練游泳的女孩經常玩打屁股的遊戲，但我是後來才學會的——不，我的慾望認眞嚴肅多了。我是說，我爲其所苦，不論所謂的「藍色蛋蛋」[83]是什麼東西，我很肯定我有。每一天，在練習中，在淋浴間裡，那些女孩的性徵直直亮在我面前——所有那些抹了香皂的肉體與胸脯，所有那些恣意刷洗你知道哪裡的那裡，還有泡沫沿著她們的臀腿往下流……如果一個小孩會因爲慾望高漲而心肌梗塞，我當時就死爲女人魂了。

不，我不想參加睡衣派對，我也不想去購物中心。

我想用我的髮梳和橡皮筋讓某人……呻吟。

我確實考慮過跟同齡的女孩兒們搞。伊芙·科森克拉尼斯有個跟我年紀相仿的妹妹，叫蒂娜·科森克拉尼斯。我……老天，你有看到這些名字嗎？我到現在光是看著這些名字，腦袋裡還是禁不住無法不想到色色的事——嘿，伊芙·科森克拉尼斯有個妹妹耶。我是說，天哪，爲什麼我不能就是個賀爾蒙旺盛的十六歲金髮男孩，頂著一根每個人都想坐上去的嶄新旗桿？

但我不是。我是我，一個因害羞而痛苦的女孩，內褲裡有著隱藏的女孩慾望炸彈，渾然不知到底該拿它怎麼辦。她眞的、眞的想……把哪個誰吃了。

當然，我試過找跟我同齡的鄰居女孩。我邀她們到我房裡玩醫生遊戲，她們就躺在那裡，任我上下其手。有時她們會咯咯笑，直到她們把腿夾緊闔上。我能搞到最親密的程度是把毯子蓋在我們身上，讓味道強烈一點，像是稻草和蘋果的味道。然後她們會穿上衣服，想做一些女孩們會做的蠢事，像是溜冰或講電話或逛購物中心那些鳥事。

我需要的是一個比我年長的女孩，比我大的。

席耶娜·托瑞斯是個愛惹麻煩的年輕女子。她出自一個麻煩的家庭，到哪裡都會製造麻煩。她破壞學校的規矩，破壞家裡的規矩，破壞艾伯森超市、諾德斯特龍百貨、7-11便利商店的規矩，然後她也破壞游泳訓練的規矩。她遲到，她訓練缺席，她因爲不聽話被踢水板抽打教訓，也就是之前所謂的「掄」。

我怕死她了。她恐怕就是我失落的元素。

席耶娜．托瑞斯練習總是遲到，但更重要的是她總是最後一個著衣。不論我穿衣服穿得多慢，不論我多努力試著梳整吹乾我那頭幾乎沒毛的白金色短髮（大約只需要二十秒），我總是比她超前好幾光年穿好衣服。這也就是說，我只能在我母親的後照鏡裡看到席耶娜．托瑞斯慢條斯理地從大樓裡走出來，有好幾個年輕男子在門口流連徘徊。席耶娜．托瑞斯在後照鏡裡的身影越來越小，直到消失不見，而我只是個坐在我不能開的車子的後座裡的一個笨小孩。我把我的手插在我的腿間，紅著臉。

席耶娜．托瑞斯十七歲，呼吸中伏特加氣息來參加練習。我知道是伏特加，因爲她的臉和皮膚聞起來就像我母親去掉雅詩蘭黛的味道。此外，我偶爾看到她的游泳袋裡有個隨身酒瓶——還有黑色蕾絲內褲和黑色蠶絲胸罩和捲髮器和車鑰匙和香菸和健怡百事可樂和衛生棉條和脣蜜和 Walkman 隨身聽和 Certs 口香錠和一支很大的……髮梳。我十二歲？我十三歲？我十五歲？我三十五歲……你看？光是寫到她，我就快要連自己幾歲都記不得了。不論我在哪裡，只要靠近她，她都會讓我倒抽著氣呼吸。她讓我口水直流。她讓我意亂神迷。

然後，奇蹟發生了。某天傍晚，從泳池裡上岸到更衣室途中，我滑了一跤、一屁股跌坐在地，扭傷了我的腳踝。嚴重程度不到需要驚動醫療人員，但足以引人關注——非常多的關注。想像一下，我不只在更衣室天堂裡獲得每一位游泳女選手照顧，她們協助我淋浴和穿衣。等到她們最後相信我可以自己應付剩下的部分，整個更衣室裡只剩下了我和她兩個人。

嗯哼，沒錯，我和席耶娜．托瑞斯。

83.Blue balls，美國俚語，指因太久未發洩而腫脹發藍的睪丸。

席耶娜．托瑞斯還在淋浴，而我只剩鞋子還沒穿。於是，我在我的一隻運動鞋上打著最緩慢、最謹慎的巨大圈圈蝴蝶結，一遍又一遍，同時盯著席耶娜．托瑞斯在淋浴間裡剃她的私處。

她的手在三角地帶上抹香皂，在我想把臉湊上去的部位劃著圈。她的一隻腳踩在淋浴架上，腳趾攫著水龍頭，巴掌大的水蜜桃唇瓣從她的兩腿間若隱若現露。除毛刀來回滑過往下滴流的白色肥皂泡沫，然後一絲不留地，只剩包覆女人那張黑暗大膽的另一個口的皮肉。

我很確定，我看到眼睛打結了。

恐懼在一個性慾高漲的女孩體內長出了奇特的形狀。它一路往上竄，穿過她男孩般的臀部，再穿過她V形的軀體，停據在她的肩膀及下顎，讓她手足失措，脣舌也忍不住顫抖。席耶娜洗好澡、擦乾身體、穿上大部分的衣服、吹乾她的頭髮、在她的手指上套回幾個戒指後，此時我繫好了那一隻鞋的鞋帶，再塞好另一隻鞋的鞋帶，然後假裝我的游泳袋裡有什麼不尋常的東西。我跛著腳跳向她，她正把她的連帽衣拉下來，蓋在她的黑色胸罩上。她正用戴了戒指的手指穿過她吹乾了的羽毛般的髮絲。她正轉頭看我。我離她只剩幾英尺的距離。她那打了四個耳洞的耳朵，瞪著我移動靠近，像在說「幹嘛？」

我也許害羞到難以理解的地步，但我體內湧爆的慾潮足可填滿一整個游泳池，而且我很聰明，就像任何在大樓外流連徘徊的那些混蛋男孩一樣聰明——我突然希望他們都死光。於是我說了，雖然不太信任自己的嘴能好好說話：「嗯，你可以幫我嗎？」一隻腳微微離地。

席耶娜把她的東西都收進她的袋子裡，沒看著我。

我在死沉的空氣中等著，像個失落的小逗點。

席耶娜從她的隨身酒瓶灌了一口酒，然後毫無預警地塞給我，說：「這個可以止痛，我保證。」帶著她特有的席耶娜．托瑞斯微笑。「你受得了嗎？」

你不知道我他媽的差那麼一丁點就要撲向她的腿，像隻小猴子那樣頂騎它。你不知道我差那麼一丁點就要吸吮她的恥骨，一邊呼喊「媽媽呀」。

但我沒有做那些事。有時候，你在傾刻間就會長大。

我相當冷靜地從這個伏特加壞胚子的隨身酒瓶老練地喝了一大口，就好像我的基因密碼知道我受得了，雙眼同時堅定不移地看著她看著我。我喜歡，我是指她的凝視，因爲我喜歡的肯定不是伏特加的滋味，雖然我沒顯露出來。我一點都不喜歡，我猜那滋味就像是把雅詩蘭黛喝下去的味道。

然後她說：「作壞很好吧，哈。」然後大笑。我咬住我的臉頰內側，試著不要咳嗽或吐出來。試著，作壞，很好。

然後，席耶娜．托瑞斯用她的手臂勾住我的腰，我則用我的手臂勾住她的肩膀和頸部。我聞得到她的肌膚的味道。我沒有咬她什麼的，也沒有像隻小猴子那樣頂騎她。她協助我一路走到我媽的車子，穿過那些一如往常等著她的那些小男人們身邊——很奇蹟地，我沒有害羞而死。

坐在我媽車子的後座裡，我開心到以爲自己可能要拉稀在褲子裡了。我從後照鏡看著她，而這回她也回望了。我沉醉在她對我的觸碰。我仍然聞得到她的味道：混合了氯、伏特加、妮維雅、刮毛膏、舒薇潤髮乳。沒有任何事，我的腦袋裡沒有沒有沒有辦法思考任何其他的事，那整夜、那整週、接下來的那整年。但是，那一晚，在回家的半路上，我伸手在我的運動衫前側口袋裡摸到了某個東西。我鬼鬼祟祟地把手伸進裡面，就在我開車的母親的腦袋後面。

是席耶娜的隨身酒瓶。

報復女神

憤怒是個很有意思的東西。

它伏坐在你的內心齜牙低吼，在你的一輩子裡，就等著在那些諷刺的完美時刻出現。想知道我怎麼拿到文學博士學位嗎？一切都因爲李昌來[84]在奧勒岡大學的研究生小說工作坊裡說我的故事「庸俗老套」。我當時以文學研究生的身分滲透到各個寫作工作坊，因爲上過肯．克西的課之後，我就無法克制寫故事的慾望。李昌來說我的故事和情感庸俗老套的時候，各位知道我怎麼想嗎？我想著：最好能讓我在尤金市某條暗巷、某間酒吧的後門外遇到你，我就可以打爆你這張得意傲慢的臉！你這個白痴王八蛋！

我不是說我爲此感到驕傲。我只是想說，如果我們把眞實的想法呈現在紙上，我們全都會完蛋。

那天我一整天燃燒著滿腔女人的怒火來回踱步，她氣到冒煙，她不懂得如何掌握自己的聰明才智，還怪罪到男人身上。我知道怎麼造句，對吧。但是，我很不願意承認，肯．克西的認證並沒有帶我走多遠。幾乎每一位不在那個狂野出眾「班」上的奧勒岡大學學生，都討厭在那個「班」上的每個人，也因此鄙視我們到了骨子裡。那個讓李昌來降貴紆尊從他嘴裡吐出狗屎的故事，是我以《喧嘩與騷動》裡凱蒂這個角色的觀點來寫的。我最後跟肯．克西談到的事情之一，包括了我想怎麼寫那個故事——每個讀過那本書的年輕女子可能都想這麼做。於是，我寫了，然後把那篇故事帶到藝術創作碩士工作坊，也就是被李昌來評爲「庸俗老套」的那個。

身為一個文學研究生，我如鴨子划水般鑽研著文學史，過程中我也曾經以朵拉[85]的觀點寫過故事，還有聖女貞德、艾瑪．包法利[86]、海斯特．白蘭[87]、特洛伊的海倫[88]、薩德[89]的情婦、美杜莎[90]、夏娃[91]以及自由女神像。有發現其中的主題嗎？

在我的故事裡，凱蒂生存於現在。她住在一個集合男孩與男人特質的鄰居班吉隔壁。他有著過白的皮膚、與身體不成比例的大頭、褲底巨大鼓脹的屌包，他會發出吼叫但不會說話，還有純粹屬於肉體的蠻力。由於她慾求不滿，而且畏懼於他的種種，於是有一天她跑去他家，在他面前脫光衣服。

班吉發出他的低吼。

然後他侵犯她，幹她，把她搞到幾乎壞掉。

她愛死了。她大笑到哭了出來，然後救護車來了。

「庸俗老套。」

84. Chang-rae Lee（1965－），韓裔美國作家，小說中常描寫移民的經驗與情感，作品有《母語人士》、《手勢生涯》。
85. Dora，法國女性主義作家艾倫．西蘇的劇作《朵拉的肖像》主角，她是佛洛伊德研究歇斯底里症的案例。
86. Emma Bovary，法國文學家福樓拜的長篇小說《包法利夫人》主角，本書被指控為淫穢之作。
87. Hester Prynne，美國小說家霍桑的小說《紅字》主角，因通姦在胸前被烙上A字。
88. Helen，荷馬史詩《伊利亞德》的角色，希臘神話中宙斯與勒達之女，被稱為「世上最美的女人」。她和特洛伊王子帕里斯私奔，引發了特洛伊戰爭。
89. Sade（Donatien Alphonse Franois de Sade, 1740－1814），法國貴族出身的作家，荒淫無度，作品有大量性虐待情節，長年在監獄和瘋人院度過。
90. Medusa，希臘神話女妖，原為美少女，因得罪雅典娜被變成蛇髮女人，據傳直視她雙眼的人會變成石像。
91. Eve，根據聖經《創世記》，她是世界上第一位女人，也是亞當的妻子。

所以，那天我滿懷怒火來回踱步、想像在暗巷裡教訓李昌來、把他從頭到尾臭罵過一頓之後，我決定要拿個博士學位。

你們這些「作家」都去死吧！哇哈！

我不再參加創意寫作工作坊，不過我得跟各位說，我積極地在創意寫作系所大廳出沒。不知道爲什麼，我就是會發現自己在那裡，盯著公布欄看即將舉辦什麼朗讀會，順便從系辦書呆職員那裡拿些傳單。有兩次，我和一個綁著馬尾的俊俏高個兒男子擦身而過，他長得眞的很像馬龍・白蘭度，但我沒有跟他講話，反正就是個寫東西的學生。

有時候，我們所做的決定不過出自於嫉妒一些無聊又微不足道的東西，但並不減其眞實。

我進了博士學程，接著光榮驕傲地讓自己一路沉浸在德希達[92]、拉岡[93]、克莉斯蒂娃[94]、傅科[95]，在霍米・巴巴[96]、愛德華・薩伊德[97]、犀利的加亞特里・查克拉弗蒂・斯皮瓦克[98]，在狄金生、惠特曼[99]、普拉斯[100]、塞克斯頓[101]、你會想來一點安卓亞・芮曲[102]和愛[103]和艾略特[104]和龐德[105]貝克特[106]斯托帕德[107]莒哈絲[108]福克納吳爾芙[109]喬伊斯[110]（雖然總是讓我想在他的墳墓上撒尿）辛格[111]科塔薩爾[112]波赫士[113]馬奎斯[114]克拉麗斯・利斯佩克托[115]亨利・米勒[116]性感得要死的阿娜伊斯・寧[117]德里克・沃爾科特

92. Jacques Derrida（1930 - 2004），當代法國解構主義大師，語言學、人類學、歷史學、政治理論、女權主義和酷兒研究都有重大影響。
93. Jacques Lacan（1901 - 1981）法國精神分析學大師，將佛洛伊德的理論進行哲學性的解讀與重塑。
94. Julia Kristeva（1941 - ），法籍保加利亞裔哲學家、文學評論家、精神分析學家、社會學家及女性主義者。
95. Michel Foucault（1926 - 1984），法國哲學家、語言學家、文學評論家、性學家，深受尼采影響，亦被認為是後現代主義者及後結構主義者，提出論述、規訓、知識考古學的概念。
96. Homi K. Bhabha（1949 - ），印度英語學者和批判理論家，後殖民理論主要代表人物。
97. Edward Said（1935 - 2003），後殖民理論的創始人，國際知名文學理論家與批評家，提出東方主義，研究西方國家對近、中及遠東社會文化、語言及人文的態度及論述。

98. Gayatri Chakravorty Spivak（1942－）印度學者、文學理論家和女性主義評論家，哥倫比亞大學比較文學與社會研究所的創始成員，被認為是最有影響力的後殖民主義學者之一。

99. Walt Whitman（1819－1892），美國詩人、散文家、新聞工作者，有自由詩之父的美譽，詩集《草葉集》對性有大膽描述而曾被歸為淫穢。

100. Sylvia Plath（1932－1963），美國詩人、小說家及短篇故事作家，原為兒童作家，作品多為繞著憂鬱與死亡的主題。

101. Anne Sexton（1928－1974），美國詩人，以高度個人化的自白詩聞名，主題包括她的自殺傾向、與憂鬱症的搏鬥及家庭關係等私生活。

102. Adrienne Rich（1929－2012）美國詩人、散文家、女權主義者，《女人所生》以自身經驗探討母職及女權。

103. Ai Ogawa（1947－2010），美國詩人及教育家，曾獲得美國國家圖書獎，以戲劇獨白般的詩意形式聞名，以處理黑暗、爭議性的話題聞名。

104. T. S. Eliot（1888－1965），美英詩人、評論家、劇作家，諾貝爾文學獎得主，《荒原》被譽為二十世紀最有影響力的現代主義詩歌。

105. Ezra Pound（1885－1972），美國詩人、文學家，意象主義的主要代表人物，對現代自由體詩影響深遠。

106. Samuel Beckett（1906－1989），愛爾蘭、法國作家，諾貝爾獎得主，以戲劇成就最高，荒誕派戲劇的代表人物，名作如《等待果陀》。

107. Sir Tom Stoppard（1937－），原名Tom Straussler，英國劇作家，多次獲得舞臺劇及電影劇本獎，劇作如電影《莎翁情史》。

108. Marguerite Duras（1914－1996），法國作家、電影導演，小說多次被改編成電影，如《廣島之戀》、《情人》、《印度之歌》。

109. Virginia Woolf（1882－1941），英國作家，被譽為二十世紀現代主義與女性主義的先鋒，作品如《奧蘭多》、《自己的房間》。

110. James Joyce（1882－1941），愛爾蘭作家、詩人，長年流亡歐洲大陸，作品卻深植於故鄉，代表作如《都柏林人》、《尤利西斯》、《芬尼根的守靈夜》。

111. Edmund Millington Synge（1871－1909），愛爾蘭詩人、散文家，艾比劇院（愛爾蘭國立劇院）創辦人之一，愛爾蘭文學復興運動的領導人，善以現實主義和象徵主義手法描寫平民。

112. Julio Cortzar（1914－1984），阿根廷作家、學者。六〇至七〇年代間，大批相關拉丁美洲文學作品流行於歐洲乃至全世界，是為「拉丁美洲文學爆炸」，科塔薩爾、馬奎茲皆為代表人物。

113. Jorge Luis Borges（1899－1986），阿根廷作家、詩人，文字雋永且深富哲理，被認為是開啟魔幻寫實大門的拉美作家，作品如《虛構集》。

114. Gabriel Garca Mrquez（1927－2014）哥倫比亞文學家、記者和社會活動家，拉美魔幻現實主義代表人物，諾貝爾文學獎得主，作品如《百年孤寂》。

115. Clarice Lispector（1920－1977），巴西猶太裔作家、記者，生於俄國內戰時期的烏克蘭，自幼移民巴西，意識流風格的傳奇人物，作品風格神祕晦澀，作者將其姓氏改為諧音的法文字L'Inspecteur「監察員」。

116. Henry Miller（1891－1980），美國文學家、畫家，開創了「半自傳體小說」，一九六一年《北迴歸線》被美國反色情法封禁，一九六四年最高法院判決此書為是正當文學作品，並非淫穢文字，此一判決成為美國性革命運動中的里程碑事件。

117. Anaïs Nin（1903－1977），本名Angela Anas Juana Antolina Rosa Edelmira Niny Culmell，美國作家，出生於法國，父母為古巴裔，曾是亨利．米勒長期的情人，作品帶有法國超現實主義風格，包含情色小說。

[118]貝托爾特．布萊希特[119]品瓊[120]西爾科[121]溫特森[122]朱娜．巴恩斯[123]奧斯卡．王爾德[124]了不起的葛楚．史坦[125]他媽的芙蘭納莉．歐康納[126]理察．賴特[127]鮑德溫[128]托妮．莫里森[129]雷．卡佛[130]約翰．齊弗[131]湯婷婷[132]薩法爾[133]丹尼斯．庫伯[134]凱西．阿克[135]你讓我覺得自己的皮被剝光了——我有一大串作家大軍來踢爆李昌來扁塌沒肉的屁股！接招吧！

是的，直到他在一九九五年贏得海明威獎，課堂上才指定要讀他的書。我無法告訴你那種感覺有多爽。但是，無論我在文學知識的深池裡大膽向前游得多遠，無論我在這個水域游得多順，讓我切切不甘放手的，是那個我尚未寫出來的故事。它刺激我的手指躁動像火。

過了兩個學期，我再次參加研究生小說創作工作坊。這一次，我帶來的故事不是關於文學史上被噤聲的女性角色。這一次，我的故事是關於自己的生命，關於那些父親和性交和死掉的孩子們和溺水，全部以隨意的破碎片段寫成。這是我對自己整個人生的理解，這種語言——非線性的畫面與片段，組成如抒情詩的段落——才顯得最精準貼切。我帶來的故事，名為《流年似水》。

那是出自我手中的東西，關於慾望和語言。
昌來？抱歉我想起那些事。謝謝你那麼多年前對我的不屑。這只是一場美麗而隨性的報復。

118. Derek Walcott（1930 - 2017），聖露西亞詩人、戲劇家、畫家，諾貝爾文學獎得主，作品反映加勒比抒情、殖民的歷史創傷及認同與自我追尋。

119. Bertolt Brecht（1898 - 1956），德國戲劇家、詩人，開創了敘事戲劇（epic theatre）打破傳統戲劇模式，要觀眾和演員都不要太入戲，製造疏離效果，讓劇場變成改變社會的思辨場所，劇作如《三便士歌劇》、《四川好女人》、《高加索灰闌記》。

120. Thomas Pynchon（1937 - ），美國作家，以晦澀複雜的後現代主義風格著稱，小說常結合數學、歷史、科學等，作品如《萬有引力之虹》、《性本惡》。

121. Leslie Marmon Silko（1948－），美國作家，為印第安原住民，出身新墨西哥州中西部拉古納普韋布洛部落，為美洲原住民復興第一波浪潮的關鍵人物。
122. Jeanette Winterson（1959－），英國作家、廣播員，首部小說《柳橙不是唯一的水果》描寫女同性戀孤女的成長故事，被英國《衛報》選為「死前必讀百大英文小說」。
123. Djuna Barnes（1892－1982），美國作家、藝術家、記者，小說《夜林》被譽為女同性戀文學的邪典經典，也是現代主義文學的重要作品。
124. Oscar Wilde（1854－1900），愛爾蘭作家、詩人、劇作家，英國唯美主義運動代表，曾因與男性交往被判雞姦罪及嚴重猥褻入獄，代表作如兒童文學《快樂王子與其他故事》、劇作《不可兒戲》、小說《道林・格雷的畫像》。
125. Gertrude Stein（1874－1946），美國作家、詩人、劇作家，她在巴黎開設的沙龍是現代主義藝文人士的交流場所，曾資助未成名的畢卡索、馬蒂斯，代表作如散文詩集《柔軟鈕扣》及女同志文學經典《愛麗絲・B・托克勒斯的自傳》。
126. Flannery O'Connor（1925－1964），美國作家、評論家，為美國南方文學代表人物之一，融合南方風情與哥德式的驚悚詭譎，常探討道德和倫理問題，代表作有《好人難尋》。
127. Richard Wright（1943－2008），非裔美國作家，出生於密西西比州黑人佃農家庭，深受種族歧視影響，哈林文藝復興運動、抗議小說代表人物，作品如《土生子》及自傳《黑孩子》。
128. James Baldwin（1924－1987），美國作家、詩人、劇作家和社會運動者，身為黑人和同性戀者，關注種族與性解放運動，作品《喬瓦尼的房間》被譽為同性文學經典。
129. Toni Morrison（1931－2019），非裔美國作家，諾貝爾文學獎得主，美國非洲文學重要人物，主題圍繞種族、文化、性別與階級議題，常結合幻想與神話元素，代表作如《寵兒》、《最藍的眼睛》。
130. Raymond Carver（1938－1988），美國短篇小說家、詩人，以風格簡練著稱，善寫美國底層人物的灰暗現實，作品曾被集結改編成電影《銀色・性・男女》，代表作如《當我們談論愛情時我們在談論什麼》。
131. John Cheever（1912－1982），美國作家，被認為是二十世紀最重要的短篇小說家之一，大量發表於《紐約客》雜誌，風格細膩，主題多圍繞中產階級的破敗、名利及人心的迷惘，在臺集結出版如《離婚季節》。
132. Maxine Hong Kingston（1940－），本名Maxine Ting Ting Hong，華裔美國作家，出生於加州，家庭移民自廣東，作品主題圍繞種族、文化衝突、性別、母女關係等，以融入中國傳奇故事傳統的回憶錄小說《女勇士》成名。
133. Sapphire（1950－），本名Ramona Lofton，美國作家、表演詩人，公開的雙性戀黑人女性，小說*Push*改編成電影《珍愛人生》（Precious）。
134. Dennis Cooper（1953－），美國作家、詩人、編輯、表演藝術家，風格冷酷、驚悚、虛實交錯，性愛描寫大膽生動，被稱為新酷兒作家，代表作如《嬉戲》。
135. Kathy Acker（1947－1997），本名Karen Lehmann，美國作家、劇作家、女權運動者，被歸類為實驗性及後現代主義，作品中充滿毒品、性交、暴力等內容，企圖打破時空、文字、性別的框架，追求自我探索，作品如*Empire of the Senseless*。

愛情手榴彈 II

在研究所和漢娜初次相遇的時候，我是個消極麻木的女人。我什麼都幹，任何時候，任何地點。

我把自己的身體當作性愛的攻城槌，用來獲取任何可得的人事物。事實上，各位也許可以說我把自己的整個存在性慾化了。性愛的功用和酒精或藥物頗爲相似——如果你做得夠多，就不需要去思考或感覺任何東西，只有嗯嗯嗯啊，好爽。

漢娜是長得像俊俏男孩的那種女同志——淡褐色眼睛、帥氣頭髮像短簾掛在一邊眼睛上、寬闊的肩膀、窄小的臀部、幾乎看不出來的扁胸可比 M&M 巧克力。漢娜打籃球、打壘球、踢足球，其餘時間則是在尤金市當女同志暨英文研究生。她以前常常在課堂間在我的藍色豐田皮卡車旁等我，把我劫持載到海岸，我們會在那兒待一整晚不睡，在我的卡車後車廂互搞，喝著海尼根，等待太陽升起。然後我們會開車回到班上上課，或者我會。漢娜覺得研究所有點爛，她對於做愛和上俱樂部跳舞的興趣強烈得多了。

所以，在十八世紀女性作家研討會後，漢娜在大廳堵到我和我最好的朋友克萊兒，她一把抓住我們的手腕拉到牆邊，這時我就知道她一定是想搞什麼壞壞的勾當了。漢娜發出她壞壞的微笑輕聲說：「想去海邊嗎？我訂了一個房間。」

克萊兒眨了眨眼，眼神茫然地像洋娃娃的眼睛。我想我咳了一下，像學者那樣。但我必須承認，我的跨下幾乎在當下就氾濫成災了。

聽好了，或許各位覺得自己不會依從，但我跟你說，如果漢娜叫你上我的卡車一起去海邊，然後揚起她勾人的細眉、把她的手壓在你胸部正下方的頭幾根肋骨上要你走，我敢跟你打賭，你會跟她走。

女人們到喜趣旅館是爲了它的主題房間：祕密花園套房（私人庭園風）、瞭望愛巢（航海風）、薩利希地（北美原民風）、豌豆公主（奇異中古風）、海岸山崖（鄉野石屋風）、西部拓荒（女牛仔風）、獨棟小屋（整座「房子」供房客任意使用）。

我們住的是獨棟小屋。

小屋裡有一座壁爐。我叫她們不能撇下我就自己先開始，然後開車出去取柴火。我回來的時候，房門開著。我走進去，她們兩人窩在床裡，被單拉到奶子下方——漢娜的M&M扁胸和克萊兒美麗的懸垂巨乳——兩人像柴郡貓[136]微笑著，而且是舔過了私處的柴郡貓。床鋪中央有一個漢娜帶來的小行李箱，裡頭裝滿了玩具。

我立刻把木柴扔在地上，關門，脫衣，像女超人一樣撲過去。

不論住在豌豆公主或薩利希地或遠東亞洲的人是誰，想必他們全都聽了一場精彩好戲。連續數小時女人在女人身上與女人交疊互壓，平常生活中可不允許這樣的縱情無忌。有時漢娜的拳頭頂著我的屄，克萊兒的嘴蓋著我的嘴，或我吸著她雄偉的奶；有時漢娜俯臥，我穿著假屌頂她的尻，克萊兒在我身後伸手愛撫我——這是她出於直覺創造的技巧；有時克萊兒跪趴著，我和漢娜塞進她的每個洞、舔每個口、磨她的陰蒂，讓她尖叫呻吟、讓她全身顫抖劇烈甩頭、發出女性的哀嚎，潮

136. Cheshire Cat，《愛麗絲夢遊仙境》中的角色，是一隻會說話、咧嘴笑的條紋貓，身體消失時會留下露齒笑的嘴，出自英文俚語to grin like a Cheshire cat「露齒嘻笑；咧嘴傻笑」。

水、屎漬和眼淚齊噴。我在漢娜的嘴裡高潮了，她的臉在我的雙腿之間，像個嶄新神話中的女神。克萊兒被漢娜放在她後庭和小穴裡的手指搞到高潮了，她的軀體抽搐翻落到床下，環抱她的我頭撞到牆大笑起來。漢娜給自己塞了根假屌高潮了，我同時埋頭搞她的陰蒂，她扯我的頭髮、推我的頭，而克萊兒蜷曲在我下面又舔著又嘔，但就是不停、不停、不停下來。我不知道我們高潮了幾回……彷彿無止無盡。

我們互吃互舔，我們品嘗醋漬鯡魚，我們品味葛瑞爾起司。我們把彼此身體裡的獸性吃了出來。我們像在吃牛排，我們像在吃巧克力——這兩個女人就是我的巧克力。我們互吸互吮，我們喝下所有的啤酒，我們吞飲所有的美酒。我們在戶外解尿，我們噴水、冒汗，靠肌膚獲得快感。我們哈草爽翻。我們在一波波浪潮裡達到高峰。我們精疲力盡後又再縱身浪裡。

我渴望像那樣一直到永遠——置身在自己所有的任何「關係」之外，待在那無以名狀的潮溼性慾之內。請偉大的月亮爲證，我們的慾望就像外頭的海洋那樣活躍洶湧。一整夜肉體交融難分彼此，充沛的女人本性把我淹沒，幾乎劈裂我的心靈，一次，又一次，如浪潮。

我不懂有什麼理由說女人不能隨心所欲掌控故事。

我不懂。

我們回到日常的平凡生活之後，克萊兒跟我說她愛上我了。我在自己內心找不到相同的情感作爲回報，連嘗試都覺得勉強。現在，我希望能回到過去，試著去愛她。她給的是眞心，但當時的我，甚至無法接受世界上有善意存在。

獨木舟上的身體

和漢娜在一起，我花了我好幾週的時間才搞清楚，到底她是被我吸引，還是單純很不爽而已。她的笑話總是顯得有點刻薄，讓我覺得自己像個反應遲鈍的憨兒，只是頂著一顆女人的頭。有時她會把我搞到手臂或大腿抽筋留下腫塊，但那並不會讓我心裡覺得不舒服。不像其他的什麼玩意兒，她對我做的事讓我有感覺。

有一次她用力咬我的臉頰，咬到我像被黑猩猩揍過似的。我一整個禮拜就那個樣子坐在教室裡。她咬我臉頰的時候？我大笑笑到哭了。

我從來不覺得漢娜在傷害我，當她對我做某些事的時候，例如開玩笑地用力把我壓到牆上，把我的肩胛骨弄痛了。我感受到壓抑在自己體內的痛苦需要掙脫出來。我越來越渴望她那股強迫的力量。她直接拿我的酒瓶喝伏特加，我們在大學校園旁的墓園散步很久，然後在死人的墓碑上搞起來。之後，她把銀幣彈到半空中，我們仰躺著看蝙蝠飛撲過來捕捉。我會說一些關於死亡的事，她就任我說。

我們之間這種不知算是什麼的關係持續了幾個月後，某天她走向我悄聲說：「我幫我們報名了皮艇課。」

？

奧勒岡大學的游泳池是我青少年時期第一次參加全國青少年錦標賽的地方。那個泳池一點都沒變——黏黏的氯水地獄，牆上漆了迪士尼風格的鴨子。我們是班上三位女學員中的兩位。另一個女的綽號叫大紅，身高六呎二吋，一頭鬃毛般的紅髮長及臀部。我很難克制自己不要去撫摸她的頭髮。我們在巨大的碳纖皮艇中跟著指導員傑夫學習控制皮艇，在艇艙裡練習保命用的愛斯基摩翻滾之類的技巧，還有翹尾、壓槳、下水、脫船。漢娜學得很快，因爲她是個男孩般的女孩。我也學得很快，因爲任何跟水有關的東西對我都像感覺像在家一樣熟悉自在。

我們在泳池練習的最後一堂課，指導員在跳水臺這一端把我們一個一個船頭朝前推出去，接著他會抓住皮艇的船尾舉起來，所以我們會猛力往前衝以船頭入水。這個作法的用意是，你會立刻上下翻轉沒入水中，然後必須練習你的愛斯基摩翻滾。我愛死了——不是保命的部分——我愛死了從岸邊被發射出來，上下翻轉沒入水中。我一再要求傑夫再來一次，用力一點，我說，然後傑夫把我推離岸邊。我會盡我所能地延長待在水裡的時間，有時候直到我聽見漢娜或傑夫呼喊我的名字才翻身朝上。

在那爲期五週的課程最後，指導員帶我們全體到馬更些河進行「期末測驗」。那個河谷有一點速度，也有一點刺激的白水激流。我那天決定，在河岸與漢娜碰面之前，我要嗑藥嗨到極點，這一定會是個很棒的主意。

在通往下水處的森林步道上，我記得漢娜被我鬧得很不爽，因爲我花了太長的時間穿救生衣、太長的時間把我的槳固定在皮艇上、太長的時間把皮艇搬起來沿著森林步道跋涉到下水處。我停下來回頭不知看什麼，結果皮艇的船尖被樹叢勾住，然後我讚嘆地看著自己絕美的紅色Converse運動鞋在我身前踏出一步步的韻律，棉樹在周遭吹拂像夏季雪，樹枝裡有些迷人的帽子……啊等等，那些是小鳥……我停下腳步大笑，直到她回來找我，問道：「你到底在搞什麼？」我的皮艇在地上拖行。

她直視我的眼睛就明白了。「老天，莉狄亞，你嗑藥了。你搞屁啊？你要下水耶。」我只是呵呵呵呵呵傻笑。

於是，她用力在我臉頰甩上熱刺刺的巴掌。時間瞬間暫停了。我很確定當時我的瞳孔收縮到像針尖那麼小。我看到星星。我喜歡。有那麼一剎那，我感覺活著。我想要她再來一次，用力一點，但我什麼都沒說。

漢娜轉身拉起她的皮艇，離開樹間的小路，攀上靠近河岸的岩石。我們看到班上的其他人都在前方，有些人在岩石上，有些人在河水裡。我被巴掌打醒的震撼未消，而就在岩石與河水交會處，我看到一隻死掉的虹鱒，一半在水中，一半在岸上。即使是死的，她看起來還是很不得了。她的身體閃耀著銀色與黑色與藍色光澤，腹部是白色。她聞起來像海的氣息。我會稱呼「她」，因爲她的魚腹裂開了，還有岩石上被太陽晒乾如乾燥果凍般的卵。我很難克制不盯著看。

「莉狄亞，」漢娜呼喊著。

似乎沒人注意到我們晚到了一點，大夥兒逕自下水，像發條鴨子一樣在一大池的緩流裡划來划去。他們閃亮的彩色頭盔在我眼中看來像復活節彩蛋。一如往常，我被大紅的頭髮短暫迷惑了一下。我伸出手想撫摸它，但漢娜掐了我胳膊上的脂肪，我才回過神來。我們下了水，漢娜在我前面。我的注意力被我划槳尾端的黑色線條深深吸引。呵呵呵呵呵。我的藍黑色頭盔戴反了，但沒人注意到。

我伸長在皮艇裡的雙腳雙腿遺忘了存在。水流在巨石周圍旋繞，左長而右慢，我知道那裡的漩渦中有虹鱒。伸展在河上的樹葉輕搖著，空氣聞起來像河，有泥土、魚類、溼氣和水藻的味道。我把教學用槳橫跨防水裙放在我大腿上，兩手伸進水中劃過冰冷潮溼的黑色河水。我閉上雙眼，把頭往後仰，面朝太陽。我臉上的皮膚是熱的，我水中的雙手是冷的。我以爲自己彷彿觸摸到天賜至福，那是我多年未有上浮接近水面的感覺。然後我聽到有人很大聲叫我的名字，我睜眼搜尋，看見漢娜回頭看著我。「莉狄亞，小心！」太遲了，漢娜。太遲了。

我們碰到白水激流，但我沒有走我們該划的河道，反而栽進超出我們水準的那邊。看，那整片美麗的白水，像蕾絲一樣。我微笑著。我沒有划半下我所學的槳法，反而把槳伸到半空中大笑起來。我聽到傑夫的聲音喊著莉狄亞，漢娜的聲音喊著莉狄亞，但我在大笑。強勁的水流帶著我打轉，我往後退了一會兒又順流而下然後橫著前進，緊接著，我戴著閃亮藍色頭盔的頭就一直往下沉、往下沉。我連想都不用想就先吸了一大口氣，這是存在我DNA裡的本能。

上下翻轉，在水中，屏住呼吸，一切變得平靜得不可思議。你以爲在水下什麼都看不見。在馬更些河面上，河水是冰冷澄淨的綠，河面下的藍則不像你可能以爲的那麼鮮豔，但的確讓你覺得眼睛像冰塊。

暗墨玉色的綠水被比人還大的巨石攪起，在陽光照射下閃爍，在層層深水間滾動。我看得見河底，岩石、砂礫和植物不斷隨水流移動。不只一隻虹鱒在奮力逆流，單憑著魚尾在急流中泅泳，牠們的黑色身影隨之扭動。冰冷的河水讓我的太陽穴激烈跳動。我的心跳撞擊著我的胸口和耳膜，好像快窒息了那樣。我的肺葉在燃燒，我的雙手失去知覺，我閉上雙眼。

某個東西——我猜是岩石——刮到我的槳。喔，對喔，我有槳。

我沒想著「你快翻過來啊，笨蛋。」我只把手臂伸到定位，直到可以看到教學用槳上的線條，那確實是手臂該擺的位置。我有掌握到把自己翻身朝上的技巧，我也絕對有擺對手臂的角度，直到我緩緩地、淡淡地把船槳……放掉了。

上下翻轉，我看到水面上的太陽讓天空發出銀藍色的電光。湍水與急流的力道拉扯著我的手臂，搖晃著我的頭部。血液因爲頭下腳上衝進我的頭顱，讓我頭痛了起來。我閉上眼睛，仍然微笑著。我溼冷的人生，我沉溺的軀體，置身在無重、無息、無女的空洞。

可能我就是不可能溺死。

衝出艱險顛沛的白水激流河道之後，我扯掉防水裙成功脫船，完全不管要抓住我的皮艇。我在急流中翻滾了兩次，膝蓋和肩膀和什麼其他部位撞到岩石，眼看著泡泡從自己的鼻子快速冒出。但我終究浮出了水面，吸了我這輩子最大的一口氣，咳著水，滿是鼻涕。我的臉頰上有什麼暖暖的，是血。冰冷的河水終於讓我渾身發抖。

我看到岸上那一整群人，他們有些在呼喊和揮手，用手指著方向。然後我那怒氣沖沖的指導員划到我身邊，一把抓住我的救生衣把我拉起。「你上船來！你把我們嚇的……你把我們嚇死了，女孩！」

「放手，傑夫，」我說：「我可以用游的。放手。」

那是眞話。我輕鬆穿越了較弱的急流。我逆流游著，即使我的身體已經流失大部分的體力。結果大紅游去追我的皮艇，把它拉回到出口河岸，眞了不起。漢娜沒說什麼。她坐在我身旁吃著橘子，臉色發白。她餵我吃橘瓣，表情看起來非常嚴肅，完完全全不嗨。我在水底已經失去我的嗨了。傑夫氣急敗壞的，因爲我差點弄丟皮艇和船槳，也因爲他眼睜睜看著我衝進激流任憑擺布。知道你有個學員可能會溺死一定很不好受。我不知道這種事多常發生——如果會發生的話。我們把裝備放回卡車上的時候，他把我拉到一邊。「你剛才是想自殺嗎？」開玩笑的口氣，他笑著男人緊張時那種聲調緊繃的笑。他的年紀大到足以當我們其中的誰的父親。

我剛才是想自殺嗎？在深水裡把槳放掉？在兒時把腳踏車把手放掉？把輔助輪放掉？這些問題的答案，我都不知道。

後來到家時，漢娜在她家門前用單手環抱住我的腰。她輕吻了我的臉頰，像在說悄悄話。她試著展現女性的關愛，但那不是我想要的。我的眼睛刺痛，我的胸口發疼。我想看到星星。

她把雙手搭在我的雙肩，溫柔地引領我走進屋裡。我停下來轉頭看她。「不是這樣，」我說：「用力一點。」我把我的手放在門上。她把她的手放在我的手上。她把我的手往門板壓。用力一點。讓你的嘴唇做你的手在做的事。讓你的嘴唇來。

我想要被推進她的房門，膝蓋著地跪倒在地上，手腕被固定在背後，用受傷的臉頰摩擦硬木地板，屁股翹起，沒受傷的臉頰暴露出來準備承受任何接下來的動作。她的臉貼近我的耳朵：「你可能會死的。」

眞相是，我是個惦念死亡的女人，想個不停，我控制不了——死掉的女兒，死掉的父親，死掉的虹鱒。我要漢娜打死這些念頭，做什麼都好，用肉身相搏，即使會讓我死掉——但我從來沒死。

也許這就是虹鱒被捕捉時的感受——用力拍打河水，然後著陸——一場生死奮戰。牠們有些被釋放，有些被吃掉，有些順流漂走的太脆弱而無法活下來，魚身發脹、受傷，或是爲了產卵逆流往上游然後死去。牠們是在自殺嗎？還是在製造生命？

在漢娜的屋裡，她給我泡了杯綠茶。

但此時溫柔無法打動我。

那個星期，我夜夜獨自到河裡游泳。有個地點，不良分子和青少年聚集在那裡喝醉，然後縱身跳進急流中。沒人在意我在那裡，或我的年紀比他們大，或我是自己一個人。在夜晚的河水中，我不需要感覺人們應該有的感覺。那裡頭有種陰鬱的平靜。在急流的終點，是一處靜水。

在水裡，就像在書中，你可以離開自己的人生。

寫作

我的母親吞安眠藥自殺未遂之後，我們一同度過了一段奇異如夢的時光。在每天放學後、游泳練習前，我陪她坐在客廳裡看著電視肥皀劇喝酒。她看起來像一具殭屍。但有一天，她放下正在喝的那一大杯伏特加通寧酒，翻找了一下她的皮包，叫了聲「莉狄亞」，然後——完全出乎他媽的意料——遞給我一張寫作比賽的報紙廣告。

廣告上有個指示說，故事裡必須有一個成人與一個孩子的重要關係。

我們聊了好幾個小時，聊我可以寫什麼。我說了一些點子，母親坐在沙發上，端著她的平底酒杯，用她黏膩的南方拖腔說：「好，那是個好點子。」或「然後發生了什麼事呢？把它寫得精彩點，貝兒。」

我得了獎，就像她年輕時一樣。母親得獎的那個故事被她和老照片收在一個鞋盒裡，連同父親在他們初識時畫的一隻紅雀。我的照片上了報。拍照那天，母親帶我去剪了頭髮。故事登報當日，母親帶我去 7-11 買報紙。我們坐在車裡看著我的照片，然後讀了有關得獎「作者們」的一小篇報導。母親說我看起來像個女人。我看著自己的影像，覺得看起來……像個我不認識的女人。

我寫的故事是關於一個孩子在市公園裡目睹了一樁犯罪：有個戀童者一直在誘拐並猥褻兒童，唯一的另一個目擊者是一名坐在長椅上的瞎子。那個瞎子沒有妻小，就只是個溫和的普通人。那個孩子和那個瞎子必須把事件拼湊起來，協助有關單位追緝那位戀童者。他們被傳喚來說明案情時，那個孩子因爲太害怕而說不出話。但是當她和瞎子獨處，她才有辦法開口說給他聽。他們講述的故事偶然救了兒童。警方發現，那位戀童者在猥褻兒童前會用皮帶抽打他們的光屁股。於是，警察因爲聽到鞭打的聲音，終於抓到了歹徒。

在報上的評論中，寫作比賽的評審說我的故事內容相當成熟。

母親和父親帶我到布朗德比餐廳吃晚餐。

我們沒說話，就只是進食。

那是我寫的第一個故事。

毛髮與皮膚

毛髮與皮膚對我有特別的意義。

在一個美麗的木盒裡，我存放了我所愛的人的毛髮。

我有我姊姊的，我自己小時候的，我兒子的，我死掉的嬰兒未長成的胎毛，我高中時期最好的朋友的毛髮，我大學時期最好的朋友的頭髮。我有凱西．艾可的毛髮，肯．克希的毛髮，我第一任丈夫的毛髮，我某位長期女性情人的毛髮——有好幾種顏色——我第二任丈夫的毛髮，第三任丈夫的毛髮，兩隻我養過的狗的毛髮，貓的毛髮。有一撮毛髮不屬於什麼特定對象，是我的高中英文老師的。她是個極端虔誠的基督教徒，所以我有基督徒的毛髮。我也有佛教徒的毛髮和無神論者的毛髮，同性戀的和異性戀的毛髮，還有曾是山達基教徒的手術變性人的毛髮。

我有我母親的毛髮。

怎麼？

我克制不了。當我有機會擁有對我來說重要的某人的毛髮，我會有點熱衷過頭，非擁有不可。肯．克希的毛髮在我的指間感覺像羔羊毛。如果你把它拿起來對著光照，會想到雲朵的形狀，就像小孩抬頭看著天空觸摸到夢。

在人類學中，「戀物」這個詞彙因爲夏爾．德．布羅塞斯[137]的《諸神戀物崇拜》[138]而廣爲流傳，

137. Charles de Brosses（1709 - 1777），法國作家、歷史學家。
138. *Le Culte de Dieux Fetiches*，原書名為*Du culte des dieux fétiches ou Parallèle de l'ancienne religion de l'Egypte avec la religion actuelle de Nigritie*（1760），布羅塞斯在本書中提供了宗教信仰起源的唯物主義理論，也是最早的民族人類學理論研究之一。

不但影響了當今這個字的英文拼法，也引介了執迷欲望的部分。

比較委婉的說法是「某物受到不理性的崇敬」。

戀物癖被用在性心理學上，首見於那位浮誇的性學作家哈維洛克．艾利斯139一八九七年前後的著作。你讀過維洛克．艾利斯嗎？那個傢伙是嗑藥還是怎麼了？

凱西．艾可的毛髮像漂過色的青草葉片，銳利而剛硬，聞起來像游泳池。

不只毛髮。

毛髮有其意義，而至今當我遇見有著一頭秀髮的人，確實仍渴望把臉鑽進去盡情感受一番，但還有另一樣東西。

還有疤痕。

我喜歡用舌頭舔它們，好似用嘴含吻點字。

佛教徒的毛髮像河裡撿來的石頭那樣光滑，而基督徒的毛髮味道介於新車、鈔票和刮鬍水之間，像巧克力碎片餅乾那樣多變。

我想跟各位說一個女人。

稍後立刻回來，等我先說我的母親，她是一切誕生的初始。

我的母親出生時，有一條腿比另一條腿短了六英寸，這件事在我和她各自生命中的意義全然不同。

在我的生命中，小時候，她那道疤痕如珍珠般隱微發光，恰好位在跟我的眼睛平行的高度。它好白，好美。我想撫摸它，用嘴含吻它。母親沐浴起身時，我會抱住她的腿、閉上眼，但我仍能看見它、看見它、看見它。我看見交叉的白色軌跡——那些顏色極白的組織在她畸形的腿上彷彿不屬於皮膚——和她捲曲的深色恥毛——足以讓我發暈到看見星星。

還不只那樣。母親會把頭髮盤在後腦杓，形成一個無止盡的螺旋。頭髮放下時長及她的小腿肚，味道聞起來像樅樹。

小時候，在我內心顫動的每個慾望都來自這兩個畫面。

母親說，當她還是個小女孩的時候，曾把頭髮留長到足以遮蓋她的身體、她殘缺的腿和她的疤痕。頭髮讓她擁有了某種美麗的東西，可以把一個殘疾的女孩遮蓋起來。

我十三歲的時候，母親成了一位獲獎的不動產仲介員。她出門的次數越來越高，帶回的酒越來越多，浴室櫃裡塞滿了伏特加酒瓶。她把頭髮剪掉，剪成一九七〇年代活躍的不動產仲介員的髮型。她那束長髮像隻貓蜷臥在她臥室衣櫥中的一個盒子裡。有時我會坐在她的衣櫥裡，在黑暗中聞著她的頭髮哭泣。

139. Henry Havelock Ellis（1859 - 1939），英國醫生、優生學家、性學專家、社會改革者，提出精神分析學中的「自戀」和「自體性行為」概念，也是研究迷幻藥的先驅。

更用力一點

「現在求我給你想要的。」

也許是因爲我一年只會跟她見三次面——她住在紐約市，我住在奧勒岡州尤金市；也許是因爲她的聲譽——她在學術圈的地位崇高，所以光是跟她在一起，我就好像獲頒了什麼大獎。可能因爲她喜歡我那些暴戾不羈的故事，或者可能因爲我不存在於她的日常生活。也許是因爲她的疤痕、她的頭髮、我的病態；但最主要地，我想是因爲她我懂得痛苦的意義。

我二十六歲的時候，某位學術大人物蒞臨奧勒岡大學演講。跟各位直說，其實我那時候毫無心理準備。我當時完全是個驕傲自負的研究生，整個就是桑塔格[140]、班雅明[141]、德勒茲[142]、傅科，滿嘴的芭芭拉·克魯格[143]和羅蘭·巴特[144]和……他媽的誰在乎這些？重點是，我毫無心理準備將在性慾上猛然回歸到如此原初的狀態，幾乎讓我在座位上留下一灘水。

在禮堂裡，當她步上講臺，即使我坐在離她相當遠的地方，仍可以看到她的銀黑色頭髮綁成髮辮長長垂過她的整個背部，再超過她的臀部。她的臉和手上的皮膚是阿布奎基[145]的顏色。當她轉過臉來面對我們敷衍應付的鼓掌，我看到了某個東西——在她薄如嬰孩皮膚的左眼正下方，有一道細微的白光。我得克制自己專心聽講，坐在座位邊緣，打直上身向前傾。

工作人員把燈光調暗，只剩講臺桌燈從下方照映她的臉龐。我接著看到網狀的白色疤痕蜿蜒纏繞著她的臉頰，彷彿拖捧著她的下顎，然後往下延伸到她的頸部鑽進衣服裡。

我立刻發聾了。我是說，她那一小時知名的攝影師演說，我一個字都沒聽進去，彷彿置身在水底。我偶爾能努力把視線從她身上移開，去看她背後放映的一連串照片，但並不常。我的呼吸在肺臟裡變得混亂，汗水在乳下和腿間溢流成線。我的臉在發燙，感覺頭皮好像和頭顱分離。我的口中充滿唾液。我希望禮堂裡的人都死光。

她的演講結束時，我奮力推擠穿過那群愚蠢諂媚的知識分子。當我突破大批陣仗的庸俗之人、伸出我的手與她的相握、介紹自己、看清我身體所渴望的，當下我就知道了。

她與我的母親年紀相仿。

隔著在我前面的幾隻手，我注意到她在自己的褲管上擦手擦到形成污漬，當晚她回到飯店就會發現——褲子的大腿部位有一塊污漬出自無數貪婪的手。我感到一絲羞恥。

我記得我抓她的手抓得緊了點。

我的腦袋急躁地想著，不要急躁不要急躁他媽的不要急躁。

她看著我的眼神冷淡如釉，就是個演講人在應付白痴仰慕者的手和臉。當她鬆開我的手，我心想，就這樣了，我只是個白痴仰慕者，搞不好我還流口水了。

140. Susan Sontag（1933 - 2004），美國作家、評論家、女權主義者，文筆犀利具有洞見，學術與藝術氣息兼具，著作如《旁觀他人之痛苦》、《疾病的隱喻》、《土星座下》、《論攝影》。

141. Walter Benjamin（1892 - 1940），德國猶太裔思想家、哲學家、文學藝術評論家，與法蘭克福學派相當友好，他意識到大眾文化以商品、空間異化了人性，以馬克思主義進行批判，重要論述如《機械複製時代的藝術作品》。

142. Gilles Deleuze（1925 - 1995），法國後現代主義哲學家、後結構主義重要人物，與傅科是好友，對於哲學、文學、藝術與文學理論有重大影響，重要著作如《差異與重複》、《資本主義與精神分裂》（與心理學家瓜塔利合著）。

143. Barbara Kruger（1945 - ），美國的觀念藝術家、女性主義者，作品多以黑白照片為底，搭配裝飾性文字，作品常以身體政治、性別意識及諷刺消費主義為主題。

144. Roland Barthes（1915 - 1980），法國文學家、社會學家、哲學家、符號學家，對後現代主義、後結構主義、馬克思主義思想有重大影響，批判資產階級社會透過文化系統來維護價值觀，重要論著如《寫作的零度》、《神話學》、《流行體系》、《戀人絮語》。

145. Albuquerque，位於美國新墨西哥州中部，具有美洲原住民傳統及西班牙殖民文化的風情。

她在我手中的手是溼的，因爲努力向飢渴的群眾說話而溼了。此刻你應當光榮而理直氣壯地自世界引退，與你唯一所愛的相機一起對焦、拍照。她的手因爲眾人渴望她扮演什麼角色而溼了，彷彿我們的垂涎投射到她的手中滴落。她的手因爲數百個傻瓜的汗水而溼了，例如我。

我不知道自己當時爲什麼這麼做，但我知道我不能不做。我握著她的手的時候傾身靠近她的臉說：「我叫莉狄亞，是個作家。」這句話我正對著她眼睛下方的疤痕說，放縱我的視線和聲音在她的皮膚上游移。我鬆手的時候看到了星星。她的頭髮聞起來像雨。

我記得離開校園的時候，覺得自己跟任何人全然無異。

但那將不是我最後一次觸摸她。

我當時還不知道，慾望來去各處恣意而行。

我當時還不知道，性慾是一整片大陸。

我當時還不知道，一個人可以重生多少次。

母親。

我和她在奧勒岡州尤金市那座禮堂相遇之前，已經參加過三次尤金市裡的性虐玩樂派對，因爲那場海灘探索小旅行中的前好友引介而受邀。在性虐玩樂派對上，我親眼看過好些令人咋舌的事情發生。有次，我看到一個男人全身被保鮮膜包裹，只露出嘴和屌。偶爾他的嘴裡被餵幾滴水，大部分的時候他被人鞭打他的屌，直到它紅腫得像個尖叫號哭的嬰兒。

我看過一個女人豐腴如米開朗基羅[146]所畫的小天使，手腕被綁縛吊掛在頭上，她的陰部腫脹發紅又發紫，被人鞭打外陰超過一小時，連空氣都顫抖到幾乎昏厥。

我又去了。

我看過一個女人的大腿被藍色針頭穿刺，一邊大腿往上，另一邊往下。她的眼睛涔著淚，腦內啡噴湧如海嘯衝擊著周遭的人，潮水在她的屄氾流。

我看過紅色鞭痕在一個被鞭笞的女人臀部上浮起，像膨脹的鐵軌；我看過一個變性人用看似烤肉叉的東西刺穿自己的臉頰，一路穿過另一邊臉頰，連眼睛都沒眨一下；我看過一個男人垂掛在巨大的肉鉤上，鉤子謹慎穿透他的懸臂板。我看過三百種不同的繩縛，看過拳交、血腥競技、地牢、X固定架、能在部位射出電流的奇特電棒。

我開始讓其中一些發生在我身上。

切身觀看痛苦與感覺痛苦，對我身體的重要性勝過一切，從我小時候就是如此。不像喝酒，也不像嗑藥，我對痛苦有感覺。我對痛苦不只有感覺。

我想要感覺更深刻，更用力一點。

「告訴我你想要什麼。」

就是這樣開始的。如果我說了一些愚蠢的事，像是我想要一個吻，她會說：「不，不是這樣，天使。」然後用一根短馬鞭輕刺我的皮膚，或是短馬鞭加掛帶刺的流蘇。

我會再試一次，再一次，直到我說出我眞正想要的是什麼。

我眞正想要的是被帶到任何自我的邊際，到死亡的關口——也許不是字面上的意思，但也許眞的是。

我猜自己很幸運落在一位專家手裡，一位冷靜的施虐者，一位知識分子，因爲她能接受我的要求，並且讓它更深入。

146. Michelangelo（1475－1564），全名Michelangelo di Lodovico Buonarroti Simoni，義大利文藝復興時期藝術大師、建築師，以人物「健美」著稱，知名作品如大衛像、梵蒂岡西斯汀教堂天頂畫「創世記」和壁畫「最後的審判」。

「你能夠承受痛苦，然後進展下去嗎？你能夠讓痛苦成爲一個歷程嗎？」

我不知道爲什麼，但我當時想到我的母親——她在催眠中生下我——「桃樂絲？你會痛嗎？哪裡痛？」

起初我不懂她所謂的「歷程」是什麼，我只是想和她在一起，我只是想要她給我傷害的快感。所以，她問我那個問題滿煩人的，因爲那會牽涉到動腦思考。我們不能做就好了嗎？

但是，這個女人，她大我二十五歲。對她來說，性交——維繫異性戀關係的經典元素——在她超過我年紀的多年前就不不是重點了。所以，如果說我在她的手中重生，似乎也相當眞實貼切——我重生爲一個女兒，我重生爲一個學生，一個運動員，我重生爲一個姊妹，一個情人，還有最困難的——我重生爲一個母親。所有我人生中的試煉，如今一一浮現在我自己的肉體表層，與她一起。

那感覺是這樣的：曾經在我領域精神造成的痛苦，如今得以透過經歷痛苦重新跨入身體層面……那像水洗淨了我。

這個女人和我人生中曾經認識的其他女人都不一樣，她不想建立「關係」。如果我們所謂的「關係」是指和另一個某人住在一起，在社交圈出雙入對給人指點觀看，那就是一對伴侶，或是伴隨同居而來的任何家庭生活，或是長期的親密關係。事實上，我唯一能見到她、和她相處、跟她上床的機會，只有她來西岸或我去東岸時碰個面。這之間的渴望呢？我可以從殘留在我皮膚上的瘀青、傷口和鞭痕去感受，持續好幾個禮拜。這是寫我皮膚上的故事。

聽著，我不是要嚇死各位或震撼誰。我只是盡量精準描述得具體一點。我只是在說，也許療癒這件事，用在像我這種女人身上的方法看起來不一樣。

她讀了我寫的每一篇故事，那是我寄託眞實的地方——在狂野女孩們的表皮之下，有毒蟲、妓女、竊童和頭髮著火的女孩。這也是爲什麼，到了第三年，她要我叫她「母親」。因爲我眞正的母親在我需要她的時候，只是個封閉在自己痛苦中的痲木酒鬼。但是這一個母親採取了行動，這一個可以殺死我的父親。我想要她蹂躪我。

那個X固定架不是放在地牢——那些你永遠不會懷疑的人家中改建的地下室。它光天化日放在她的公寓裡，沐浴在陽光照進的白金光芒中，或是在雨天灰濛濛的黑藍色調裡。那個X固定架有個角度，不是直立的，上面有個像重訓床的靠墊椅，還有個腳踩的突出架。她用黑色皮編細繩綁縛我的手腕，像把耶穌釘在木架上那樣，這時我開始哭了。

「母親，我想被鞭打。」

然後她拿出九尾長貓，深紅色長帶是血的顏色。「告訴我你想要被鞭打哪裡，天使。」

於是我告訴她，懇求著。她鞭打我的乳房，她鞭打我的腹部，她鞭打我的髖骨，一直到傍晚。我叫都沒叫一聲，默默流著淨化的淚水。喔，我哭得可澈底了，是那種有什麼從我身體解放出來的哭。接著，她把我的羞恥誕生和我的孩子死亡的部位鞭打到發紅。我把雙腿張開到極致來接受它，連脊骨都痛了起來。

之後，她會把我托在懷裡爲我唱歌，然後把我浸在泡泡浴裡洗澡，幫我穿上柔軟的棉衣，把晚餐送到床上給我，還有酒。唯有在此時，我們才做愛，然後睡覺。我花了十年的時間找回一個自我。在我們的見面之間，我會在奧勒岡大學的泳池游泳，在英文系的文學裡游泳，在水中、在文字裡、在肉體間。

我的安全詞是「小美人」。

但我從來沒用過。

我的母親惡魔學

結果，我念研究所的時候，最愛的書都是乖離異色、文學暗黑底層的那些——喬治·巴塔耶[147]、薩德侯爵、丹尼斯·庫伯、威廉·布洛斯——所以，應該很容易理解爲什麼我把凱西·艾可視爲我的文學之母。

如果你從來沒讀過凱西·艾可的作品，那你不會知道父親有多常強姦他們的女兒。無關寫作手法或感受鋪陳，也不用任何詩意或象徵或其他文學的掩飾策略，書中就是會有一個父親躍上某頁強姦他的女兒，然後由女兒當敘事者，而且她不會坐在任何一種你想得到的受害者位置。你會不斷讀到，媽的，一些難以消化的東西，但那個女兒讀不到。女兒描述被父親強姦的經過，非常清晰流暢且粗鄙，然後這個敘事將成爲刺激某個女孩或女機器人或女強盜展開激烈冒險的起點。她的憤怒會驅策她，讓她全身寫滿踰越悖離。

我在研究所認識的人讀到凱西·艾可的作品時都大受衝擊。她們被嚇壞了，尤其是那些正萌芽的年輕女性主義者。我眞的開始用凱西·艾可來測試反應，過濾清除一些女性朋友——我把那些嘴角帶笑、垂眼戚戚、輕撫自己的人保留下來，而那些驚恐害怕的，嗯，她們是笨蛋。我曾經在性別課上發表看法時朗讀了一段《無感帝國》[148]，不騙你，有個女人哭了起來還跑出去吐。我心想，眞是個膽小鬼。

當我閱讀凱西·艾可時，尤其是父親們性猥褻、強姦、支配、凌辱、玷污、虐待女兒們的部分，我只會大聲叫好。

我不覺得衝擊，我不覺得驚駭，我感覺……存在。

所以，無須任何時間消化，我立刻就明白她在解構父親的律法，也就是父權體制和資本主義——更精確地說，是父權體制和資本主義對女人和女孩的身體的影響。說眞的，你知道嗎？我寫這幾個句子的時候自己都快笑死了。如果各位沒讀過《高中血與膽》[149]，這本書包你滿意。每年我教這本書，都做好被學校解雇的準備。

以這些主題大書特書的作品，出自女性筆下的爲數之少，單手就可數完；其中四隻手指還被威廉．布洛斯的手槍打斷了。

然而，潛藏在文字底下的，她所描寫的也眞如字面所見，眞的有個父親也眞的有個女兒，眞的有毫無保留直接說出一切的必要。我讀到某些段落時會停下來看看四周，想說會不會被逮個正著，或被一巴掌打得滿臉紅斑。這些東西可以講嗎？還出版成書？

就這樣，她的書拯救了我。

所以，你可以想像與她見面共處的意義多麼重大，這位世間絕女子。

許許多多的人比我跟她更「熟」，我是他們之中許多人的朋友，但這並不是我要說的故事。我要說的故事比那平常得多，但有時驚人的就是那些平常的事。

我和她一起游泳了。

我和凱西．艾可在貝斯維斯特飯店的小型室內泳池一起游泳，水裡的氯加太多了——相信我，

147. George Bataille（1897－1962），全名Georges Albert Maurice Victor Bataille，法國哲學家，被譽為解構主義、後結構主義、後現代主義先驅，作品前衛、大膽、犀利，探索人性的深層欲望，挑戰極限、異質與戰慄的閱讀經驗，論著有《眼睛的故事》、《情色論》。

148. *Empire of the Senseless*，最早出版於一九八八年。

149. *Blood and Guts in High School*，寫於七〇年代晚期，一九八四年正式出版。

我懂氯。她的泳衣是藍色及黑色，我的是深紅色。她的身體裝飾了紋身。她的頭髮是白金色，像剛刈過的草皮一樣短，各種紋銀色毛髮從她的臉和耳朵萌發。我的半邊頭髮幾乎剃光，另一邊留著布雷克女孩染髮劑包裝盒上模特兒那種金色長髮。我們看起來就像某個漂亮女孩受過的傷。

我能跟凱西．艾可一起游泳，是因爲我在尤金市創辦了一本小誌——在尤金市就是會搞這種事——名叫《二女評論》[150]。某天我和第二任丈夫喝醉酒又嗑了藥，坐在我們緊鄰鐵道的租屋地板上，我對他說：「我們把凱西．艾可帶到這兒來朗讀吧。」他看著我，眼神整個呆滯地說：「好啊。」在尤金市似乎就是會發生這種事。

後來的狀況並不像你想像聯絡超級巨星那樣。我撥了資料上的號碼，他負責打電話。我寫下他該說的話，他說了。然後，爽啊！我就和凱西他媽的艾可在貝斯維斯特飯店的泳池一起游泳了。

我知道各位不是每個人跟凱西．艾可在一起都會興奮到像憋尿跳腳。事實上，你們有些人甚至不知道她是誰。但是對我來說，凱西．艾可讚到爆了。她是那個設局打破文化與性別框架的女人，她闖入文字的監獄，然後把它從裡面炸毀。她是女的威廉．布洛斯。

我們游完泳後，她談到打尻。

打尻，不像外行人以爲的，那可不是前戲。老天，我認識的女人大部分從來沒有過這種快感，但是那些內行的好女人們可清楚了。

我們在貝斯維斯特飯店恐怖的青綠色泳池游泳。我們游了好幾趟，在此之前她還做了一小時的自由重量器材。她游得很猛。她不是個超強泳者，但她是個紮實的泳者。她在水裡就像是用人體肌肉衝擊著水，狠狠游著每一圈。當她轉頭換氣的時候，如果我剛好同時對著她的方向換氣，會看到她的臉散發著五金的光澤。

提起打尻那檔事的時候不是在泳池裡，也不是後來在我的豐田皮卡車裡——我們去來德愛藥房買她的鼻竇藥之後，她在車裡問起我的身體的事，因爲看過了我游泳的樣子——雖然被凱西・艾可問起你的身體肯定絕對夠讓你弄溼汽車座椅。是到了當天稍晚，在晚餐席間，有其他十四個人圍坐在同一桌的時候——在咀嚼晚餐、啜飲葡萄酒之間，她自己說起插入不太讓她高潮，她喜歡被打屁股打到高潮。我就坐在她旁邊，我這輩子從來沒有光是坐在某人身邊就那麼溼過。我覺得自己可能會滑下椅子，當場順流到地板上吸吮她的腳踝，然後自己呻吟起來，乞求她跟我一起到桌子底下纏綿。

我跟她另外聊過幾回。認識她的人會贊同我這麼說——她對於傳統的性事驚訝到瞠目結舌。她很精準、清晰且善於描述細節，但碰到那些較渺小且平常的人類瑣事，她會變得沉默或羞怯地像個女孩兒，像是她內在的女人跑了出來，而她外在的女人卻是個交雜了腫脹發紅潮射的老練混合體。

我們一起在貝斯維斯特飯店游泳那晚，在她聽眾貼壁爆滿的朗讀會之後，在帶著作家到酒吧讓人在她身上流口水、把她包圍在幽閉恐懼地獄之後，在大約清晨四點三十分，我想你知道什麼事發生了。

我被打屁股打到我的屄噴出欲仙欲死的汁液，直到床鋪氾濫。這跟和那個攝影師在一起不一樣。我大笑著，我舒服愉悅地大笑著。

我又跟她交流過幾次。我們交換過兩封談性欲的信，通過一次電話，講起我覺得自己可能愛上了一個變性者。就這樣，或還有那樣。她讀了我寫的東西，然後說：「你要繼續寫。別人沒必要，你要。」

凱西・艾可在一九九七年死於乳癌。

150. *two girls review*，創刊於九〇年代中期，後來遷移到聖地牙哥，轉型從事表演藝術，並改名為*2 Gyrlz Performative Arts*。

肯・克西在二〇〇一年死於肝癌。
有時候，我會想，她是那個好母親，他是那個好父親，帶我在文字裡游泳。

IV 復甦

溺水現場

我的第二任丈夫是獨具個性、自戀、貼心、魅力十足的藝術家酒鬼。他有一頭茂密黑捲髮長及他背部一半的地方，眼睛看起來是黑色的，還有一條拉鍊般的疤痕繞在他的左手腕。我花了十一年才和戴文這個平凡的詩人分手。眞是他媽的。

我跟我認識的女人們做了一個非正式的意見調查，全都是聰明慧黠、美麗迷人的那些。我問她們，爲什麼我們總是飛蛾撲火，接近那些會把我們搞得很慘的男人們。她們的回答如下：「因爲愛上他的黑暗面讓我發掘了自己的黑暗面。」或「我從年輕的時候就學到，如果覺得什麼是壞的，那通常是好的，而如果覺得什麼是好的，那壞的就是你。」然後是向來常聽到的說法：「在浪女與聖女之間，我選擇當浪女。」還有這個肯定經典的回答：「壞男孩比好男孩有意思，如果你應付得了的話。我還是這麼認爲。」同樣經典的還有：「折磨能創造出比愛更強烈的羈絆。」以及「我寧願感覺活著而後死去，也不要活著但感覺像死了。」這個回答則幾乎讓我落淚：「他讓我覺得有人賭上了什麼而選中自己。」但我個人最認同的是：「因爲他與我一起讚頌求死的驅力。」

我第一次和戴文上床那晚，我們喝了二十五罐健力士啤酒及兩瓶特大瓶的葡萄酒。我幾乎不記得實際做愛的部分，但我確實記得我們喝了什麼。我們在他的房間聽了整晚的吉姆．莫里森[151]——《奇異日子》[152]和《洛城女郎》[153]——直到感覺音樂滲透我們的皮膚。隔天早上我醒來時，望向放在床鋪另一邊的桌子，看到酒罐的數量跟我的年齡相同。我大笑起來，打嗝，然後倒頭回去睡。戴文的手臂把我壓在床上。

我對自己完全沒有感覺。

只等著空虛塡滿一切。

我第一次見到戴文是在尤金市奧勒岡大學研究生的新生訓練。那是我的第二年，他的第一年。

我看著新生訓練那一整群認眞殷切的研究生，感覺自己的胸口烙了個大大的紅色A，因爲我的求學過程是一連串的失敗——在拉伯克被大學退學，在尤金市從大學輟學，帶著一堆D和F回家，然後才慢慢往上爬、加入亮麗耀眼的那群人。

然後，我看到一個看起來跟我一樣格格不入、侷促不安的傢伙，黑色的長髮和睫毛驚人地美麗。我盯著他看，他一直在看門，扭來扭去，好像他那個座位不適合他坐。新生訓練講了什麼我都沒聽進去。活動結束後，我有點不經意地溜到他身邊，他沒看我，但說了：「我覺得自己在這裡可能會被捕。」我回答，也沒看他：「你覺得他們看得出來我沒穿內衣嗎？」我們離開新生訓練直接去了酒吧，然後一路喝酒喝了十一年。所以，各位可以說，我在完美的時刻與他邂逅。

這個男人俊美又瀟灑。如今提起此事，我承認女人活在世上其實偷偷等待著自己的生活變成電影。我們擺出一副嫌棄的態度，覺得男人有夠膚淺、只想有搞不完的美女，但其實，如果有個獨具個性、自戀、帥氣、男孩般的壞男人眞的欲望我們，似乎選中了我們，我們就整個瓦解了。我們突然覺得自己終於活在電影裡而不是在現實生活中——這就是我們一直想要的，被屋裡長得最好看的男人選中，像白瑞德[154]。雖然我們當然比較聰明、比較成熟、比較沉著，沒那麼想要……或者，還

151. Jim Morrison（1943 - 1971），美國創作歌手、詩人、迷幻搖滾「門戶」（The Doors）樂團主唱，以狂野的性格和舞臺風格著稱，於27歲驟世，據傳死因為吸食海洛因過量。

152. *Strange Days*（1967），門戶樂團第二張錄音室專輯。

153. *LA Woman*（1971），門戶樂團第七張錄音室專輯。

154. Rhett Butler，一九三六年小說《飄》的虛構人物，一九三九年的改編同名電影中由克拉克・蓋博飾演。

是老實承認吧。

老實說，我記得當時每次看他走過來坐上我的豐田皮卡車，都讓我震驚不已。我總是預期他會在最後一刻改變方向轉身走開，鑽進別人的車，或床，或房子，或人生。

我們的愛是液態的。結果，我們都愛喝酒，幾乎勝過其他一切——其他一切包括做愛。我們在浴室、廚房、後巷、走廊、酒吧、車上喝酒，一路喝到海邊，在酒吧喝整夜，早上在某間破爛老舊的汽車旅館喝酒配雞蛋和生蠔，再一路喝回尤金。我們在上課前、中、後喝酒，在床上、在浴缸、在河上，在玫瑰花園、在奧勒岡大學旁的墓園、在普林斯．呂西安．坎貝爾大樓[155]屋頂。

我們喝健力士啤酒。

我們喝廉價葡萄酒把牙齒染成紫色。

我們喝奇瓦士威士忌，因爲他迷戀吉姆．莫里森。

我們喝伏特加，因爲……嗯，我。

我們喝任何他喜歡的詩人布考斯基[156]喝的酒。而就像布考斯基的女人，我一杯接一杯地陪他喝。

我們喝到看不見彼此。

喝到失心失魂，喝到無生無死。

在幾回喝酒之間，他說：「我想當畫家。」我說：「我想當作家。」於是我們爲此喝酒，然後畫畫，然後寫作，每小時就狂飲慶祝。我們和女同性戀共舞，和嬉皮嗑藥，和藝術家吃蘑菇，割破共和黨員的汽車輪胎。我們和遊民在高架道下和鐵軌上喝酒，和朋友和敵人和前科犯和紋身師，有次和神父，和飆車族，有次和知名女演員，和他的酒鬼父親和我的酒鬼母親和所有我們從沒見過的人。我們在酒裡作夢。

而當我們在水裡，故事開始在我的指尖騷動。

我們喝酒時，他會畫狂野的人臉畫像——抽象的人臉，讓你完全看不出他們是誰或爲什麼。我們喝酒時，藝術的混沌會出竅離體，我們沒辦法做什麼來控制自己。

我們總是在搞，搞性、搞麻煩、搞藝術。我們一起搞表演藝術。他搞繪畫，我搞故事；他搞晚餐，我搞錢。搞這些彷彿能擁有大過我們愚蠢生命的某種力量。我們一直搞，一直搞。

藝術，是人類想像的表現，或是禁錮在身體裡的情感潑灑了他媽的整個地方。

他總是能讓我笑。我從十歲起就沒笑過了。「笑」在我小的時候不安全。而當人生到了後來，當我失去了女兒，「笑」又變得太傷人。但是有個酒鬼人讓我笑了，無時無刻。有時我認爲那是我們之間最美好的部分。

我可能爲他做任何事。一段降臨於死亡的愛，以及……可惡。

我已經在說謊了。我把這一切搞得聽起來文謅謅的。真實狀況比前面所寫的糟糕麻煩，很多。

例如那個畫面：喝到爛醉的他靠著機場的牆壁癱坐，我幫我們買了從內華達州雷諾市回家的機票，喝到麻木的我盯著他看了很久，然後把他的機票放在他的口袋，把我的行李留在他的身旁，獨自上了飛機。

讓我從頭講起。

155. Prince Lucien Campbell Hall，建於一九七〇年代，共有十層樓，是奧勒岡大學唯一的高樓。

156. Charles Bukowski（1920 - 1994），德裔美國詩人、小說家，在社會底層窮困掙扎多年，文字充滿酒精、性愛、賭博、頹廢、污穢、諷刺，被譽為「美國下層階級的桂冠詩人」，曾編劇拍成半自傳電影《夜夜買醉的男人》，作品如《常態的瘋狂》、《鎮上最美麗的女人》、詩集《愛是來自地獄的狗》。

精釀

第一年我們幾乎都在喝健力士，晚上騎登山自行車在尤金市閒晃，我們去老兵俱樂部，我們又去老兵俱樂部，我們再去老兵俱樂部，我們去高街咖啡，嘿，如果你親剛才跟我們喝酒的那個男人一下，我就把我那捲七百美元學生貸款的鈔票給你，他親了，我們笑了，我們喝酒，我們打炮。我們一起租了鐵軌旁的一間屋子，我們喝健力士，我們畫彼此的身體，我們畫牆壁，我們畫整間屋子，我們打炮。我們愛瘋了，我們幹瘋了，我們喝瘋了，我們在尤金市搞表演藝術，他在舞臺上全裸戴著血淋淋的豬頭，我在舞臺上全裸裹著保鮮膜，我們在臺上表演，我們在學校表演，我們在表演生活，他的黑色長髮，我的金色長髮，迷人的誇張的人誇張地喝酒。我們第一次大吵，我拿著瑞士刀在浴室門的一邊，他拿著廚刀在浴室門的另一邊，我們把彼此的名字刻在我們的手臂上，眞的，我跌倒撞破了馬桶座，水噴得到處都是，他撞破浴室門，我們流血，我們在糞水裡打炮。第二年我們喝波希米爾威士忌，我們在夏夜裡騎車到玫瑰花園，我們偷摘了所有的玫瑰，我們脫衣服乘著馬更些河的水漂流而下，我們踏上公路旅行從奧勒岡州到佛羅里達州，我們喝蘑菇茶在紅木林中感受幻覺，我們看到有一個人死在路上的恐怖車禍，血流滿地，擔架載著屍體，路邊就是海岸懸崖美景，鮮血、警示燈、救護車、屍體，你喜歡看的方向就是你喜歡的死亡道路，所以說吉姆．莫里森啊我想進到你的火裡，我們嗑搖頭丸，我們騎車上公路，我們騎著騎過所有的南方州，大老粗、鄉下人、蛇皮靴、牛仔帽，一路到阿拉巴馬州他的家鄉，一路到佛羅里達州我的父母家，然後盡快折返向西回到奧勒岡州，在那裡我們可以做我們自己，在西部我們在太浩城哈威斯賭場頂樓結婚，有我們的好友情侶麥克和狄恩和我的姊姊和我那虛僞的伊底帕斯雙親和他那法西斯的南方浸信會雙親，然後我們喝酒，和同性戀男孩們和爲我們用美洲原住民禱詞證婚的賭場牧師，他的一大團黑髮梳得像塊唱片，我們在哈威斯賭場頂樓俯瞰太浩湖，我們一路笑著搭電梯下樓，一路笑了一整年，一路笑被手指上的戒指死心塌地套牢了。第三年愛是從澄綠海水升起的一連串希臘基克拉澤斯群島，有如背著背包搭郵輪的愚蠢天真美國人的踏腳石，我們喝齊普羅白蘭地，我們喝黑月桂葡萄酒，我們喝松脂酒，我們喝梅塔科亞、梅塔科亞、梅塔科亞白蘭地，白色石砌建築連綿的石灘山丘與橄欖坡，深色頭髮褐色眼睛皮膚的人們張開雙臂雙手，漁夫、麵包師、釀酒人、巨乳女子，大笑著直到我被愛情灌到迷醉，被希臘灌到迷醉，金髮妞迷醉睡去而他去外頭睡希臘人。第四年在倫敦在濟慈故居躺在那張我們不該躺的小床上，然後酒醉的觀光客被趕出來，還有在海德公園和泰特美術館小睡，西敏寺合唱團男童從巨大木門後面走出來，天哪我流淚不止，太美了啊這些唱歌的小孩，但我們不是爲了倫敦而來，食物難吃人難看，莎士比亞傳統蔓延一切，直到我們在多佛懸崖附近的大潮池打炮，不錯，眞的不錯的酒吧，沒有美國人，但是某個很醜的人出現，幾乎、幾乎、幾乎就要出拳大打一頓，他喝醉了以爲自己是布考斯基，快跑，我說快跑啊，這些人是英國牛頭梗惡棍，我們逃到我們想去的愛爾蘭。貝克特、辛格、喬伊斯，我們在在葉慈[157]故居的城堡裡靠著牆打炮，我們在伊尼什莫爾島的石頭上打炮，我們在喬依斯的鄉下喝到不省人事，他的鞋子被河水沖走，我的頭髮被雨水浸溼，我們讀書，我們希望自己是歷史的一部分，我們希望自己是飲酒的一部分，我們希望自己是什麼都好就不要是自己的一部分，我們走著走著，但爲什麼我們畫的彼此的畫像沒有笑容了？我們變成貝克特的戲劇了嗎？第五年在法國一座翻修的農舍裡，我親愛的麥可跟我

157. William Butler Yeats（1865 - 1939），愛爾蘭詩人、劇作家、神祕主義者。

們在一起，他的愛人跟我們在一起，我們在那裡住了一個月，我們喝了每一種法國酒，從五美元到五百美元的，我們喝香檳，我們吃兔肉，我們吃可麗餅，我們吃蝸牛，我們大笑牠們吃起來像土，我們吃著吃著喝著，餐廳有夏卡爾[158]設計的菜單和牆壁，在羅浮宮迷路，爲所有那些藝術品和高聳天花板情緒激動，躲在廁所裡像山精一樣曲身在角落不動如石，直到某個法國女人問「Sont bien vous? Sont bien vous?」[159]出來回到羅浮宮裡頭，連蒙娜麗莎看起來都愚蠢，回到不在巴黎而是在高速列車上的農舍，在高速列車上加速前進回到靠近諾曼第海岸的農舍——停下——這裡有戰爭與回憶——回到翻修百年建築的農舍，有大到人可以走進去的壁爐，煮飯、喝酒、生火。隔夜惡夢一場，我們成了酒駕犯被攔下，我祈禱，祈禱我親愛的朋友跟這些警察談談，但俊美男同志們待在車上而戴文．布考斯基跟法國警察開打，我們沒全被抓進監獄眞是奇蹟。男同志們在法國農舍爭吵起來，我們感覺較不孤單了，當其他人爲愛爭吵的時候。第六年吼叫開始變得規律，我開始寫書而他開始畫畫，吼叫越來越激烈，喝酒越來越激烈，他吻我認識的女人，他吻我不認識的女人，人們是怎麼維繫待在一起的，他們怎麼當一對伴侶過下去，但是有條界線了，我越來越常寫書而他畫畫，然後我有了第一本書而他有了第一幅在蘇活區藝廊展出的畫，但什麼都阻止不了占據整間屋子的吼叫，喝酒與親吻變得獸性又絕望，沒有旅行，太多讀書，研究所太多寫作，我閱讀、寫作，語言和知識的烈酒與愛情的烈酒交戰，沒有旅行，更多寫作，只是兩付肉體透過激情高速驅進距離卻高速背道而馳，分裂撲向火焰，心靈與身體分裂。第七年我開始寫博士論文，他研究所輟學喝酒吼叫：各有所好。第八年我拿到博士學位。我拿到一份眞正的工作，這裡有人需要的，有人需要照顧這對失控的伴侶，美麗而失敗的孩子們啊，懷著滿心承諾、滿腹自厭、滿身酒精，我們繼續維持結婚、結婚、結婚狀態，繼續吼叫與喝酒，然後他喝醉在角落小便，然後他摔下樓梯，然後他在草地上昏倒，然後他在開車時昏倒，你怎麼會這樣，你怎麼了，我的愛要走向哪裡？第九年我的工作有一份附帶的工作，假裝成熟，我有一個機會和戲劇同仁去旅行，吾愛我讓你參加去越南，我經營一個生活，我爲他在波特蘭河岸買了幢改裝風格公寓，我爲他買酒，我努力嘗試把我們的愛買回來，我努力嘗試但任何金錢都阻止不了他待在越南，他墜入愛河，他說謊又說謊，他回家，他回去，我夜夜躺在床上等他，他在越南，我天天待在床上把孤獨配酒喝下，我在床上解尿，我不移動，尿液、伏特加、悲哀死稿，無子的女人，擁有工作和房子和第一本書和她的貓和她的狗和她的錢，沒有丈夫。第十年我們假裝。第十年我們重回太浩城去試著記得假裝。第十年我們在哈威斯賭場頂樓喝酒，我們在電梯裡喝酒，我們用喝酒取代打炮，直到我們看不清或聽不見或感覺不到，我們甚至在前往機場的計程車上喝酒，我們到了機場，我去櫃臺買機票要回奧勒岡，但我知道我不打算要重回在奧勒岡的任何處境，我拿著機票回頭，他靠著牆壁睡著像醉鬼一樣打呼，我們的行李像我們從來沒有的孩子環繞著他，我把機票留在他醉死的手裡，他尿尿了，我顧不了這個男人了。第十年他和我們共同的學生之一上床，她寫電子郵件跟我說她是個好人，她寫電子郵件跟我說他是個好人，她寫電子郵件跟我說我是個好人，他們打炮很多次，我下班回家，她睡死在黑色皮沙發上，他睡死在地板上。第十年你說你會愛我到我死，你說我們會相愛到死，你說當我七十五歲我們會爲我們鬆弛的皮膚大笑、爲我們老屁股的愛喝酒，你說這些給我聽，你每年都說，直到你不再說，你到哪兒去了，那個會愛我這種女人的男人到哪兒去了，如果沒有你就沒有別的男人會愛我了，從來沒有適合我的男人，連我的父親都不是，我不吃東西，體重掉了二十五磅，每個人都說、每個人都說你看起來眞美，像個電影女演員。

158. Marc Chagall（1887－1985），巴黎超現實主義畫家，出生於俄國的猶太家庭，第二次世界大戰期間移居美國，作畫常取材個人回憶和俄羅斯民間傳說，如農村動物、村民、夢境等。

159. 法文，意指「你還好嗎？你還好嗎？」

她不是很美嗎？
我美？
愛是既生且死。

我的愛人，寫作

我有點不想跟各位說這件事。

我的意思是，我本來打算寫完這整本書都不說。我要省略那些字句，故意地，但我知道自己爲什麼要對各位有所隱瞞。

關於性化及性別化，如果你問我身爲那樣一副肉體的生活，我可以告訴各位很多故事。我是個故事說不完的女人，我們全都是。我們的身體被當作指涉所有人類經驗的肉體隱喻。這一點，這一點就發生在我身上，這一點就是我沒做好的地方，我盲目的地方，我張開雙腿的地方。它讓我啃掉自己的手，讓我想自我了斷，讓我有利用價值，讓我擺低姿態求愛，讓我冒險追求愉悅或痛楚，或就喝個爛醉搞砸一切，一而再地。我身上有傷。我是個泳者。我的肩膀寬闊。我的眼睛，是藍色的。

關於書寫，如果你問我，嗯，這是尖銳隱私的問題。書寫是我內在的火，故事從我體內經歷過生死的地方誕生。書寫扶持著我，而且將直到我死。

所以，當我跟各位說這件事，讓我有點想咬人。

很用力地。

有人說，文字不會「偶然」如泉水噴湧，但我要說它們會。

我和戴文還在一起的最後其中一夜，我因爲嗑蘑菇而亢奮，跑去沿著鐵軌散步。我們在尤金市住在鐵軌旁——在那個社區的後巷會發現針頭，但也有雅痞試著花錢改善生活。我當時該寫博士論文的。那一夜，我們坐在地上從隨身酒瓶喝起瓦士威士忌。有一列火車慢慢駛過，我跳起來笑著追它，然後跳了上去。我不知道爲什麼。我看著後方丈夫的身影變得越來越小，直到我看不見他。我喜歡那個逐漸後退的他。那也許是我們共有的最後一個美好夜晚。風感覺舒服極了。獨自搭車不爲任何目的，只因爲自己値得——這個行動讓我興奮到難以呼吸。

當然，大約五分鐘後我就清醒過來了，心想「啊，我在幹什麼啊」，然後想著「跳啊，白痴」……於是，我照做了，我跳下車，用軍事翻滾的動作滾過一些地面的碎石，刮的全身傷才打住。生理現象與自由奔放的情緒高亢讓我大笑不止。我走路回家，戴文仍在我離開他的地方寸步未離，昏沉得像一尊巨大的高加索醉佛。

那一夜滾過了碎石之後，我坐在我的電腦前，把手指放在鍵盤上。我的雙手刮得傷痕累累，前臂與手肘也一樣，還有下顎與臉頰。我該寫我博士論文裡關於凱西．艾可那一章，那時我已經見過她了。我的批判論文中引用了她的句子。我盯著我打在螢幕上的那幾行：

> 每次我跟你們其中某人說話，就感覺像在剝除自己的層層表皮，那是一層層依然新鮮血淋的疤痕組織，黑褐與紅色，每撕下一層就讓我更多的血噴到你的臉上。書寫對於身爲女人的我來說就是這樣。（《無感帝國》二一〇頁）

我要在她的句子上頭寫點什麼的時候，覺得自己好像快要吐了。我沒動手寫博士論文那一章，反而開始寫一個故事。我吐出的第一個句子是：「我是個對自己說話而且說謊的女人。」

請各位理解，我熱愛研讀文學理論——我是說，我噬讀原典文獻，就好像它們是羅曼史小說一樣；我潛入論述對話，就好像那是我獨占的水域。我的身體如歌悠游在語言與思想的水流之間。但是，要我批判性地、學術性地寫作，很傷。非常。

怎麼會有人這樣對待小說呢？為了什麼目的，除了某種試圖噤閉、封殺、監禁藝術的虐待狂衝動欲望？那樣寫文學對我來說像是一種暴力，最好頂多可以說是錯誤，最糟則是矛盾——甚至是謀殺。

我在博士論文選讀分析的小說都是嘈雜藝術的驚世之作，《白噪音》[160]、《亡者曆書》[161]和《無感帝國》——最後這本，我跟各位保證，如果你沒讀過，它會刮傷你的眼球。在這些作品中，文化傲然高築又頹然崩潰，邊緣認同挑戰著正派國民的精神信仰，還有革命分子為了頭髮以火對抗解放者——國民經濟軍事化戰爭和種族戰爭和性別戰爭和父親與語言與權力的戰爭和純粹人心的戰爭，一頁接著一頁展開，讓我興奮到難以呼吸。

我著手準備寫文學批評的時候——這種書寫行為被白種男性知識系統如此正當化——會覺得自己像一個施刑者，一個殺人犯，一個叛徒，一個虐待狂。我和我的其中三個教授上床，二男一女，想試著把身體重新帶進我的論述裡——喂，身體的部分呢？嘈雜的、潮溼的、違規的身體，似乎被全部那些崇高的思想給抹滅了——但沒有用。

當然，我考慮過從研究所輟學。我付了我的票，我搭過車了，對吧？跟我一起入學的人有一半都放棄了，我沒有繼續往學者身分前進的必要。但是，有一股力量不讓我這麼做，在我的肋骨腔室和灰質深處中摔角對峙著。那裡面有某個我沒見過的女人。你知道她是誰嗎？是我的思維能力。我

160. *White Noise*，一九八五年出版，作者是美國散文、小說、劇作家唐・德里羅。
161. *Almanac of the Dead*，萊斯麗・馬蒙・西爾科的小說，最早於一九九一年出版。

打開門，她就站在裡頭，戴著她的時髦紅色閱讀眼鏡，穿著緊身裙，背著皮書包。我心想，你哪位啊？我蹲伏擺出防禦的姿態，警戒地從我的眼角盯著她。給我小心點，女人。

而她回答，我是莉狄亞，我有一股慾望，想震撼你腦袋中的語言與知識，還有，我是來這裡寫博士論文的。

耶，好，隨便。不管，那你到底是從哪裡來的？

喔，我想你知道，我來自你的父親。現在把他媽的門打開。

我的父親。他的心靈蜷繞著藝術、建築、古典音樂、電影打轉。我的血流中帶有他的思維能力。就在這一刻，我的兩個我敞開心胸對話了。那個策劃離家以身肉搏闖蕩世界的我，以及那個從未見過、甚至不知道存在的我——也許只是隱藏在我的雙手中，像是潛伏的夢躲在我的手指間。我是我父親的女兒。

「我是個對自己說話而且說謊的女人。」

那一夜，從貨運火車跳下之後，我坐在電腦前，心臟加速狂跳。壓抑猛烈反撲爆發出來變成我的第一本書，像有個血塊鬆脫了。我的手瘋狂動作著，文字從我的整個身體、我的整個人生全部宣洩出來，故事在女人與女孩的喉嚨裡梗了一輩子了。沒什麼都不能阻止我把故事寫出來。即使我的雙手和胳膊和臉都在發痛——因爲跌下火車造成瘀傷和割傷，或婚姻，或晚上我自己——我一個故事接著一個故事寫著。沒有什麼開腸剖腹大揭祕，就只是文字與我的身體。我能透視我的皮肉，我把自己的心肺掏出來寫，直到寫成一本書。

直到我的肉體譜寫出切膚嘶喊的歌。

於是，我的第一本短篇小說集搶先在我的博士論文之前付梓了。幫我出版的是一家獨立出版社，他們不在意我游到主流之外多遠。我把書名取爲《她口之聲》[162]，每篇故事裡都有一具身體碰到生猛激烈的遭遇，因爲……嗯，就是會，也發生過，而我知道怎麼訴說。那些文字，就是我的身體。

我終究完成了我的博士論文，感覺好像走過烈火，一場嚴酷折磨。我把論文題爲《暴戾的寓言》[163]，因爲某種命運的荒謬曲折，它也獲得出版了。我現在仍覺得那是發生在別人身上的事，而且後來還衍生出好得莫名其妙的發展。至於那兩個我呢？我們開始了解彼此。思維能力的我和血肉之軀的我開始一起混。我們互相梳頭髮，洗泡泡浴，在彼此背上用香皀畫畫，深夜裡舉酒碰杯。

但那是有代價的。

那時，我和那位戴文的婚姻邁入第十一年。我是個教書的，完成了博士學位而且出了書。然而，我放進家門的那個我把過去的我毀了。她那古怪的腦力不願離開。我不想打炮，我想讀書。我不想夜夜麻痺自己，我想在思想的國度旅行，好好感受思緒，把自己的頭頂炸開。我不想喝到掛，我想寫東西，寫出另外一整本書。我的丈夫在我眼中開始像個任性胡鬧的小孩，一個耽溺的小孩。

162. *Her Other Mouths*，一九九七年出版。
163. *Allegories of Violence: Tracing the Writings of War in Late Twentieth-Century Fiction*，二〇〇一年出版。

雖然我的愛還在，但卻往下鑽進更黑暗的深處了。

戴文的生活漸漸離不開床，只以酒精和他對女人的需求為動力。他在第一次沒有我陪伴的旅行中找到一張國外的床。他在越南的時候，我痴痴等待著「丈夫」這個字眼回來，連續好幾天、好幾夜、好幾個禮拜。然後，某天早上我不下床了，連續好幾天、好幾夜。我要尿就尿，我餓了就哭，醒著的時候，感覺一片空白。晚上我會吃小小顆的安眠藥——這方面我從母親身上學到很多——我吃的安眠藥越來越多，睡覺的時候，希望死掉。

最後，某個溫柔體貼的朋友闖進我家，因為他擔心我。他跟一個名叫羅芮兒的壯碩女同志破壞了我房子的前門，因為我不見人影沒去工作。他帶我去淋浴，用床單把我包裹起來，然後餵我吃飯——真的。我們看了三天老電影，直到我看著他說，好啦。

我想起布羅迪和他的單簧管和他黝黑美麗孩子氣的手。我想起我在佛羅里達州的好友，被母親驅逐我的生命的那位。我的大天使，麥可，我們都離開拉伯克建立了生活。愛男孩和男人——或者讓他們愛你——的方式有很多種。

戴文終究回來了，但我們永遠不在一起了。

他喝酒總是離不開女人。我則進入自己的女系家族系譜——再次領受這份感覺如母親般熟悉的折磨——不論身為女兒、姊妹或家，她的名字都叫憂鬱。

在那漫長濃滯的深水中，我過著一個被貶低價值的女人的生活。我不是妻子，不是母親，不是誰的愛人，沒有任何工作或書本能讓我覺得自己有價值。我覺得自己像個沒意義的女性皮囊，沒人跟我分享身體。我的體重掉了好幾磅，衣服開始垂掛在我的身上，好像我不是自己。其他女人稱讚我變得女性化的樣態，以為我是刻意地。我微笑，覺得自己像隻昆蟲變形。早上，我洗頭或刷牙到一半的時候會喪失興致，然後發現自己裸身站在浴室裡滴水盯著地板，或是牙刷拿在半空中任泡沫從我口中流下來。

我沒在教書或沒在開車往返路上的時候，我就待在家裡。不，不是在家，是一個空虛的女人待在一間屋子裡。我會獨自坐在客廳裡批改學生報告，然後盯著玻璃窗外的街道看。總有更多報告，我可以想像自己永遠就這樣子，不用思考，微不足道，只需要用筆就能勝任。我會喝酒喝到剛好沒感覺，每天如此。大約一天一瓶，差不多，很平均，有時是葡萄酒，有時是伏特加。晚上，我會看電視直到睡眠拯救了我，或沒有。我感覺自己的日子緩慢如死水。我的耳中有悶悶的嗡鳴，腦袋昏昏沉沉的，正適合小睡或泡咖啡。這兒有社區、有屋子、有冰箱、有舒適的家電，有隨時可去的加油站，有一輛我開去工作然後回家的車。這是個簡單易讀的線性故事。你不須要做什麼，或當什麼。

但是，有另一個女人出現在玻璃窗的另一邊。

在我麻木盯著神聖客廳平面玻璃窗外的日子裡，某天我看到有個皮膚灰白、金髮髒亂的女人走過。她穿著丹寧短褲、抹胸上衣和牛仔靴。她的手臂看起來像地圖，眼睛下方不是黑眼圈，但會讓你誤以爲是。大約每走三步，她的右肩就會抽搐一下。只是個路過的女人。然後我看到一個乾瘦的男人，穿著牛仔褲和林納·史金納[164] T 恤走在她後面。他駝背，目光如鼠。抽菸。他的頭髮有一撮老鼠尾巴垂到背部中央。

重點是，我以前看過他們，很多次，大約兩年間。她是個妓女，他是她的皮條客，這是他們的路線，走我屋子後面的小巷。我們一直這樣過日子：我在裡頭過著我安穩舒適的上流生活，他們在外頭，他們的皮膚和頭髮有些許過去的我的痕跡。

164. Lynyrd Skynyrd，美國搖滾樂團，一九六四年成立於佛羅里達州，一九七三年開始從美國南方走紅後走上國際，二〇〇六年入選搖滾名人堂。

但是，這次看到她的時候，我感到胸口有什麼弄痛了我。爲別人有感覺的感覺很好，即使是疼痛——也許尤其是疼痛。我坐在那兒，他們逐漸走出我的視線。我嘴裡吃到什麼溫溫熱熱的，才我發現我咬破了自己的臉頰內側。

那天我什麼事都沒做，就只是批改報告，胸口和臉頰發疼。當晚我吐了，沒有特別的原因，但這在那段時期沒什麼大不了的。

但是，我下次再看到她的時候，某個細微而特別的東西吸引了我的目光，一個重要的細節：她的鼻樑上有塊瘀青。但重點不是那塊瘀青，是那塊瘀青讓我看到……她的眼睛是藍色的，跟我的一樣。我任由我正在批改的報告滑落地上。我看著她走過，好奇她的體重多重，好奇她的年齡幾歲——看不出來——好奇她嘗試過而失敗的工作。這個路過的女人，穿著短褲，手臂上有鬆垮的地圖，有一塊瘀青，和藍色的眼睛。我努力想我放在前門邊書袋裡的錢包中有多少錢。我看到她的臀部下垂暴露在短褲外面——鬆弛下垂——有如兩個肉體的小逗點。然後，她走到轉角了。我等著她的舞伴進入視線，想都沒想就敲了窗戶，再想都沒想就起身走到前門、打開門、走出去、走向他，問：「多少錢？」

在我描述後續發展的那則短篇故事裡，我請她進門，叫她坐下，她坐下了。在故事裡，她抽菸，她抖著左膝，她的雙手顫抖。一個教英文的女人，低垂雙眼看著一個每天每夜每晚都在吸屌的女人——她正坐在我的沙發上抽菸——在故事裡，我描寫我的感覺。我這個翻身上進的毒蟲，獲得了某種被稱爲「文字」這個微乎其微的東西可以信仰，而今看著她，我忍不住想：她看起來好像瑪麗——生下耶穌後，瑪麗一定看起來就是這付模樣。肉體無法承受奇蹟，那種負擔，那難以置信但撼動世界的歷史，皆與她的身體無關。當我看見耶穌的圖像，我想像有個瑪麗多麼疲憊、憔悴、辛苦、憤怒、虛弱到幾乎無法端著臉的程度。

在故事裡，我說，我想幹嘛啊，教導她嗎？

人們經常問我，我的短篇故事描寫的事情是不是我的眞實經歷？我一直認爲，這個問題等於在問我的人生——我的人生是不是我的眞實經歷？身體不會說謊，但是，當我們把語言帶到身體，是否必然已經是個虛構的行爲？是否利用了文字愉快地精心設計構圖、色彩飽和度與圖案樣式？是否利用了文字的風格與制高觀點？是否利用了文字對心智記憶力的強力控制，即使現實殘酷地告訴我們肉體才是唯一的目擊者？

我們經歷了一場交流，女人對女人。如果她還活著，她可以幫我作證。

我有什麼能給嗎？出自我人生的空虛荒蕪？眞的，我他媽的有什麼能給？給這個身上有太多孔洞的女人？但眞的有。

我有文字。

我和自己裡面的這個女人一起去教書，和學生談想法，談那些湧入我內心的想法。然後，我的心開始跳了，和學生談想法這件事有如脈衝。他們有些人在乎，有些人不太在乎，但沒關係。我很開心可以帶著文字與想法站在一個房間裡，即使在教室裡唱獨角戲也沒關係。但我不是獨自一人，我是跟眞實的年輕人在一起。我和藝術家、作家、學者、酒保、音樂家、護士、脫衣舞者、律師、母親們在一起，他們有些人會名利雙收、有些人會入獄、有些人會成爲會計師、有些人會加入和平部隊或搬到法國、有些人會戀愛、有些人會自殺，然後每個曾經錯待我們的人、每個過去的我們、每個未來的我們，全都齊聚在這些書裡，觸摸著文字的皮肉——這不是一家人嗎？

不論它是或不是什麼，都有文字，不只我自己的。我寫故事，我寫書，我寫著寫著，看到自己背後有一扇門打開了。而我知道，如果我用自己他媽的腳卡住門，就有更多的人能穿過去，然後我們能搞創作，一起。我們搞的創作就是藝術，重要的是這點。我和另一些人創作了繪畫，我和另一些人創作了表演，我和一些人創作了故事和朗讀會，然後和陌生的外人創作了藝術活動，例如在樹上掛滿胸罩和粗話小卡，或解開違規車輛的車輪鎖，或是和在貝爾公司[165]工作的朋友把免費汽車送給窮人，或是把關於蚯蚓和屄的俳句放在企業停車場中的車輛的擋風玻璃上。

然後我寫了第二本故事集。

這本在我的婚姻結束後寫成，書名叫《自由無度》[166]。如果各位隨手拿起這本書翻閱，應該會認得這些故事。這些故事描寫的人物，都在努力照我們既定的腳本演出各種關係中的角色——女兒、母親、丈夫、妻子、婚姻。這些故事描寫的女人與男人努力去愛，然後失敗。這些故事描寫的人活在我們所謂的文化邊緣，大部分都搞砸了，但有些人沒有——我們不是還在這兒嗎？我想把這些故事獻給那些沒搞砸的人嗎？但我懷疑，搞砸的是我們，還是我們接受的那些故事腳本？

離開某個自我，並接納另一個自我，這並不容易。你的自由會把你刮得全身是傷，也許甚至會殺死你或你的其中一個自我。但，那沒關係。你還有更多的自我。

我們會死多少次？

文字，就像自我，很值得。

165. Bell，美國創先開發生產燃油添加劑的公司。

166. *Liberty's Excess: Fictions*，二〇〇〇年出版。

灰質

在建立家庭這方面，我也許敗得一塌糊塗，但我在這個家所在的地方打造了其他的東西來彌補。我從自己這個屎爛悲哀人生的破麻袋裡取材，打造了一間文字屋。

我打造的第一間文字屋是一本文學誌。如今有人說到「文學誌」的時候，各位通常會想到像《維珍尼亞季刊》[167]那樣的清新白色小書。不是那樣的，我們搞的東西很大，九乘十二英寸，四色膠裝，大膽囂張反文化。每一期我們都刻意挑一個主題來解構——這是我身爲學者所學到最喜歡的事。我們想做所謂的「文學誌」，主題例如褻瀆神性、口交、暴力大觀、外星人。主導者是我和我那些他媽的才華洋溢、聰明得要死的朋友們，整個就像在車庫搞樂團，只是我們是用紙和電腦。我們什麼都自學——編輯、美術、版面、排版——然後運用自己的所學，把每一頁都變成一個事件穹界：圖像與文字對戰或共舞，詩打斷了故事，大張奶照破壞白色空間與詩詞行句，高級藝術鑽進低級藝術的床單裡——例如，尤瑟夫．科蒙亞卡[168]的文字緊貼著沒人認識的女遊民或塗鴉藝術家或未婚媽媽的文字。這樣的頁面消滅了距離。我們決定讓書寫出現在任何地方。我們就希望書寫是這樣。

167. *Virginia Quarterly Review*，維珍尼亞大學教授詹姆斯．索瑟爾．威爾遜於一九二五年創辦。
168. Yusef Komunyakaa（1941－），當代非裔美國詩人，普立茲詩歌獎得主，作品如詩集《霓虹白話》。

我們把安妮·史平妮可[169]、安德烈斯·塞拉諾[170]、凱西·艾可、安德烈·寇德瑞斯庫[171]、喬彼得·威金[172]放在那些大大的白色紙頁上，然後把前科犯和勒戒中的毒蟲與酒鬼放在他們旁邊。我們破壞文學書頁的崇高神聖，同時解放藝術的喧鬧火熱。我們每個人白天都有工作，每個人晚上爲了做這些大書熬夜太晚，每個人都花了太多時間咒罵金考快印店穿藍圍裙的書呆店員。我把我吃飯和房租的錢花在我們這張共同發聲的骯髒大嘴。我們獲得幾個獎，我們拿到補助金。即使放在現在來看，那份文學誌眞的是滿厲害的東西。雖然我不知道它到底算是什麼東西，但那樣做似乎再正確不過了。它是一顆快速燃燒的超級新星。

我他媽的愛死它了。

爲什麼？

它是我人生中第一樁不用張開雙腿交換的樂事。各位也許相信，也許覺得這兩件事不一樣——兩種看法都對。

透過文字屋，又發生了其他的事。透過文字屋，我遇到不知在哪裡讀過我的作品的作家。透過文字屋，我找到了聲音和鮮血譜成的歌，它們完全表達出我內在的感受。我曾以爲沒人經歷過的，其實有其他人跟我一樣——嗯，很多。我們破壞書寫的規則，嘗試寫作的種種不可能，帶著大家新發現的智慧，進入全然陌生的疆域。我們創造東西，甚至生命，和自我。

我會在研討會、閱讀會、表演會、藝術展上遇見這些人。我們會湊在角落裡，喝著、笑著、說著我們的藝術祕密語言。我們像地下社會的人一樣進行交流，閱讀異類的書，目不轉睛地看人紋身直到昏迷，面對把你的臉撕成碎片的文字流口水，彷彿永遠再也見不到天日。各位知道哪兩個詞彙最能描述這些人以前對我的意義且現在仍然不變嗎？

部落。

神聖的。

我不需要任何人跟我解釋人們爲什麼加入幫派，或發展出監獄社會，或只信任其他跟他們一樣打破規矩的同類人。我完全可以理解爲什麼我們會被大學退學，或辭掉工作，或相互欺騙，或違法犯紀，或在牆上噴漆。在稍微偏離常軌的地方，有些人們在這裡相知相惜。我們用部落取代家庭的框架，抹滅自己的出身，重塑自我的形象，藉此聲明，我，也在這裡。

猜猜怎麼著？原來我有個雙胞胎。

我說過我是雙子座嗎？

我說「雙胞胎」，不是指生物學上定義的。不過，誰知道基因如何在血液與細胞的高速公路間遊走呢？我那個部落裡的雙胞胎有一頭金髮，眼睛是藍色的。他和文字有不尋常的關係，對文化和講故事有奇特的看法。他的手指間有火，火焰還會從他的頭頂噴出來。

那時我奇蹟獲邀到聖地亞哥州立大學做一場文學朗讀，然後遇見了我的雙胞胎——他也被邀請了。我們一起被邀請，是因爲我們的寫作風格都，嗯，「很怪」。對我來說從來沒有一個恰當的字眼：「實驗性的」聽起來很蠢，而「創新的」聽起來出奇傲慢。看要用什麼詞彙可以描述：炸毀你所學關於塑造角色、情節和故事線的一切，就像我小時候把鞭炮放在芭比娃娃頭上——我們就是這樣搞。看要用什麼詞彙可以定義：熱愛文字勝過文字的傳統與規則——我們就是這樣的人。

169. Annie Sprinkle（1954－），美國性學家、雜誌編輯、有線電視主持人、色情電影製片人、女性主義者，曾是色情女演員及性工作者，後來取得藝術學院攝影學士學位及人類性行為博士學位。
170. Andres Serrano（1950－），美國攝影師、藝術家，作品中常出現屍體、糞便、尿液、體液而聞名。
171. Andrei Codrescu（1946－），羅馬尼亞裔美國詩人、作家、編劇，詩作呈現後現代主義風格，作品如《反對意義》。
172. Joel-Peter Witkin（1939－），美國攝影師，作品常以死亡、屍體、邊緣人為主題，常以侏儒、變性、身體畸形者為對象，風格如宗教或古典畫。

蘭斯・歐爾森[173]與我，我們是——容我帶著一些權威這麼說——語言的惡棍。

如果各位沒有同部落的雙胞胎，我跟你說，放下任何你人生中正在做的事，去尋找他們，去尋找同部落的雙胞胎——我是認真的。因爲擁有文字血親和部落，眞的把我從自己手中救了出來。如果我再多花一年試圖變得像我周遭的人，我就沒辦法撐那麼久了。

如果你用谷歌搜尋蘭斯・歐爾森，你會發現他有點像在我們部落圈子裡遷徙的游牧搖滾明星，但這不是我愛他的原因，也不是我永遠挺他的原因——眞正的原因是：他的文字讓我的文字更能夠成立。在他的語言裡，我腦中的爆炸會停停止，新的想法會萌發。在他的作品中，在親吻尼采嘴唇的那分鐘，或是美國購物中心影城電影開映前的那幾秒，或是敵對人心的怨隙被轟炸成原子之前的那一刻，都會讓人忘記原本認知的開頭、本文與結尾。

然後你會發現他是小說集體二出版社[174]的作者及編輯之一，我也是。用谷歌搜尋ＦＣ２，會找到該社的宗旨：「ＦＣ２是美國少數的另類傳播機構之一，致力於出版被美國各大出版商認爲在商業考量上太挑戰、太創新或太異端的小說。」

我不知道你怎麼想，但是「異端」這個字聽起來有點太燒腦了，我寧可這樣說：我是文字屋的拆除大隊暨建築工人，我和我的雙胞胎相挺，而且我們正衝著你們的女人和小孩而來。

173. Lance Olsen（1956－），以實驗性、抒情、破碎的跨流派敘事著稱。
174. Fiction Collective Two，縮寫ＦＣ２，非營利出版社，創立於一九七四年，依靠機構與個人贊助及作者自行運作，由阿拉巴馬大學出版社負責印製、發行，編輯部位於中密西根大學，後來由威克森林大學負責營運。

世間奇蹟

奇蹟並非全都來自上帝或上天。

把我三十多歲某年冬天發生的事稱爲奇蹟，實在不足以描述它眞正的意義。一切都是從一個我手中的小東西開始。那年冬天，我把一則短篇故事當寫作範本寄了出去，標題命名爲〈流年似水〉。我把那個短篇故事寄給四個地方：給哥倫比亞大學招生委員會申請寫作類藝術創作碩士、給該大學招募委員會申請終身聘用制教職、給奧勒岡文學藝術中心申請補助、給詩人與作家公司申請某個稱爲作家交換獎的獎助金。

在一個月內，我的信箱把回信一一獻上，就好像從前我渴望靠游泳上大學時寄到佛羅里達家中的那些。不過，這一次，讀這些信的人只有我，一個把自己的殘缺落魄不經稀釋調和倒進這個世界的成年女人。回信一封一封寄來，白色的幾何形狀，聞起來有未知推測的味道。

我通過哥倫比亞大學的入學申請。

我獲聘擔任那份教職。

我因爲那篇故事獲頒三千美元補助。

我贏得作家交換獎。

這些全都在同一個月內。

我這輩子從來沒發生過這種事，而且很可能將來永遠不會，彷彿我的人生海洋水域打開了，彷彿我的傷口除了傷痛之外還有什麼。

我，身爲我，選擇了那份教職，捨棄修讀藝術創作碩士。我必須澄清，這點很重要：藝術創作碩士才是我最想要的。各位根本不明白我有多想要。我破碎弱小的心整個渴望著，但我沒有選擇它。我必須生存，這是我的選擇。我必須照顧我自己，沒有別人可以。於是我吞下自稱是個即將前往哥倫比亞大學的作家的渴望，就像那個去不了哥倫比亞大學的游泳選手。

我收下獎助金，買了一輛車。我想去巴黎，但我買了一輛車，一輛可以放心開著下上班的車。我沒有讓自己出門吃晚餐，我沒有給自己買香檳，我沒有吃巧克力。

感謝老天，紐約作家交換獎沒有給自我毀滅的人其他可行的選擇，否則我也會放棄不去了。當時我幾乎是不甘不願地去了紐約，那個作家齊聚的地方。

贏得詩人與作家公司作家交換獎的「獎品」是你可以去另一個州——以我爲例，是從奧勒岡州到紐約州。你得以選擇最想見的作家，詩人與作家公司會有人非常努力安排你們會面。你得以在全國詩社舉辦一場朗讀會。你得以在格拉梅西公園酒店住宿，與一群聰明人徹夜啜飲蘇格蘭威士忌，彷彿你也是他們的其中一分子。你得以在非常奢侈的午餐和晚餐認識編輯、出版商、作家、經紀人。多奢侈？我甚至把餐巾和收據留下來了，從一九九六年保存到現在。

這項競選的小說評審是卡若．馬索[175]。我能入選全因爲她。她的寫作被認爲「實驗性」、「創新」、「異端」。我只知道她的怪異讓我的怪異感覺不太嚴重。我想見的作家有琳恩．提爾曼[176]、佩吉．費倫[177]和尤麗迪絲[178]。不知道各位對她們的認識是不是跟我一樣，但對我來說，這幾位都是聰明絕頂的傢伙。我不認爲事情會成眞，我當時喝醉了，在他們寄來的表格上寫下這些名字，大笑，放屁，然後寄了出去。我記得自己心想，反正沒希望，管他的，結果弗拉澤爾．羅素[179]把她們找齊了。那是我這輩子最卑微快樂的四個夜晚——晚餐比我的房租還貴，食物美味到快讓我暈倒，葡萄酒幾乎把牙齒融化，還有那麼聰敏慧黠、那麼充滿創意、那麼美麗耀眼的女人們盡情展現著自己的頭腦與身體……我是說，我幾乎嘔吐、噴尿、高潮一起來了。天堂？去死吧！那只是空虛如浮雲的謊話。這些女人是我求知生涯的至愛。

這四個女人的寫作離經叛道——刻意離經叛道——狂野、激烈、血腥刻骨、霸氣蠻橫。她們把文字屋從裡頭整個炸掉，以離經叛道的方式。這四個女人都堅持用身體當作素材，她們不是主流作家，而是貼在主流旁邊，開闢出令人驚豔的個人路線——非常屏棄主流，也許像水切鑿出大峽谷那樣。我想依循這些女人的路線發展自己的書寫，我想跟隨她們。我感覺她們的書寫把海分開，救了像我這樣的人。

我跟這幾個女人一一談話，深深望進她們的眼眸，試著在她們的眼中看到一個「我」。我無法告訴各位她們有多少次讓我激動到說不出話。我想我在談話間沒說什麼，搞不好根本沒出聲。我不太記得自己做了什麼事，雖然我幾乎記得她們每個人說的每個字，但有件事我很清楚：我從來不曾那麼……幸福快樂。

那趟旅行又發生了更多神奇的事。有個男詩人與我一起從奧勒岡同行，他贏得詩人獎。結果，原來我在尤金市就認識他了。他是個好得不得了的男人暨才華驚人的詩人，名叫約翰·坎貝爾[180]。他要求見面的詩人之一是傑拉德·斯特恩[181]。我永遠忘不了他那場餐敘，因爲他把肩關節弄脫臼

175. Carole Maso（1956－），美國當代小說、散文家，以後現代的實驗性、詩意和破碎風格聞名。
176. Lynne Tillman（1947－），美國當代小說及短篇小說家、文化評論家。
177. Peggy Phelan（1959－），美國女性主義學者，國際表演研究的創始人之一。
178. Eurydice，希臘裔作家、藝術家，首部作品*F/32*被譽為「最危險的女性創作小說」。
179. Frazier Russell（1936－），美國作家工作坊（The Writers Studio）的核心人物。
180. John R. Campbell，美國作家、音樂人、視覺藝術家。
181. Gerald Stern（1925－），美國詩人、散文家、教育家，東歐猶太移民後代。

了，脫垂的胳膊吊在他的肩膀上一整晚，所以他只能用單手比手勢講話——不過他還是很了不起。我們還跟比利．柯林斯[182]及阿爾弗雷德．寇恩[183]午餐餐敘——後者是我仰慕的詩人，前者直對著我的奶子講話。我的詩人朋友還要求去一家爵士俱樂部，代替他的其中一個作家選擇。我因此有機會在一家俱樂部坐在距離哈米特．布萊特[184]十五英尺的地方，又在另一家坐在距離麥考伊．泰納[185]五英尺的地方。我很確定，當晚回到飯店的時候，我的內衣因為開心暢快而整個溼透了。永遠感謝你，約翰．坎貝爾。

好個機會，不是嗎？奧勒岡作家來到大城市。回想起當時的一切，仍然會讓我微笑尿顫。

我嘗到甜美滋味，但我的喉嚨裡混雜著一絲苦澀，像有一顆小石頭一直卡在那兒。這顆悲哀的小石頭，就是我沒有給予肯定答覆說「好」的能力。我被帶去見法勒、施特勞斯與吉魯出版社[186]的編輯，他談到我身為游泳選手的時光，建議可以寫一本關於本人游泳歲月的書，非虛構的。我不知道，大概類似回憶錄。我站在那裡像個麻木的呆子，面帶微笑，搖頭晃腦，手臂交叉在奶子上。他等著我欣然接受他的建議，但我的喉嚨什麼都吐不出來。他跟我握握手，祝我好運，送我一些免費的書。

有一頓晚餐，我兩旁坐著琳恩．提爾曼和鍾愛的諾頓公司[187]編輯卡洛．霍克．史密斯[188]——很遺憾她後來過世了——琳恩試著說服卡洛讓我在諾頓公司出書。卡洛．霍克．史密斯傾身靠過來說：「那就寄點什麼給我吧。」她明亮銳利的小眼睛直盯著我，穿透我空白一片的腦袋。大部分的人應該會在奧勒岡一下飛機就衝到郵局去，我卻花了超過十二年，才敢考慮把什麼放進信封、舔封口黏起來。

我在全國詩社的朗讀會結束後，來自基頓、霍特與皮卡德公司[189]的經紀人凱薩琳．基頓走過來問我想不想找人代理。那顆卡在我喉嚨裡的悲哀小石頭當場又跑出來了。我耳朵聾了似地什麼都聽不到，只是微笑跟她握手。我以爲自己就快要在全部這些衣冠楚楚的人面前哭出來，只能從嘴裡吐出：「我不知道。」

她說：「好吧。」

所有那些爲我張開的手啊。

看，有個重點要請各位理解：受過傷害的人有時並不知道怎麼說「好」，即使天大好事就在眼前也不知如何下決定。我們對於渴望好事感到羞愧，對於享受愉悅感到羞愧，羞愧於不敢相信自己有資格跟崇拜的對象一樣待在同一個房間裡。我們的胸前烙著大大的紅字A。

我從來沒想過自己長大後要成爲律師、太空人、總統、科學家、醫生、建築師。

我甚至沒想過，成爲作家。

抱負在某些人的心裡會卡住。當你一心只想著要戰或要逃，就會連在心裡說「好」都很難，也不敢妄想晉升上層。

如果能回到過去，我會訓練自己，成爲教自己勇敢站起、擁抱渴望、提出要求的那個女人。我

182. Billy Collins（1941 - ），美國詩人，曾是政府任命的國家桂冠詩人。
183. Alfred Corn（1943 - ），美國詩人、散文家。
184. Hamiet Bluiett（1940 - 2018），美國爵士薩克斯風演奏家、單簧管演奏家、作曲家，是爵士樂界最知名的頂尖低音薩克斯風樂手之一。
185. McCoy Tyner（1938 - 2020），美國爵士鋼琴演奏家，約翰柯川四重奏的鋼琴手，五度獲得葛萊美獎。
186. Farrar, Straus and Giroux，縮寫為FSG，創立於一九四六年，以出版文學書籍聞名。
187. W. W. Norton & Company，創立於一九二三年，總部設在紐約市第五大道，一九六二年出版的《諾頓英國文學選集》（*The Norton Anthology of English Literature*）是許多大學文學課程的教材，至今修訂超過十版，印刷逾八百萬冊。
188. Carol Houck Smith（1923 - 2008），諾頓公司副總裁暨總編輯，在該出版社任職六十年。
189. Kidde, Hoyt & Picard Literary Agency，美國作家經紀公司，總部位於紐約市緬街。

會成爲說「你的心靈和想像比什麼都重要」的那個女人。看，多美！你有資格坐在那張桌子，耀眼的光芒照著我們每個人。

搭飛機回程往西，常綠樹木與河流穿透家鄉完美的濛濛細雨映入我的眼簾。即使在這時候，我也知道，如果我算是個女作家，那也是個殘缺落魄的那種女作家。我自卑自憐地喝了很多瓶飛機上的迷你酒。回到奧勒岡，我沒有簽下出版合約，也沒有談成經紀人，只有滿心滿腦當作家是怎樣的美好回憶——我跟他們吃過飯，分享過完美的陪伴——這是我唯一容許自己接受的獎賞。

但是，我的內在已經孕育了什麼，沉靜無聲地。

女人作夢

有時心靈就是會較晚出生，在較慢的旅程上破浪而來。你終究不是孤獨的，從來都不是。那從孤獨深處變化成型的，難道不是上天的恩賜嗎？

和瑪格麗特·莒哈絲在一起，您必須躺在某個外地城市某棟公寓的床上——對你來說是外地——要夠外地，才能讓你變成外地人。拋棄你的名字和語言，拋棄泊靠你的認同的錨鏈繩樁，拋棄你的腦筋思想。那幾扇微開的高窗必須有百葉窗，房間必須是藍色的，地板是鋪石的。而你必須是裸體的。她的呼吸在你的皮膚上低語，巡迴你的全身從下往上，再往下。您必須傾聽城市在你周遭運行的聲音，接著傾聽在那之外、超越所有人類行動的海洋與風，然後再傾聽在那之外、你耳中血液和你心臟的鼓動，還有愛人在你身上寫下的故事。夜裡，會下起雨。你打開窗，渴望滲透。不談內心，只有身體。愛，在死之上。

和葛楚·史坦在一起，一定有飲食和紙張，茶水和金錢。她會優雅地說，她會用冰淇淋來說，關於飲食和紙張，形成肉體的迴圈——帶著慈愛——然後再來一次，再來一次。

爲了艾蜜莉·狄金生，請保持安靜，在暴風雨的呼嘯間輕輕吟唱一首讚美詩。把你的頭頂拉起。看到嗎？事物之間存在著空隙。你以爲的空洞虛無，其實承載著空洞虛無的生命。

在隔壁房間，H.D.[190]已經把牆給拆了。但是，你看，光線在滿地事物間穿梭踩踏的舞步已經跟

190. Hilda Doolittle（1886－1961），美國詩人、小說家，詩作融合了意象派美學及女性主義的特色，三〇年代成為佛洛伊德的朋友，讓他診斷雙性戀傾向。

過去不同了，連你的腳都是新的。

和埃蓮娜．西蘇在一起，你必須閉上你的眼睛，然後張開你的嘴。張開一點，開到連你的喉嚨都打開，接著是你的食道、你的肺。再張開一點，開到你的脊椎脫節、臀部鬆動、子宮自成一個世界。再張開一點，開啓你的性慾之井，然後，現在，從你的另一張嘴訴說你的身體，嘶喊身體的祈禱文。對她來說，寫作就是這樣。

珍．瑞斯[191]穿過廣大遼闊的文學詞庫而來，有如流水鑿穿峽谷。

安卓亞．芮曲在你之前就往下鑽探深處了。她發掘了語言的可能性，帶上來浮現在你的表面。於是你得以呼吸，並且了解讓你腳踩著觸碰到天的這副寬闊肩膀。這些器物[192]就讓你帶走利用。

與瑪格麗特．愛特伍[193]及多麗絲．萊辛[194]在一起，你將學會把脊骨硬起來，學會何時大笑亂砸飲料，何時跟誰一起落淚，何時該舉起來福槍。

珍奈．溫特森會把一件小事弄得像宇宙一樣浩瀚。

托妮．摩里森會讓你跟著故事段落哭到心底。

萊斯麗．馬蒙．西爾科會把故事呢呢喃喃說得很長，不，比很長更長，甚至比更長還要長，遠超過一切。

跟安．薩克斯頓和希薇亞．普拉斯在一起，會在酒吧喝酒，在黑暗的光線中笑出黑暗的笑聲，喝醉唱一首黑暗的關於男人的歌。胡亂乾杯，甩動搖晃，我們呑飲黑暗，沉浸在女人才懂的女人的狂放縱情，就一晚。

當你需要感受生命的土地和世界的心臟，在峽谷邊緣會有一處篝火，在一片夜空下，喬伊．哈喬[195]會在那裡唱著屬於你的刻骨之歌。

放手一搏，與安．卡森[196]一起，一個字一個字地重建生命殘骸，別管文化嘀咕個不停的文法與形式。發動文字戰爭，大幹一場再擺平。隨意拋棄舊的意義，就像砍碎五色彩紙娃娃。剩下的字句，會清醒地大聲咆哮。

和維吉尼亞・吳爾芙在一起，可能會在花園或海岸散步很久，也許會散步一整天。她會用她的手臂勾住你的，然後凝望遠處。在你背後會有歷史，而在你前方只是平凡的一天，當然也就是你的一生。就像語言，文字背後的細微深意，延伸到無邊無際的地平線。

我置身在一個如暗夜深藍的房間裡。這是一間用來寫作的房間，有一張血紅色的書桌。一間包含了儀式與聖殿的房間，我自己打造的，花了好幾年。我伸手到桌下抓起一瓶蘇格蘭威士忌——百富，三十年。我給自己倒了一杯琥珀色的汁液，入口喝下，嘴唇發熱，喉嚨接著。閉上雙眼，我不是維吉尼亞・吳爾芙，但她寫過的一句話讓我撐了過來：「一切隨遇則安之。」[197]

我不是孤獨的。不論過去曾經或現在還將發生什麼事，書寫都與我同在。

191. Jean Rhys（1890－1979），出生本名為Ella Gwendolyn Rees Williams，英國作家，出身英國統治時期的多米尼克。她把夏綠蒂・勃朗特的《簡愛》澈底改寫成《夢迴藻海》（*Wide Sargasso Sea*, 1966），以原作中被當作瘋女的男主角元配為主角，被視為是以第三世界女性觀點寫成的後殖民對抗論述。
192. 出自《聖經》以斯拉記5:15，原文為"Take these objects with you. Go and put them in the temple in Jerusalem. Rebuild the house of God in the same place where it stood before."「吩咐他把這些器皿帶去，重新陳設在耶路撒冷的殿裡，在舊址上重建上帝的殿。」
193. Margaret Atwood（1939－），加拿大小說加、詩人，被譽為加拿大國寶級作家，最知名的作品是一九八五年出版的反烏托邦小說《使女的故事》，曾被改編成電影、歌劇，二〇一七年改編成同名電視影集，多次獲艾美獎及金球獎。
194. Doris Lessing（1919－2013），英國女作家，諾貝爾文學獎得主，生於伊朗，成長於辛巴威，一九四九年移居英國，代表作如《金色筆記》。
195. Joy Harjo（1951－），美國詩人、音樂家、作家，第一位獲任美國桂冠詩人的美洲原住民。
196. Anne Carson（1950－），加拿大詩人、作家、古典學家，作品如《厄洛斯與甜蜜的痛苦》、《紅的自傳》皆以古希臘文學為本。
197. 原文為"Arrange whatever pieces come your way." 出自吳爾芙的日記。

V 沉溺的另一面

繼續

那天是你第二任前夫的生日。你跟那個人離婚是因爲他不只跟一個人而是跟大約五千億個不同類型的女人上床。他在凌晨兩點喝醉酒從你們曾一起租公寓搞藝術的巴黎打電話給你，只因爲那天是他的生日而他想告訴你他愛上了一個女人讓他想起二十三歲的你——先說明一下，我改用第二人稱，因爲如果我用「我」，各位腦中只會想到海瑟．洛克萊爾[198]那種角色，所以我用「你」。你三十七歲正邁向四〇歲，很悲哀地離了第二次婚，在南加州一個人住，費心給你的金髮上蠟保持金黃髮色。

好，你的第二任前夫在他生日那天打電話給你，告訴你他愛上了一個女人讓他想起二十三歲的你，他們倆在戴戒指的手指上刺了青，而她的樣子、她的動作、她的味道都好像二十三歲的你。你冷靜掛掉電話，瞄一眼自己雙手的三十七歲皮膚，然後走到你的書桌拉開放酒的抽屜抽出一瓶蘇格蘭威士忌，大半夜整瓶灌掉後把車開上南加州往北的六線道高速公路。你現在以客座作家的身分在那兒生活，你能擁有這份光鮮亮麗的新工作，因爲你堅強地採取行動離開了他，因爲你不想當個縱容他的加害者之類的，你想超越那種狀態追求自己的人生。於是，你在這裡，在這條南加州高速公路上開著紅色的車，金髮、黑洋裝、高跟鞋，向自己證明你仍像他媽的黑絲絨威士忌廣告女郎一樣迷人……等等，那個在閃閃發亮的東西是什麼……你看到右手邊有什麼燦爛的亮光一閃一閃亮晶晶，然後忽然咻地你以時速九十英里開路穿越高速公路南北向車道間分隔島茂盛濃密的莫邪菊，結結實實地橫向碾過它們留下持續數週的痕跡還上了夜間新聞，車身劇烈旋轉後冒煙停下——很奇蹟地——在南向車道上面朝正確的方向。

你知道該怎麼做。你下車，笑得像個該死但沒死的三十七歲離婚婦女那樣失控發狂。

你的腦袋裡有個滏悶的聲音細細地說：「從下一個出口匝道下去，把你這個醉醺醺的傢伙送回家。」你知道嗎，就好像你在水裡往上看。你聽話，但你的雙手漂浮起來放開了方向盤，直到碰得一聲你直直撞上另一輛車，安全氣囊像兩顆巨大肥滿下垂的乳房爆開，然後警察來了，你醉得不像話，包圍在周遭的一切類似混雜了火藥和蘇格蘭威士忌的味道，接著是一連串「女士，請下車」、「女士，請單腳站立」、「閉眼從一百開始倒數」、「把這根棒子插進屁股」、「在你左邊的奶子上平衡放一個雞蛋」，再來還要我幹嘛？

你被上銬做吹氣測定，吹出了一個離譜的數字，輕而易舉地遠遠超過容許操控車輛的合法限制。給我個D到U到I吧。喔，還有，如果你覺得自己骨子裡還殘留了一絲性感火辣，當你在開往警局的車上乞求憐憫地看著後照鏡裡的年輕男警員，散著一頭自以爲像床戰過的金色亂髮噘起雙唇說：「你不能送我回家就好了嗎？」你會看到他回望的眼神彷彿在對你說——不難猜到——「女人，你搞這招也太老了吧。」

在牢房裡，一切再度重演。第一個發生且曾經發生的情境是，你在牢裡。你以前坐過牢，你有前科，知道的人不多，因爲你看起來就像個客座作家，而且你不管怎樣一直是個穿著時髦體面的人。

第二個發生且曾經發生的情境是，拘留室裡有個女人的海洛英戒斷症狀發作。她流著口水，手

198. Heather Locklear（1961-），美國女演員，金髮藍眼，在影集《朝代》、《飛越情海》、《城市大贏家》擔任要角，曾入選《時人》雜誌「五十名最美麗人物」，淡出銀光幕後多次爆出濫用藥物、危險駕駛、毆打男友等失控行為。

臂緊縮成球，膝蓋交叉絞扭，不斷用頭撞牆，大約每八秒吐一次口水罵髒話。你的左臂發疼，你的雙腳發麻。你起身走到她身旁坐下。表面上你看起來有點像個具有殉道大愛精神且膚色太白的瘸腳客座作家，但肉眼看不見的是，這許多年來你未曾自清斬斷過去，過去那些歲月突然收縮到一顆人頭的大小。你是否自恃於自己能風風光光地改過自新，而且還能讓你與自己的故事保持距離。

這點帶你進入第三個反覆重演的情境，你搖身變成眾人的照顧者，雖然你自己是個可悲且需要幫助的失敗者。你把襪子送給領福利救濟的黑人女性，你握住臃腫五十歲女人的手而其實她可能只有二十八歲，你發現自己在撥打快克女王男友的電話號碼，她臉上的睫毛膏流淌暈成艾利斯．庫柏[199]的妝。眞的，你在幫她打公共電話，雖然她的脖子上有掐痕瘀青，但她求你打電話給他所以你就照做了，你介入了，你變成客觀的外界資源，你叫他打電話撤銷告訴讓她可以離開這裡，而因爲顯然他虐待她，未來她將有十足的證據提出控告，當然你是該案的目擊證人——皮繃緊了，男人，你可是教婦女研究的——他繼續跟你描述她對他的客廳和他的貓幹了什麼、怎樣用棒球棍砸他的摩托車、怎麼放火燒了房子，然後他罵你是個幹他媽的屄爛婊子賤貨之後把電話掛掉。

你發現自己義無反顧地叫警衛給那個胖女人一些泰諾止痛藥，同時聽著打了絲質領巾的基督徒女孩瘋瘋癲癲獨白說她跟旅館酒吧裡那個男人的經歷，她認爲他是爲了參加冰上基督大會出現在那裡。這裡發生的一切突然對你的身心造成衝擊，你那種服了事後避孕藥反胃嘔出綠液的難受感覺跑了出來，腰椎像是壓了一塊磚。你發現自己需要拉一大坨蘇格蘭威士忌的屎，於是你就拉了，當然，是當著大家的面，就像個囚犯那樣不得不。不論你穿的衣服多昂貴，不論你扮演的殉道者多出色，不論你愚蠢的客座作家名號後面 PhD 這幾個字母多好，你仍然不得不在一群人面前拉屎。

荒謬可笑乎。

你閉上眼睛。

你呼吸。
你對自己闖的禍還不覺得對不起。
你只是一個被拘禁的女人。
悔恨自責的感覺，後來才浮現。請讓我把故事倒轉。
讓我告訴各位我撞了誰。

199. Alice Cooper（1948-），本名Vincent Damon Furnier，美國搖滾歌手、作曲家和音樂家，被譽為重金屬「休克搖滾（Shock Rock）教父」，表演常融入電椅、假血、詭異洋娃娃、刀器等黑暗元素。

碰撞的隱喻

我迎頭撞上了一個棕色皮膚、身高五尺的女人。

當時，這件事並沒有讓我覺得難過。當時，我醉得像猴子，所以那個夜晚的整個場景看上去就像慢動作，像抹了凡士林那樣一片模糊，不論誰說了什麼，都跟我的心距離很遠。有癮頭的人難以理解什麼是莊重嚴肅，什麼看起來都是模模糊糊的。

我的安全氣囊爆開。砰。如果你沒有這種經驗，那可眞是滿了不得的——很大聲，像槍擊一樣大聲，四周瀰漫著火藥的氣味。如果你是用雙手握方向盤，你的手臂內側會紅腫發燙、摩擦燒傷。因爲你的頭不會撞到擋風玻璃，所以你的臉會先撞上像米其林寶寶的安全氣囊，然後你的頭會向後彈射撞上頭枕。接下來，你只能坐在那裡，等待一切塵埃落定，等待大腦恢復清醒——閉上眼睛會好受一點——等待一切停止運行。

我迎頭撞上了一個棕色皮膚、身高五尺、不會講英文的女人。

我知道她不會講英文，因爲等我坐在原地試著感覺自己有沒有哪裡斷掉或劇痛——我沒有，畢竟我已經用那瓶蘇格蘭威士忌把自己麻痺了——之後，我打開車門環顧四周，我的紅色豐田Corolla以奇怪的角度歪斜，車頭撞凹了，她的白色……我不確定什麼車，有點像舊款的美國汽車Gremlin……房車左側整個撞凹到擋風板，我的嘴裡有什麼金屬味暖暖的——我咬破舌頭了——我看到那個女人坐在護欄上哭泣，說著我聽不懂的話。她的頭髮比包圍著我們的夜還黑。她的額頭有一個高爾夫球大的腫塊，顯然她的車沒有安全氣囊。她的裙子是白色的，時不時飄盪翻滾如浪。

我迎頭撞上了一個棕色皮膚、身高五尺、有孕在身、不會講英文的女人。

我知道她腹中懷有小生命，因爲從她隆起的肚子看得出有孩子，大小看起來是六、七個月。當時，這件事並沒有讓我警覺什麼——如我剛所說，我當時只有醉鬼般的感知能力——但我確實感到腹部深處有一絲刺痛。我坐在她身邊，她開始抱著肚子哭。我問：「你會痛嗎？」她沒有看我，也沒有回答。生疏笨拙地，我用手臂環抱她的肩膀，不懂她爲什麼接受我那麼做。她搖晃著身體，激動平復不下。

我什麼感覺都沒有。眞的，如字面的意思。我感覺不到我的手、我的腳、我的臀，我感覺不到我的臉。

那個女人在她的裙子口袋裡摸索掏出手機。我以爲她也許想按九一一，但她沒有。我看得出她試著打一組電話號碼，給某個她認識的人，找人幫忙。我無法操作自己的手機，只看著它在我的手裡，看不到任何數字，想不起怎麼使用。它像一隻死老鼠窩著不動。我發現聞到微弱的尿味。

我不知道我們坐在那裡多久。車輛嗡嗡駛過的聲音安撫了我。過了一會兒，三輛警車和一輛救護車出現了。我記得警笛彼此較量著聲量，警察擋住我們所在的路段——南北向車道間的高架橋。我用雙手摀住耳朵。我記得紅、白、藍色的燈光在我們周圍閃爍形成漩渦，看似我們置身在水下的場景。

警察立刻把我們分開。她，他們帶她占用了那輛救護車。我，他們問我覺得還好嗎，我消沉地回以肯定答覆。他們派了一位護理人員來「檢查我一番」，但沒有人擔心我，因爲我走路、說話都沒問題，身上沒有瘀青、腫塊、割傷，除了手臂內側因爲安全氣囊爆開而灼痛，只有明顯可辨的特徵：爛醉如泥。眾人的情感全部投向那位孕婦和她未出世的孩子而去，除了我的；我的情感投向空洞虛無。

警察測試我的能力，因爲我喝了相當份量的酒，注定幾乎全過不了關，這時候我想起了我的母親？眞的，當警察要我閉上眼睛，嘗試用手指碰鼻子的時候，我竟然看到母親的臉。那張因爲喝酒而浮腫的臉籠罩著憂傷……不是母性的、聖母的哀傷，是你的喜悅年復一年被虹吸抽走留下的哀傷。

我有一張母親少女時的照片，是在她動腿部手術和臀部手術之間的時期。照片裡的她沒有裹軀部石膏，可能是在外婆因爲外公騷擾母親的姐姐而離婚後的幾年拍的。她看起來大約十三歲。各位一定不曾見過如此甜美的女孩的臉，但是，在她微傾的頭和低垂的目光裡透露著什麼，已經看得見她的憂傷。

我知道這麼說不像眞的，但從某些方面，我可以看到拿起伏特加就不放的那個女人；我可以看到那瓶安眠藥，那段錯得一塌糊塗而她終究離不開的婚姻；我可以看到孩子們像斷線的魚迅速游離的那個母親；我可以看到拯救了她的那場癌症，如她的姐姐在她離世前不久跟我說的：「在她寶貴的一生裡，她一直活在痛苦中，這種或那種。至少她現在可以安息了。」

壓抑的疼痛與憤怒會跑去身體的哪裡？女兒受過的傷如果放著不管會變成別的東西嗎？它會在肚子裡長不成小孩，像是情緒無處宣洩而結成一個有機團塊嗎？我們該把女人內在承受著憤怒的痛苦命名爲什麼？「母親」嗎？

我從她的臉上看不出她的孩子給了她快樂，雖然她在死前一週跟我那麼說過，而我看著她的乳白色身體萎縮到幾乎像小女孩的大小，心裡想著，怎麼會這樣？

警察把我上銬，叫我坐進他的警車後座，我欣然配合。在他的車裡，安穩平靜，聞起來有空氣清新劑和皮革的味道。我闔上雙眼，內心深沉幽僻的一陣刺痛，我感覺得到她的肚子裡有什麼。這實在教我無法承受，於是我睜開眼睛，看著警察在一塊小記事板上寫東西。

片刻之間，不帶任何情緒起伏地，我希望自己死了。就只是在我腦海中的一個念頭，沒有任何其他情感或想法，像我坐在警車後座一樣單純直白。接著，他載我離開現場到警局做呼氣測定。

在我頭顱底部靠近脊髓頂端的腦袋深處，喃喃自語著我不是故意的我不是故意的我不是故意的我不是故意的我不是故意的我不是，是嗎？

故意的？

那個夜晚延伸變長，就像你闖禍的時候一樣，一夜如一年。或者說，彷彿你一生的歲月突然坐在你的大腿上，像黏人的小孩嚎啕大哭著。你沒辦法一一照料它們，你甚至根本不想，你想把代表每一年的每個小孩丟在路邊就跑，聲明「我不是你們的母親。」

我的女嬰做完驗屍後，醫生在他的辦公室裡跟我說：「找不出她的明確死因。臍帶沒有纏住她的脖子，也檢查不出身體有任何問題。這是驗屍報告的副本。我很遺憾，有時就是會發生這種情況，原因不明。」我只是盯著他腦袋後面的白牆。他遞給我一張表格，鼓勵我參加專門的團體治療，協助家中有新生兒死亡的父母。

我走出他的辦公室，走進診所的盥洗室。我把褲子拉下來撒尿，就一直坐在那裡。然後我動手把他給我的白色表格撕成小紙片，吃掉，一邊無聲地哭泣。

我撞上了一個棕色皮膚、有孕在身、不會講英文的女人。她坐在髒污的銀色護欄上哭泣。我看著她的肩膀在顫抖，她把臉埋在雙手中，對著自己的手心說著我聽不懂的話。她抱著她的肚子搖晃、流淚。警察把我帶走的時候，我鬆了一口氣，幾乎想感謝他們——奇怪的救星。我在腦袋裡想著：「帶我離開這個女人，我不能接近她，我不能看她，我甚至不能接受她的存在。」一位悲傷哀慟的母親，這畫面足以讓我致命。

如何在母親死後愛她

我遇見我沒見過的母親，那時她的一條腿天生比另一條短六英寸。她的大腿外側有一道疤，在孩子眼睛高度的位置，從膝部向上延伸到臀部，猶如打過蠟的珍珠軌道。孩子的眼睛老是喜歡盯著什麼。早晨她更衣時，我會把臉貼得很近，感覺自己的眼睛在顫抖。

我遇見我沒見過的母親，那時我以剖腹產的方式誕生於世。胎兒不能從她歪斜的臀部和產道出來，否則頭骨會塌陷。他們進入她的體內劃開胎膜——隔在她的身體和我的身體之間的羊膜——我的眼睛已經睜開了。

我遇見我沒見過的母親，那時她還小，多年來以手術室和醫院爲家，裹在軀部石膏裡，身旁有成群惡毒的小朋友嘲笑揶揄，蹣跚踩著嵌有四英寸木塊的鞋子。

我遇見我沒見過的母親，那天父親靠近她的頭揮了一拳，擦過她的顴骨，在廚房的牆壁上開了一個洞，留在那兒好幾年。

我遇見我沒見過的母親，那天父親的母親當著她的面說：「我不知道你爲什麼要娶一個殘廢。」

我遇見我沒見過的母親，那時她告訴我，唯一好好愛過她的男人是個同性戀，而他：「貝兒啊，他因爲身體整個壞死而過世了。」那是在有人知道愛滋病是什麼之前。

我遇見我沒見過的母親，那天她跟我說她看得到不存在的東西，但它們眞的存在，例如深夜走過高速公路的軍隊、潛伏在金門大橋另一邊的海蛇、德州亞瑟港她家上空中的不明飛行物、斯坦森海灘我們家梨樹裡的瘋狂捲毛狗。我當時十二歲。

我遇見我沒見過的母親，那晚我必須把五十五歲的她留在密西西比州比洛克西賭場地板上的汙跡擦去。她臉上的皮膚像嬰兒的頭那麼柔軟滑嫩。

我遇見我沒見過的母親，那晚是我結婚前夕，三段婚姻裡的第一段婚姻。她轉身對我說：「我差點嫁給一個牛仔競技男，他的名字叫 J.T.。」隔天早上，在我的婚禮上，在科珀斯克里斯蒂的戶外海灘上，月經在更年期停經階段突然來搗亂——她流血了，一大塊紅斑如傷口在她身後綻開，好像她被人在屁股上開了一槍。

我遇見我沒見過的母親，在我們激烈狂暴的爭執之中——整個我的青春期和她的中年期，彼此的憤怒相互較勁，她未曾讓步倒顯得有種奇特的光榮，沒有誰輸誰贏，只有兩個女人的聲音像互拍的巴掌發出雷鳴般的聲響淹沒世界。

我遇見我沒見過的母親，在她的臀腿中，有伴隨她一生的痛苦。在手臂長的疤痕下方，有一塊用來當做骨頭的鋼板。她的身體一輩子都在受苦，在活著的每一個小時。

我遇見我沒見過的母親，那時她在獎學金的文件上簽名讓我自由。

我遇見我沒見過的母親，她會唱「我看見月亮，月亮看見我，月亮看見我想見的每個人。神保佑月亮，神保佑我，神保佑我想見的每個人。」她的聲音帶著我作夢。父親的重量減輕、消散。

我閉上眼，就能看見她。

我記得第一次看她游泳那天。她跟我一起到深水區，留下父親無能地站在及胸的水域。她的側泳多麼有力，臉上洋溢著歡喜。她的手臂多麼美麗，皮膚閃耀著白皙光澤。她的長距離滑行令人讚嘆。水呑沒了她現實中的痛苦、婚姻和殘缺的腿。

我的母親是我所認識最愛游泳的人。

她在水中宛如天鵝。

稅金的用途

埃內斯托
阿列侯
安琪兒
曼努埃爾
瑞克
里卡多
桑尼
雷布朗
佩卓
吉馬庫斯
莉狄亞

從這些名字注意到了什麼嗎？
其中有六個墨西哥人、一個義大利人、一個非裔美國人、一個牙買加人、一個脾氣暴烈不名譽退伍的白人海軍，還有我。多謝啦，加利福尼亞州。
這夥人，全都穿著螢光橘色背心，站在高速公路邊，用尾端有「夾子」的竿子撿拾各位的垃圾。這只不過是當週分派的工作之一，也是最簡單也最不丟臉的。我們這些人的犯罪紀錄如下：

非法入侵（無偷竊）
侵占
侵占
酒後駕車
家暴
酒後駕車
侵占
無駕照或行照駕駛
逃離犯罪現場及未能出示身分證明
公共場所醉酒及妨害風化暴露
還有個大個兒金髮女子
酒
後
駕
車

聖地亞哥是個柏油被晒得熱燙、無處不是防晒霜的世界，在這裡當馬路工人服刑，會讓你覺得自己置身在比原版《鐵窗喋血》[200]爛好幾倍的翻拍電影裡。晒成褐色皮膚的人們散發著魅力光彩——花錢換來的耀眼白齒笑容、花錢換來的漂白金色編髮、花錢換來的全身雷射除毛、花錢換來的各個身體部位——開車從你身邊經過，彷彿你是莫邪菊或夾竹桃——就是生存在高速公路縮減車道之間分隔島上的那些東西。當汽車駛過，你的頭髮會被吹爆，臉也只能任憑熱風吹掃。那些車輛穿梭聲音和表面的社交現象，整個足以把人逼瘋。

我們不是挑戰權威的保羅・紐曼。你把你撿的垃圾放進粗爛的塑膠袋裡，裝滿一袋後就綁起來放在路邊，然後繼續。你不能站在那兒不做事。如果你站在那兒不做事，凱爾警官會走過來把你好好訓一頓。如果你回嘴，很簡單，你就直接去蹲牢房。不過，你也會發展出……策略，就是盡可能緩慢地移動。有什麼好急的呢？反正只會有更多的垃圾，有無盡的垃圾，而你也是垃圾的一部分——你就是垃圾的活廣告。

不名譽退伍的瑞克眼神中透露出「誰跟我講話我就打爆誰」的訊息，除了他之外，我和我這些哥兒們慢慢打成了一片。你覺得怎麼可能，對嗎？一個胸部下垂的中年小資階級金髮女子，跟南加州的一幫不良分子打成一片？少來了。

曾經進出監獄多次的人嗅得出彼此相投的氣味。

男人在團體中會透過一系列有男性默契的行爲準則來互動——手和眼睛的動作、身體的姿勢、對話中多重含意的雙關語、輕微的挑釁，看不見的對戰和階級運作著。所以我很少說話，我從不化妝，我穿寬鬆的褲子，並且確保自己幹起勞力活不像個女人。幸好，我有游泳選手的肩膀和力氣。

第二週的時候，我一個人抬起一大塊鐵路枕木。我把它扛在肩膀上，即使我知道自己的脊椎骨像一疊小紙片一節一節被壓扁了，但我看起來夠猛、夠殺，像個……怎麼講來著？「靠得住的傢伙」。

我一輩子沒有不被當個女人對待過。我記得曾跟某位同事提起——她是少數知道我白天和我那野人在外頭勞動的人之一，晚上我則變身爲風光的客座作家，指導萌芽中的年輕藝術碩士如何把他們的文字變得更精彩——而她說：「他們會對你說下流的話嗎？他們不會在你附近或對你做什麼……你知道，奇怪的事嗎？你不怕跟那些人相處嗎？」我只是盯著她看，試著想像她所想像的：一堆大多是少數族裔的男性微罪犯——那些人——和一個……怎麼樣的金髮女子？她以爲我是怎樣的人呢？她教世界文學，開BMW。

我是誰，我是個英文超級優秀的罪犯。吉馬庫斯問我靠什麼討生活那天，我告訴他我在聖地牙哥州立大學教英文，他大笑起來。

「嘿，兄弟們，聽我說，我們這兒有個教授呢！」某天我們正在刮除郡選舉辦公室牆上的髒東西，他向大家宣布了這個訊息。

一陣笑聲緩慢傳過其他人的胸膛，笑容緊接在後。他們的笑容跟你見過的完全不一樣，黝黑的皮膚會整個打開來。他們拍我的背或把手放在我的肩膀上搖頭，笑到停不下來。他們大笑的方式不知怎麼讓人感覺很好。「這位姊妹，可是你卻在這裡跟我們混？」吉馬庫斯說，搖晃著他整頭的髒辮。之後，他們都開始叫我「博士」。你知道他們想要什麼嗎？他們要我教他們如何像其他人一樣說話。他們想要學更多英文。

在馬路上工作，我的雙手因爲用鈍掉的修枝大剪對付海洋世界附近的海草而起水泡，嚴重到我無法用手拿起一杯咖啡。

200. *Cool Hand Luke*，1967年美國劇情片，史都華・羅森博格執導，唐・皮爾斯一九六五年同名小說改編，故事背景設定在四〇年代，主角是拒絕向強權和體制屈服的佛州監獄犯盧克，由保羅・紐曼飾演。

在馬路上工作，如果有吃重的搬運工作，我脊椎側彎痙攣的背部會很痛，嚴重到每天晚上我回到家就衝去泡澡，然後躺在浴缸裡哭。

在馬路上工作，我們噴洗清除塗鴉，再刷上灰色油漆。我們鋪柏油。我們把危樓的水泥塊、木頭和玻璃搬走。瑞克有一次割到他的手臂，在牆上打了一個洞。他因此被多罰勞動幾天。我猜瑞克也參加了憤怒管理班。

我們的工作大多是在清理世界，好讓人們假裝這個世界不骯髒、不混亂、不失控，不是一團跟世界一樣大的堆肥。

有一次，我們去清理日間開放區域公園裡的廁所。如果你沒有從馬桶裡拉出衛生棉條、針頭、保險套和菸頭的經驗，那你可白活了。戴著黃色塑膠手套也沒辦法讓我們覺得比較好一點。

我跟埃內斯托最親近。埃內斯托會彈古典吉他。我沒聽過或見過，但是我看過他描述時彈空氣吉他。我會在休息和午餐時問他，他用西班牙式的英語跟我解說——我不需要語言也能懂他談音樂時的樣子多好看，還有他的手。過了一段時間，他開始要求我翻譯東西，一次一個字。「莉狄亞博士，metere en líos 的英文是什麼？un llamamiento a la compassion 的英文是什麼？」To get into trouble，惹上麻煩。To call for compassion，懇求同情。

我們在那幾週裡都在勞動，我們一起流汗。從那以後，我一直找不到「我們」一詞跟上述那些句子裡的指涉含意相同的用法，實在沒有適當的翻譯。

馬路工作進入第八週的時候，我們在巴爾博亞公園附近的一座天橋下分組行動。那裡的樹木和灌木叢長得濃密而茂盛，我們樂得有樹蔭遮陽。附近有什麼聞起來像水的東西，可能是巴爾博亞公園先進高級的灑水系統，讓園區保持鮮綠、明亮，適合遊客造訪遊憩。

我、吉馬庫斯、胖胖的義大利人桑尼和埃內斯托用棒子戳著垃圾。吉瑪庫斯喊了聲「嘿，兄弟」，指著灌木叢中的一條小路。我們跟著他走。凱爾警官把我們丟在停車場後，吉瑪庫斯會分大家菸抽，讓我們在每天工作結束時開心一下。直到今天，我還是不知道那些菸裡摻了什麼。我們會跟著他走，就是因爲在一天結束之後，他會讓我們放鬆。

於是，我們沿著那條狹窄的小路走著，吉瑪庫斯突然停下腳步，所以埃內斯托停下來，我也停下來，走在最後面的胖桑尼稍微撞上我。在我們面前，極其安詳平靜地，有一個臭遊民在睡覺。

我想有些人會這樣叫他，對吧？

我不確定怎麼翻譯才恰當，但我猜有些人會叫他臭遊民，因爲他的外表，或他的味道。我們這位臭遊民留著灰熊亞當斯[201]風格的大鬍子。他的頭髮骯髒蓬亂——裡面也許有臭蟲，說不定還有更糟糕的東西。他的皮膚泛紅，滿是麻子坑疤，因爲喝酒而浮腫。他的鼻部形成了月蝕景觀。他聞起來像帶有甜蘋果汁酸騷味的尿放了一週那種味道，足以刺激你的鼻腔到眼睛流淚的地步。我推測他身高大約五呎八吋，體重大概二百一十磅。他的腹部鼓脹發臭。

但是，我們這個臭遊民最醒目驚人、讓桑尼幾乎當場吐出來的地方，是他的褲子下拉到腳踝而暴露在外的生殖器腫脹得誇張——我的意思是，眞的是碩大無比，像是……象人[202]那種碩大畸形。他的睪丸大如紫色槌球，他的陰莖有點像某種脫逃的爬蟲，而主秀呢？法文說的 **pièce de résistance**，是一大坨人屎，在距離他一吋半左右的地方。他面帶微笑熟睡著，還打呼。桑尼開始乾嘔。

201. *Grizzly Adams*，指美國一九七四年電影*The Life and Times of Grizzly Adams*，由一九七二年查爾斯．塞立所著的同名小說改編，劇中男主角留著蓬亂的絡腮鬍。

202. elephant man，約瑟夫．凱里．梅里克（Joseph Carey Merrick, 1862－1890），英國人，頭部和身體有如象皮般的不正常增生，當時被推測是因為他母親懷孕時被大象驚嚇所致，後來以「象人」之名在畸形秀巡演謀生，研究推測他是患有神經纖維瘤病及普洛提斯症候群的遺傳疾病。

吉馬庫斯啐了一聲「幹你媽的」，埃內斯托大笑，桑尼就像你要吐了那樣彎下腰，我說：「噓噓噓！！你們要把他吵醒了！」於是我們往後退，像小孩子看到什麼不該看的東西。那個臭遊民呢？他自在安穩地睡得像個嬰孩或小狗。

我們跟小組會合的時候，沒人提起半點關於我們那位臭遊民的事。瑞克他那緊繃小腦袋裡的某根彈簧可能會斷掉，然後痛扁我們那位臭遊民一頓。而且，聽著，我們絕不可能跟修臉修到臉上無毛的凱爾警官說，他會逮捕我們那位臭遊民。我們已經知道被逮捕是什麼感覺，經驗豐富。我們也已經知道搞砸了是什麼感覺，還有喝到掛、臭到惹人厭、活到不想活、昏到臉貼在人行道上醒來的感覺，還有用了一些字卻發現句子倒頭背叛了自己的感覺，在電視上聽到警察掃蕩就要在旅館躲上一週的感覺，沒人理解的感覺，逐漸消逝的感覺——過著雙面生活的感覺。也許我們並不知道生殖器腫脹得像德州那麼大是什麼感覺，但是，在隱喻的層次上——身體某個部位不受控，你的某個部分不正常——我們多多少少都是這樣。

所以，我們就讓他留在那裡，在某種平靜安祥中，在他自己的屎堆旁。

臭遊民，葡萄牙文叫 vagabundo。

在我服刑的最後一週，我們必須拔除一條柏油大馬路旁的雜草。這條路通往山丘上某類豪華先進的什麼設施場所，位在一個充滿白人與墨西哥或菲律賓家傭的富裕社區。成列排在寬闊車道兩旁的「樹」很小，所以你唯一能獲得遮蔭的地方只有部分的臉或單邊的肩膀。我們在頭兩個小時裡就喝光了黃色大塑膠桶裡的水——我猜那天應該有華氏九八度左右——那些紙杯眞是該死地小。

到了最後一週，我的身體已經習慣了勞動。我不再長水泡，我的手腕不會痛，而且我囤了很多維可汀[203]，所以我的背感覺跟其他人無異。我在太陽下不會頭暈，我在午餐紙袋裡帶了足夠的食物，我抽吉馬庫斯的香菸，我跟埃內斯托在休息時間練英文。我不算不開心。我的膚色晒得很美。

但實際上，我有家可回，回到我舒適的小資階級生活，而他們之中有一半要回牢房。埃內斯托在第九週中途消失了。至於我說的「我們」呢？嗯，那畢竟只是文字。

我們在山頂上休息。一棵巨大的多利松樹展開如傘的樹蔭遮蔽著我們，讓我們得以感覺微風送爽。我們喝水，吃著棕色紙袋裝的可憐午餐。我想像埃內斯托彈著吉他，但我猜他沒在彈。

那一天，我也感覺到這一切已經結束了。這只是一場我和這些永遠不會再見的男人們一起經歷的小事件。這點在某方面讓我有種無法平復的傷感，但是當然我也因爲自己即將服刑「期滿」而興奮開心。我閉上眼睛，喝著玻璃瓶裝的可口可樂。這一切多麼單純。我希望埃內斯托也在這裡，一起喝著可口可樂。我睜開眼睛，凝視自己的手，它們好不像墨西哥人的手。我的手，看起來實在……很笨。

然後，我抬頭往山上看，看到我們剛才向上開拓通往的那座設施場所，有一座水泥和木頭製作的巨大招牌。

「喜瑞都奧林匹克游泳健身中心」。

我十四歲的時候曾在這裡參加比賽，在百米蛙式的項目奪牌。有時候，我覺得過去的我，已歷盡風塵。

203. Vicodin，含有氫可酮和對乙醯氨基酚的鴉片類麻醉性鎮痛藥。

改變信仰

我一直在想，也許需要療癒的天主教徒們轉而投向電影尋求救贖了。我最近做了一個非正式的民意調查，結果顯示很多原本是天主教徒的人似乎常常被電影感動，規模越壯闊，歷程越艱辛，就越精彩好看。我們仍然非常喜歡坐在黑暗中——如果誰消滅了電影院，你將會看到一群失落的天主教徒在大街上四處遊蕩，尋找一個黑暗的盒子坐進去裡面，好讓自己經驗宣洩滌淨的過程⋯⋯

角色登場：明戈，舞臺左側登場。

安迪．明戈坐在一輛超屌的鈴木 Trooper 悍馬車裡。撞車事件後，我在聖地牙哥州立大學指導論文的其中一位藝術創作碩士生像個電影明星走入我的生命，提議借我一輛他的車。我和他在聖地牙哥相遇，當時的我是個無法避免一定會把車撞毀的女人。

我第一次見到安迪其實是在我到聖地牙哥州立大學求職面試的時候。他差點害我搞砸了——坐在那裡的他有點神似馬龍．白蘭度[204]。我在臺上卯足全力讓自己聽起來聰明睿智、言之有物，像個大學該僱用的人那樣大談後現代主義，而他用豐厚的雙脣和熱切的凝視吸引我的注意——等等，他的鼻子上方是不是凹了一小塊，像電影《岸上風雲》裡的角色那樣？我向上帝發誓，「我本來可以是個競爭者」這句臺詞在那一刻鑽進了我的額葉。我清楚記得自己心想：「哇喔，這個男人會是個麻煩。」

到了演講的問答時間，安迪．明戈舉手問：「請問，根據您的教學理念，創意寫作的研究生應該讀什麼書？」全體研究生傾身朝向我。

我說：「什麼都讀。他們應該閱讀所有手邊能取得的東西，喜歡的，討厭的，全部都讀。你不會跳進一個沒水的游泳池，對吧？文學是媒介，你必須泅泳於其中。」

他把雙臂交叉在胸前，瞪了我一眼，一臉不爽。顯然這不是他想聽到的答案。

當下我想著，他媽的明戈，你寫過幾本書啊？你這個高大性感的傢伙有閱讀障礙嗎？去你的。

奇蹟發生，我得到了這份工作。

我每天在研究生寫作工作坊裡看到安迪，他總是盯著我看，我覺得自己的頭骨要被他強烈的目光劈開了，又或許是我內在的什麼。

那通來自巴黎的麻煩電話導致我那場嘔心瀝血的酒後駕車事件之後，安迪閒晃走進我的辦公室，交給我一份小說手稿——是篇佳作——然後他提議借我一輛他的車。我的車被拖吊了，就像我的生活。

我借了他的車。

我開著他的車，可以聞到他的味道並感覺到他的存在：在座椅和方向盤上，在我找到他聽的卡式錄音帶的椅間置物盒裡——巴布．狄倫[205]、怪人合唱團[206]、超優樂團[207]——在我發現打火機和捲紙

204. Marlon Brando（1924 - 2004），美國電影男演員，第二十七屆和第四十五屆的奧斯卡影帝，代表作有《慾望街車》、《岸上風雲》、《教父》、《現代啟示錄》等。

205. Bob Dylan（1941 - ），原名Robert Allen Zimmerman，美國猶太創作歌手、藝術家和作家，六〇年代初期以反抗民謠成名，被當作民權運動及反戰運動的聖歌，一九六五年以單曲“Like a Rolling Stone”轉型跨入流行搖滾樂還曾遭批評，二〇一六年獲得諾貝爾文學獎，表彰其為美國歌曲傳統帶來的詩意表達。

206. The Cure，英國另類龐克搖滾樂團，一九七六年於英格蘭西薩塞克斯郡成軍，風格陰鬱黑暗，後來轉趨流行，名曲如“Just Like Heaven”、“Lovesong”、“Friday I'm in Love”，二〇一六年入選搖滾名人堂。

207. Sublime，美國斯卡龐克（Ska punk）樂團，一九八八年於加州長灘成軍，將搖滾樂融合雷鬼、嘻哈元素，名曲如“What I Got”、“Senteria”、“Wrong Way”，一九九六年主唱Brad Nowell因海洛因過量逝於舊金山飯店。

的手套箱中，在他顯然努力吸塵清潔過的汽車地板上。引擎火燙運轉著。

爲人師表如我，我喜歡在辦公室之外的任何地方跟研究生見面討論他們的寫作。我不相信制度權威，所以我讓研究生選擇我們會面的地方——隨他們指定自己感覺自在的地方——我會去那裡跟他們討論寫作。跟安迪會面的地方是一家地中海風格的咖啡廳，位置偏僻，有個室外區域，讓我們可以坐在九重葛和橙花下談論寫作。

寫這個句子快讓我笑死了。我們當天的談話很快變得與寫作無關。男性慾望眞是會把女孩害慘。

我們都戴著太陽眼鏡，雙方都沒摘下來——我把這一回合算平手。我們都刻薄嘲笑了幾句，雙方都沒有退縮。我們都要低級雙關語影射性愛，甚至影射死亡。我問他小說中取材義大利的部分，他開始敘述他的人生故事，所以我也跟他透露一些我的做爲回應。

安迪在雷諾長大。出自他口中的，嗯，是個內容豐富的背景故事。

「我的母親是單親媽媽。她教數學。我一直很討厭數學。我成長的過程中有一連串父親的替身……一些男人，叫『皮奇』之類的。」

我回應說：「我的母親是個病態性說謊的酒鬼。從另一方面來說，她是個很會說故事的人。」

「我十九歲的時候當過保羅．瑞佛[208] Kicks 夜總會的保鏢。」

「保羅瑞佛和奇襲者樂團？」我問道，心裡想著我十九歲混蒙特地下室的時光。

「一樣，」他說。

「我跟凱西．艾可一起游過泳，」我說，頗費心機想讓他對我刮目相看。

「凱西．艾可是誰？」

零分。我幹嘛扯這個？

「我父親在中央情報局工作，他在我三歲時死於心臟病，嗯，至少官方說法是這樣。他當時三十三歲，所以，誰知道呢。」

這招厲害了。我不得不停下來假裝喝我的拿鐵咖啡。「三十三歲，跟耶穌一樣。」我不知道我爲什麼要講這個。天曉得我幹嘛提耶穌啊？笨蛋。

然後我說：「我的父親……我的父親……」

「你的父親怎麼了？」他問。

「我的父親有傷害虐待傾向。」

「喔，」他說。「我很遺憾，」他說。「他做了什麼？」

說，還是不說。我爲什麼要這麼快碰觸自己傷口的核心呢？剛剛發生了什麼事？

「性方面的」，我只擠得出這幾個字，然後希望自己是灌木叢或餐具的一部分。笨蛋笨蛋笨蛋笨蛋，你乾脆把自己像上鉤的虹鱒剖開肚子把內臟全掏出來灑在桌上算了，白痴。

「那眞是糟透了，」他說，接著說：「我希望他遭受什麼下場悲慘的報應了？」

正確答案。我笑了，笑得有點用力。「算有吧，」我說。我們就這樣跨過我方才擺在兩人之間的血塊。

「那眞是太好了，」他說。

我們從喝拿鐵換成喝葡萄酒。

讓我印象深刻的不只是他的男人味，還有他的故事。他逃離雷諾後，搬到西班牙的聖塞巴斯

208. 本名Paul Revere Dick（1938 - 2014），於一九五八年組成保羅瑞佛和奇襲者樂團，名曲如"Just Like Me"、"Kicks"、"Good Thing"。

蒂安住了一小段時間，在那裡目睹了一連串與埃塔[209]有關的事件——「埃塔」是武裝的巴斯克民族主義暨分離主義組織。後來他在義大利生活，在那裡訓練一支不太出色的義裔美國人足球隊，跟幾個叫毛羅．沙薩利戈、烏果．斯培拉和吉亞科莫．皮雷杜的人一起。他採訪過地球解放陣線[210]的成員，他當過網路海盜劫持比爾．蓋茨的 Microsoft.edu 網站，他回到美國——確切來說是西北美——想當個作家。然後，他說了一件不可思議的事。

「我在義大利看到肯．克西要在奧勒岡大學授課的消息，就申請了該校的創意寫作學程而且通過了。我們搬到尤金，可是克西的工作坊已經開課了，不過我認識了一些很酷的寫作老師。」

「你說眞的？」我說，不會吧？我有點興奮，但裝出一副輕鬆沒事的樣子。這是我讓他留下深刻印象的開場。嗯哼，「你知道嗎？我有加入克西那個一年期的工作坊。有意思，呵呵。」

「是的，」他說：「我知道，我想我後來在創意寫作系所的大廳看過你。你那時候是不是把半邊的頭剃光了？」

「什麼？」我肯定需要更多葡萄酒。

「那時候你是不是……頭上做了很特別造型？」他盯著我的頭髮看。

嗚呼！這樣的機率有多少？「嗯，是的。沒錯，我當時是那樣。」我一口飲盡剩下的梅洛葡萄酒。

「如果你不介意，我想問，爲什麼你要把頭弄成那樣子？」

「你很會喔，」我笑著說。

「不，我不是故意讓自己聽起來像個混蛋，你的頭髮很漂亮。只是，那個造型看起來有點……」

「猛？」我幫他接話。

「猛，」他同意。

我爲什麼那麼做？我是爲什麼？我的腦袋一片空白，然後這番話有點自然而然從我的嘴裡冒出來：「我想我那麼做是因爲我當時很痛苦。我想我想要在外表標記這份傷痛。我猜我想要變成別人，可是我還不知道要變成誰。」聽起來幾乎像覺醒自白。

「原來如此，」他說：「那你現在是誰呢？」

該死的傢伙，這個人就直接殺過來沒在客氣的。他這個年紀的男人不應該都是膚淺、遲鈍的自大狂嗎？於是我說：「我是你的老師。」我們大笑起來。那種笑暴露出一道斷層線裂口，寬到可以讓 U-haul 租車搬家公司的貨車通行。

然後，狀況越來越失控——我無法停止看他嘴脣的動作，也無法關掉爬上我脊椎的電流，然後表面上的這層師生關係再也不可能維持下去了。他摘下太陽眼鏡一會兒，我也摘下我的，我發誓，他用馬龍·白蘭度在《慾望街車》裡的壞男人眼神對我施展魅術。儘管如此，我還是盡了專業人士的本分給了他一些關於他作品的寫作建議，然後示意他可以告退了——但是他已經抓到我的弱點。

「嗯，莉狄亞博士？需要開車送你回家嗎？」

我知道各位不習慣女人這麼說話，但我當下就想要他一路往下進到我裡面，把我整個吃乾抹淨。

209. ETA，巴斯克語Euskadi ta Askatasuna「巴斯克祖國和自由」縮寫，是西班牙和法國交界處巴斯克地區的一個分離主義恐怖組織，成立於一九五八年。自一九六八年以來，埃塔的恐怖活動造成超過八百人喪生、數千人受傷，直至二〇一八年宣布解散。

210. Earth Liberation Front，一九九二年在英國成立，創辦者及組織成員不明，企圖運用經濟破壞活動和游擊戰來阻止剝削與環境破壞。

狂喜狀態

我們的第一次「約會」，安迪說他想跟我一起去游泳。他讀了我的故事，從中得知所有我身爲泳者的那一面，顯然他那天回家後當晚做了一番調查，也做過一些打聽。現在回頭看，那眞是勇敢的一步，因爲他游泳游得不好。他在其他方面很擅長，但游泳不是其一，所以那肯定得鼓起不少男人的勇氣。而且他對氯輕微過敏，如果在含氯的水中泡太久，會流鼻水流個不停。儘管如此，他還是邀我跟他一起游泳。從來沒有人這麼做。

從來沒有。

於是，我們游泳了，在一座基督教青年會游泳池，在我位於大洋灘的單房租屋處附近，距離海岸一個街區。他在泳池裡用全力跟水拚搏。他身高六呎三吋，壯得像一棵樹。他的身體注定適合陸地，但是他跟我一起游了一趟又一趟。

我贏了他十幾圈，他還是繼續游。他的鼻子流著水，但他還是陪我待在水裡。當我終於停下來，他直直凝視我的眼睛，我們之間瀰漫著氯氣的味道。他的眼睛充滿血絲，因爲他不願戴泳鏡。他的存在感比我一生中的任何人都來得眞切。他微笑，鼻涕流到他的嘴。我也報以微笑，胸口一陣恐懼，在泳池裡沒辦法點一杯高球雞尾酒來鎮定情緒。

第二次約會，他帶我到大洋灘健身房一個像牆壁老鼠洞的地方。他在那裡打重型沙袋，練我沒見過的綜合武術，讓我差點興奮到弄溼牛仔褲昏倒。我知道，我不夠進步，不夠像個女性主義者暨博士暨大學教授。我只是隨口說說。你可以把我綁起來用擔架抬出去。

他幫我纏手綁帶，纏了一圈又一圈，套上紅色拳擊手套，帶我到一個小得可憐的沙包前，跟我示範怎麼打它。那裡的一切充滿男人、汗水、皮革、襪子的味道。我是那裡唯一的女人，而且既不年輕也不火辣。我三十八歲，他二十八歲，而且從外表就看得出來。但是我舉起拳頭，爲了他。爲了他，我認眞嘗試挑戰。狀況還算可以，但是大部分的時候我打得像個女孩子。不是因爲我打不出更有力的拳——畢竟我以前是運動選手——而是因爲我整個完全愚蠢扭捏到不行。一個中年女人跟一個性感猛男的組合，在大洋灘健身房裡。

有一次，爲了教我把我的刺拳打好，他把我兩手的拳套放在我的臉部前方。我不知道我該保護自己的臉，只是專注而痴迷地看他，希望自己看起來至少還有一絲性感。所以，當他用刺拳打我的紅色小掌心，結果怎麼著？我猛力打到我了自己。我的眼睛泛淚，鼻子有點麻，但是我仍留在原地。接下來，我打沙袋的力道越來越重了，而當我用全力打出去的時候？感覺很爽。嗯，眞的很爽。我打著沙袋，打了又打。我打著沙袋，像在打自己的過去。後來他去打室外的重型沙袋，把它從金屬鏈上打落了下來。

好，就這樣。你知道有插圖的印度慾經[211]那些書嗎？這裡提供各位一個簡短的流程概要：刺激慾望、各種擁抱愛撫與親吻、用指甲留下抓痕、用牙齒咬並留下咬痕、交配（姿勢）、用手掌摑打並發出呻吟回應、女性的雄性行爲、上乘的性交與口交、前戲與性愛遊戲的收尾。哦，對了，它還描繪了六十四種性行爲（共十章）。

他家樓上有一間鋪了地毯的小閣樓房間，有他，有我，有一瓶酒，有大麻，沒有衣服。我不知道鄰居們當晚聽到了什麼，但我可以告訴各位，那必定是他們平凡日常晚間電視時光裡的驚人插曲。這一

211. *Kama Sutra*，古印度關於愛慾的梵文經典書籍，據傳由哲學家伐蹉衍那（Vtsyyana）所著，時期不可考，約在一世紀和六世紀之間，一八八三年被譯為英文傳到西方，成為後來普遍流傳的版本。

夜彷彿千夜，他的嘴在我的嘴上我的嘴在他的屌上他的手指在我的溼處裡在我的屁股裡我的手指在他的屁股裡環繞著他的抽動我的腿在他的肩上我的腳在我的頭上然後側躺像剪刀那樣然後我四肢著地然後他在下面我騎他騎他然後他展現雄風把我舉起我的背貼著他的胸腹我仰躺在他上面他的手弄我的奶子他的手弄我的陰蒂我的背拱起他的屌頂到我的深處我的脊椎鬆動我的雙腿顫抖我尖叫又尖叫我咬他的脖子我在他的身上留下抓痕我的身體下壓撞擊他我把床溼成一片海洋。我們像戀人共眠結束。

然後從頭再來一次。

無止境的浪潮。

我不知道我的思緒跑到哪兒去了。我只知道自己有生以來第一次澈底感覺到身體的存在，而且天天如此。我們沒有什麼不做，我在顫抖的愉悅中感受著每一分每一秒。我那愚蠢的人生腫瘤逐漸萎縮了。

有一個晚上，他在地板上鋪了一條毯子，叫我等一下。他回來的時候，變成一個比我年輕十歲的俊美男子，背著一把大提琴。

「天哪，」我說：「你會拉大提琴？」

他演奏了巴哈，第六號無伴奏大提琴組曲。

我哭了。這可能是我寫過最可憐的句子。我哭了，因爲他肉體的力量流入拉弦的手指化爲溫柔。我哭了，因爲他出拳的猛勁消融變成掌控音符的顫動。我哭了，因爲他男人的那部分——他的體型與我的父親相似——兼具肌肉的暴力與藝術的驅力——在如此美麗境界的極點交會，那是巴哈的音樂。但是，我哭了，最主要是因爲我能有感覺，全身都有感覺，彷彿我的皮膚突然長出神經末梢和突觸放電，還有……脈搏在跳動。

在我生日那天，他買了貝瑞塔九釐米 FS 手槍送我，然後帶我去沙漠射擊。這是我人生中第一次體驗到「暢快」的感覺。射擊，我喜歡。我喜歡後座力往上傳到我的手臂和肩膀，我喜歡那個聲音能夠淹沒思緒，我喜歡瞄準目標——什麼都可以。我不斷開槍射擊。

安迪．明戈走進了我的生命。在那段時期，我會在工作場所或雜貨店或海灘或酒吧或派對中走來走去，想拉住誰的襯衫，說：「嗯，我需要談談男人。原來，我錯了？男人有什麼東西……我沒辦法明確指出來，但他們有什麼可以說是……不可或缺的。這點不就打敗一切了嗎？」或者我會上課上到一半或食物嚼到一半或游泳游到一半，想著：「嘿，來人啊，我想聲明我感覺到什麼了。我感覺有點像我的心破掉了，像是裂開了。我需要就醫嗎？有藥可醫嗎？我該怎麼辦呢？」或者我會做愛做到一半——跟這個……這個……來自另一個星球的男性生物在愛潮中翻雲覆雨的時候——思考：「我眞的、眞的非常需要再拿一個學位，好好了解這種相互尊重、同情相惜、身心靈皆飢渴的狀態。一個博士學位不夠用，我受的教育明顯不足。我可以跟主管的人談談嗎？」

我已經不想做的是哪件事？我不想再喝到麻痺失魂。那可能是唯一我從此不再牽掛的刺激。

這就是爲什麼我說我搞不懂上帝。我所摯愛的書籍、音樂、藝術與美的一切特質，都在我遇見的這個男人身上回溯再現——這個又打沙包又拉大提琴的男人。

從那之後，我們開始安排在城裡到處幽會，飢渴又瘋狂。

我提過他已婚嗎？

是的。嗯。你指望什麼呢？我畢竟還是我。

我們在聖地亞哥幾座碼頭盡頭的長椅碰面，他在其中一座碼頭的盡頭用手讓我高潮，伴隨著遊客、海鷗和漁民在我們身後穿梭。我們在海灘上碰面，海浪拍岸，日落懸崖，當我達到高潮、如海妖唱起歌來，懸崖陰影下的一群嬉皮還放下他們的大麻煙、起立爲我鼓掌。我們在酒吧碰面，挨著對方坐在紅色皮凳上，膝蓋、肩膀和嘴緊貼在一起，力道猛到我隔天早上會發現瘀青。我用這份工作的優渥薪水爲我們安排週末跟有錢人一樣回波特蘭或舊金山開房間，叫客房服務、看色情頻道、滾被我們反覆玷汙的三百針床單。他說：「愛情有時就是會搞得一團亂。」

眞的，他那位幾乎徒有名而無分的妻子曾開著她的橘白色福特 Bronco 追逐我。雖然我們的外遇戀情有如史詩壯烈又俗辣下賤——這是敘事與激情的共通點——但是，我們的戀愛故事並不是唯一的故事。

在這個故事底下還有一個故事。

除了借我他的車，他還開始每晚開車送我往返參加共產作風的酒駕矯治課程，整整八週。他會在車子地板放一瓶葡萄酒或伏特加來接我。你知道，有點像善良又狡猾的最佳好友會幹的事。

他也開車送我往返服行累死人的道路勞動，整整八週。他在我抬不起手臂的時候爲我煮義大利麵。他跟我一起出席強制參加的戒酒無名會聚會，陪坐度過十二步驟，穿著他的黑色皮夾克，從頭到尾點頭微笑，直到我們回到家。我會暴怒痛罵上帝和父輩和男性權威，而他會說關於耶穌和猴子的笑話來消解我的怒氣。

他把我經歷的事件——這場酒駕事故——孩子胎死腹中——幾段失敗婚姻——酒癮治療勒戒——我鎖骨上的小傷疤——我的伏特加——我傷痕累累的過去和身體——當作一本書的各個篇章來處理，而他想捧在手裡讀完它。

但是，這這個故事之下還有一個更深層的故事。在他搬出妻子的房子、搬進我位於大洋灘距離日落懸崖一個街區的單房海濱小屋之後，在他修完藝術創作碩士、我提交離婚文件、他提交離婚文件之後，在我不得不走進英文系系主任辦公室扯連篇謊話、因爲他的妻子進去洩漏了我們的姦情之後，在我們倆都鼓起勇氣大聲說出「L」開頭的那個字之後，發生了比極致的性愛更美好的事——我從來沒想到事情有可能這樣發展。

夜裡，海洋的聲音，在我的海濱小屋裡，在沙發上，兩人手中是蘇格蘭威士忌。迷惑之星[212]放了一整夜、一整夜、一整夜。我們欣賞著他那本印度愛經的書，他也跟我解說《西藏生死書》——性與死，好個全壘打。

他把手放在我的心上，我能感覺到他皮膚的溫度潛入我的源井。他深深凝視我的眼睛，讓我呼吸不過來。光是那樣，就讓我忍不住開始顫抖。然後，他說……他已經從我這裡知道我經歷過什麼，但他說，沒來由地：「我想跟你生孩子。」

。

？

。

好，各位可以想像我努力嘗試了各種辦法說「不要」。我想拿起電話投訴：「喂，您好，您是人類嗎？您可以幫我轉接恐怖關係部門嗎？我有話要說。我這邊有個關於男人的狀況，嗯，保佑他的心，這個男人搞錯了。他顯然把我誤認成別人了，他需要重新連線到不同的區碼、不同的地址、不同的女人。請問有專線電話號碼可以打嗎？我知道，這很瘋狂，但是他認為他想要一個家庭！是的，跟我一起。瘋了，對吧？那麼，您可以給我電話號碼找人把他安置到別的地方嗎？他可能需要處方藥。我還可以拖住他一陣子，但麻煩您把他帶走。」

他用什麼論點反駁我所有慌張失措的抵抗呢？就一句話。一句話，就足以駁倒我那團破敗混亂的爛人生。

「我可以在你身上看到母親的那一面。你的故事還能延伸發展，超乎你自以為的限度。」

212. Mazzy Star，美國迷幻民謠搖滾樂團，一九八九年由吉他手David Roback、主唱Hope Sandoval於聖塔莫尼卡組成，風格慵懶、空靈而夢幻，名曲如"Fade into You"。

紅字

整整六個月，在我被聖地牙哥大學解除客座作家職務之前，我的肚子持續長大。幸福是什麼模樣？聽我說，幸福在我這種人身上看起來就是不一樣。

我的肚子持續長大，在英文系各個大廳禮堂裡，在同事跟我談文化研究或性別研究或婦女研究但盡量不看或不管我的滔天大奶和圓滾大肚的時候。後來他們索性不跟我講話了，只在擦身而過時點點頭或微微笑，好像你只是一頭會哞哞叫的母牛。

我的肚子持續長大，在系主席簽文件聲明我永遠不能再在那裡工作的時候，而且我也得簽。我簽名時不看那份文件，而是直視她那雙他媽的眼睛。「老查某，」我心想。她咳了一下。

我的肚子持續長大，在我教的每一堂課上，大學生們偷笑、互推手肘，然後像美麗的小革命分子變得莫名忠心地譴責那個該負責的男人。我的肚子持續長大，在我每週教的研究生小說寫作專題討論中。我會凝視每個學生直到他們露出微笑，而不論他們怎麼評判我，我還是會幫忙把他們繽紛的文字織成華麗的掛毯；在我毫無愧色的光輝面前，他們無法忍受自己的輕蔑。

我的肚子持續長大，大到我的衣服穿不下，大到我的浴缸裝不下，大到超出我的床鋪，大到超出我的房屋，超出過去的我和她所有相形失色的戲劇性經歷。越長越大，我的肚子持續長大。

每個夜晚，安迪把他的手放在我隆起的肚子上，對這個小魚兒男孩說悄悄話——這個小生命並不聽從任何敘事，兀自成長著。這個躲在我體液裡的甜蜜生命，是我能給予世界勝過一切的美好。然後安迪會吸吮我的乳房，我們做的愛越加升級，隨著我的身軀變本加厲。我們之間的愛打破規則、踰越法律，我們的肉體夜夜創作如讚歌的故事，意義超越了我們的出身。我的肚子長得越大，我們的愛做得越多。

第八個月，我開始以一種我前所未知的驕傲挺著我的彌天大罪——那是一種不符合各位故事版本中的孕母類型的驕傲。如果我散發著光輝，那是在床上翻雲覆雨造成的潮熱與紅暈，可見於另類某些懷有生命而膨脹的女人。我們的肉體創造了印度古書沒有描繪的做愛姿勢。如果我看起來有母性，那是迦梨女神[213]的母性鬼臉與火焰——話說，我想到我以前有一條人頭項鍊。我會大剌剌擠進站滿了同事的電梯，無視於他們一臉睥睨的神情。我會在腦中想著：「我就是你們教的文學中的女人，但這次可別以爲我會默不作聲。這次我就是要大聲嚷嚷。我比你們偉大，我一點都不覺得慚愧。放馬過來吧！」坐在系所會議裡，我會直盯著那些有終身教職的女詩人，對她們所謂的女性主義感到不屑；我會接收那些有終身教職的文學老色鬼不爽的視線，聽他們鬼扯爲什麼成排女性終生不得學術之門而入，然後在他們轉頭批評我的時候報以不齒的眼神。

我的肚子持續長大。

我的肚子懷著我。

我的肚子懷著我和安迪的愛，鼓脹在我們醺然陶醉的笑顏之間。那是生命與喜悅終於降臨於你的笑；從前的你，只知道痛苦與折磨。

預產期將近的時候，我持續教寫作直到生產前一天，而我教書的那個地方愚蠢虛僞到把我在兒子出生兩天後解僱。之後，我繼續教寫作而沒有請產假。我把我的小男人用提籃帶到我的研究生專

213. Kali，印度教的重要女神，通常被描繪成面相兇惡、全身黑膚、四隻手臂、手中皆持武器或提人頭，身穿獸皮、上身赤裸，舌頭伸出口外，脖子掛著一串人頭，腰間繫著一圈人手，腳下常踩著她的丈夫濕婆。在後期的信仰中，迦梨被認為掌管時間變化，象徵強大與新生。

題討論上，我公開餵母乳，我教寫作，教得很好，問那些已經畢業的學生就知道，他們有些人拿到工作，有些人出了書。有時這個小男人的聲音淹沒了我們，讓我發出爲人母的笑。

我對自我麻痺的渴望開始離開我的身體。

第八個月，我和安迪．明戈在法院結婚。我穿了一件深紅色的亞洲絲綢古著洋裝，我的肚子大得不得了但很時髦。不過，這倒是我唯一婚禮沒有拍照的婚姻。

結成連理的那天晚上呢？我們回家後布置了拍照的場景。我在頸部繫上黑色緞帶，穿著黑色緞質內褲，襯著深紅色天鵝絨窗簾，舔著碗裡的牛奶。我不知道爲什麼，反正我們就這麼拍了。

老天！拍攝那張照片刺激我們所做的愛！大肚婆的性愛。

注意了，女士們，這個男人就是值得把握的。

因爲啊，愛情竟然會找上像我這樣的人？即使我千瘡百孔的靈魂有那麼多黑洞？你可以拿你的屁股來打賭沒關係，我敢跟你賭。我也許是個爛東西，但我可不是個笨蛋。

還有，寶貝，讓我告訴各位，我可不是海斯特．白蘭。

太陽

光。

生命。

有生命的美麗男孩。

我的兒子邁爾斯決定出世的那個夜晚下了一場雷暴雨。在聖地亞哥的四月天，雷暴雨是上天賜予的禮物，彷彿讓你的靈魂在無限陽光的晴天裡能滋潤片刻。

我的羊水破裂時，我穿著睡袍赤腳在街上走過一個街區來到海邊，安迪在床上睡著，我的姐姐布麗姬在屋裡睡著。我哭了，我體內的海洋為這個男孩開路，而我面前的海洋張開懷抱迎接。我走入海中，說：「莉莉斯[214]，他來了。」然後走回家，上床躺在睡夢中的吾愛身邊，數著陣痛間隔的分鐘數。凌晨五點，宮縮的感覺就像句子要生出來之前。那是我此生體驗過唯一的純粹幸福。我腦袋中的一切完全跟自己無關，我房間裡的一切完全跟我的人生無關。閃電照亮了黑暗，到處都是水。

我認識很多孩子出了狀況或不曾懷孕的母親。我們就像一個女人的神祕部落，承載著不屬於這

214. Lily，Lilith的暱稱。莉莉斯在猶太神學及蘇美、巴比倫神話中被描述是亞當的第一個妻子。她也是上帝用泥土所造，因此不願屈於亞當之下。她離開伊甸園來到紅海，與魔鬼繁衍大量後代試圖占領世界，並殺死她與亞當的後代。上帝要莉莉斯回伊甸園遭拒，憤而派天使屠殺她的後代，逼她立約雙方停止殺戮。莉莉斯不堪折磨跳入紅海自盡漂浮於海上，被後來叛變戰敗的天使長路西法在墮入地獄途中把她拉了下去。

個世界的祕密。

有位日本女性友人的男嬰出生七天後死了——原因不明，只是細微的呼吸逐漸消失直到沒有呼吸。她告訴我，在日本，有一個兩個字組成的詞彙 mizugo——大概的翻譯是「水子」——指那些活得不夠久、來不及進入我們生存世界的孩子。

在日本會爲這些母親和家庭舉行儀式，也有關於水子的習俗和祈禱。民眾可以到神社跟水子說話、表達愛、送上供品。

西方沒有爲水子舉行的儀式。我是一個不信上帝的美國女人子，但我誠心相信水。

邁爾斯出生那天，安迪抱著我的身體度過折磨考驗。我的姐姐布麗姬把愛縫進美麗織線包圍起我們的房間——任何差錯都進不了她心力交織而成的世界。邁爾斯出來的時候，我放聲大哭，就像那些爲她們孕育出世的孩子放聲大哭的女人，但我還爲另一個靈魂哭號歌頌。我的邁爾斯，當他修長的身體被抱到我懷中，螺旋捲曲的奶灰色臍帶仍然連結著我們。

他會動。

我感覺得到他的體溫。

他的小嘴摸索找到我隆起的乳房和乳頭。

原來這就是生命。

邁爾斯睜眼第一個看到是一個父親。這個父親發出我從未聽過的男性啜泣聲，宛如太空般浩瀚。這個父親張開雙臂，爲他的孩子做好準備，準備好守護他一生，準備好愛他勝過一切，準備好在他眼前鋪好長成男人的道路，然後握住男孩的手直到他長大成人。

我的姐姐來到我們身邊，擁抱三具肉體組成的有機體。我不知道她的感受，但是她的表情道盡了一切。

在我的肚子裡，在出生之前，邁爾斯在游泳，來回繞圈、翻轉踢腿、動個不停——十足的生命力——我腹部緊繃的皮膚看起來有點怵目驚心。他的力量讓我驚嘆不已。而我們是無法分割的，他的身體就是我的身體，是他的也是我的。我肚子裡懷著邁爾斯的時候經常去游泳，競速泳道裡的人很驚訝我能游得這麼快——肚子這麼大，身體這麼圓，乳房這麼脹，但是速度這麼快。然而，我知道一個他們不知道的祕密——其實，在氧氣和陸地出現之前，我們都是泳者，我們都帶著過去在一片蔚藍中呼吸的記憶。

在同一個句子裡蘊含生與死是可能的，或在同一副肉身裡，蘊含愛與痛苦是可能的。在水中，我這付由過去種種形塑的肉身在濡溼間滑動穿梭……倘若那裡頭蘊含著希望，又會怎樣？

男伴

據說每個女人的結婚對象都是跟她父親相似的類型。我的父親用他的憤怒粉碎了家裡每個女人的心，因此，當我回想我愛過或以爲我愛過的人，我的心都是碎的。如果我對家庭的關愛有什麼概念，或對家庭的要義有任何理解，我最初學習的對象都不是跟我結婚的男人。

各位記得甘迺迪被槍殺那天自己在哪裡嗎？我不記得。我出生在甘迺迪被槍殺那年，因此我對此事一無所知，但是我記得麥可，一輩子都不會忘記。

我第一次見到麥可的時候，他在德州理工大學畫室裡面，站在菲立普旁邊。當時已經很晚，我走到與畫室天窗齊高的樓面，從外面看他們——兩個高瘦俊美的年輕人，並肩站在一起，在畫布上作畫……我屏住呼吸，凝望著他們構成的畫面，心裡起了某種反應。看著這兩個男人作畫讓我怦然心跳，我的眼睛發酸，喉嚨縮緊，但我只是從隨身酒瓶喝了一口伏特加，然後走到玻璃窗前拉起上衣，把裸露的奶子壓在玻璃上，敲了敲窗戶。菲立普轉頭看到，笑了，用手指指我。麥可轉頭看到，笑了，我們四目交接。

麥可，跟我父親同名。

我的父親是這副模樣嗎？我心想，在他是個二十多歲年輕小伙子的時候？高、瘦、俊美，雙手在畫布上跳舞？

我不是從自己過去所知的任何地方學會愛男人的；我是從愛麥可學會愛男人。

在一個女性居多的家庭裡，女兒努力吸收也得不到的東西實在太多了。

我不是跟家人學會愛節日的；我是從進入麥可和狄恩的家而學會。他們會把房子布置得很美——就像你小時候想像中的夢幻世界那麼美——溫暖的琥珀色房間、燭光、緞帶、烘焙食物和香料的香味——不會有個父親毀掉這一切。

我不是跟任何母輩學會做菜的；我是看著麥可做菜而學會——他的雙手、他的耐性、他的手藝、他的細心、他餵食的喜悅。他在我的口中塞滿愛，讓我一邊咀嚼一邊落淚。

我不是跟任何女人學會女人味的；我是看著狄恩幾年下來爲我拍的照片，才學會脫掉我的戰鬥靴、梳整我的蓬頭亂髮。他在那些照片裡讓我看見，像我這樣的人，可以是……漂亮的。

在我的第一場婚禮，當我在科珀斯克里斯蒂的白色沙灘上對菲立普說我願意，麥可在那裡。在我的第二場婚禮，在太浩湖哈威斯賭場的頂樓上，頭髮像黑膠唱片的怪牧師吟誦著霍皮族禱文，我的母親等著去喝酒和賭博，麥可與狄恩在那裡陪我。在我和安迪結婚時，在聖地亞哥的治安法官面前，麥可沒在那裡陪我，但我有我的大肚子，而且那跟他有關係。

菲立普跟我還住在尤金時，在嬰兒死後，麥可曾經來找我。當時菲立普跟我已經毫無瓜葛，我已經和戴文在城裡另一頭同居展開人生的新頁。菲立普白天在史密斯氏書店工作，晚上在某個地方的小套房作畫。原本的計畫是邁可先住在菲立普那兒幾天，然後再跟我一起過幾夜。但是，第二天凌晨三點，麥可就出現在我家門前臺階。我開門，他看起來糟透了。他帶著行李箱，說：「我沒辦法待在那間他媽的小套房。它臭死了，到處是貓尿、貓屎和油漆。這傢伙的生活不像人過的。」我讓他進門。

那時候，我明瞭我們都愛過菲立普，我們一起，深深地；但我們也都離開了菲立普，永遠跟他斷絕關係。麥可和我都不知道如何與他那雙出色卻消極的手一同生活，這是我們雙方認定同感的事實。

戴文跟我離婚之後，去了西雅圖一趟拜訪麥可和迪恩，我猜他想感覺他們還是他的朋友。知道他在那裡讓我覺得很討厭——麥可和迪恩是我的！可惡的戴文！——但是後來麥可打電話跟我說：「他只想聊他一天幹了那個女孩兒幾次。我根本沒興趣知道他肏了那個女娃兒幾次！天哪，也太幼稚了吧。」隔天，他又打電話來說：「戴文趁我們去工作的時候喝光了屋裡所有的酒。我想他偷了一個我們的平底鍋，還有一些狄恩的光碟。他再也不能待在這裡了。」

我知道這是小事，有點蠢，但是他告訴我這些讓我非常愛他。

安迪和我剛在一起的時候很不好過。安迪當時仍已婚，所以我們在聖地亞哥以外的地方幽會過幾次，其中一次是在西雅圖麥可和狄恩的住處。我的嬰兒去世後某日，他們從達拉斯遷居到那裡。他們是爲了工作搬家，我確定——兩位都是才華洋溢的平面設計師——但是對我來說，那就像麥克爲了靠近我一點而搬到西雅圖。我的意思是說，我希望這是事實。在我尤金家裡連喝十二罐啤酒那個下午，他曾說「我們應該住得近一點」。我希望那一刻就是他後來住得近的由來，這是我孩子氣的願望。

我從聖地亞哥打電話給住在西雅圖的麥可，跟他說我碰到了男人的問題。我不是打給我的母親，或我的姐姐，或我的父親，或任何女性朋友；我打電話給麥可。我打電話告訴他，我想我愛上了一個婚姻惡化但尚未脫身的男人；那個男人比我年輕，很多；那個男人高大、俊美、會拉大提琴，還幾乎能把任何東西揍扁；那個男人曾經住在西班牙，目睹了一些埃塔事件；那個男人採訪過地球解放陣線的人；那個男人在提華納[215]用力吻我吻到我以爲要把自己的牙齒吞下去了；還有，那個男人是我的學生……這一切，原本應該會讓另一些朋友說「莉狄亞，你眞是太亂來了。」但是各位知道麥可說了什麼嗎？他說：「老天，感謝上帝，你終於搞上一個故事可以跟你匹敵的人了！」然後，「我們要出城一週，你應該來幫我們看房子，把這個傢伙一起帶來。」

我照辦了。

我們的兒子邁爾斯，我有生命的美麗男孩，是在麥可的屋裡受孕的——我們的愛，在麥可和狄恩的床裡，在六百針的斜紋床單上，在愛犬傑克的忠實守護下。在麥可的屋裡，這個唯一讓我的心對「家」這個字有感覺的房屋，萌生了一個男孩。

我的內心及腦海收藏著許多麥可與狄恩的畫面：我和麥可半夜躺在浸信會教堂地板上，狄恩用教堂裡的管風琴彈奏巴哈；我和麥可和狄恩把衣服脫到剩內衣，跑進奧勒岡海岸的海裡；十二月，我們品嘗狄恩和麥可料理的聖誕節兔肉佐橄欖和酸豆，依偎在義大利，我和狄恩的嘴裡不只塞了食物。我請姐姐去找麥可和狄恩的時候，他們開門歡迎——我的姐姐未獲續聘，出現精神崩潰的狀況——說：「你可以進來屋裡。」他們讓她跟他們住在一起，直到她恢復精神整頓好自己。有一次，邁爾斯和麥可、狄恩、安迪齊聚在太空針塔[216]塔頂。我的天，要用多少辦法愛男人，才能夠把一顆心打開？

那些在我內心及腦海中的畫面，我知道那是什麼，我真的知道——它們其實是家庭相本。你真的可能隨心所願來組織家庭。你真的可能不帶憤怒地愛著男人。愛男人，有千百萬種可能。

215. Tijuana，墨西哥北部邊界地區，在美國加州聖地亞哥市以南十九公里處。

216. Space Needle，位於西雅圖市中心的著名地標，高一百八十四公尺，一九六二年為世界博覽會所建，上方造型如飛碟，有觀景臺及旋轉餐廳。

庇護聖堂

我想跟各位聊聊這位邁爾斯。

我的兒子邁爾斯出生的時候，我們從聖地亞哥開車到奧勒岡州波特蘭附近的某個地方。我被聖地亞哥大學解僱後，奇蹟似地重獲奧勒岡大學聘用，回到我熟悉——安迪也熟悉——的西北美。安迪負責開一輛U-Haul租車搬家公司貨車，我親愛的朋友維吉尼亞和我開一輛二手Saab房車，邁爾斯在後座一邊咯咯兒語，一邊在他的褲子裡拉屎，像個馬路小戰士。

維吉尼亞，這一名一字對我已足矣。這個女人在我的人生中逐漸成長，像被水打磨多年的一塊美麗樸石。起初她是我的學生，然後成了我的朋友，然後變成我從沒見過像她這樣的一個人。維吉尼亞變成一個會留在身邊的朋友。她讓我明白「親密」不見得是個與性愛無關的詞彙。我無條件地接受這段關係。

那輛Saab在威德市拋錨了——是的，Weed，跟大麻同一個字——維吉尼亞和我在路邊踱步，想著安迪會不會從後照鏡看到我們不見了？還是這個男人會一路開到奧勒岡州？我們不覺得害怕——小鐵籠的門閂關不住母狗——像我們兩個這種女人，哪會被這種事嚇到呢？我們曾是了不起的開拓者，就像貝琪．布恩。

但是他確實注意到了，因爲他就是那種人。不到二十分鐘，那輛U-Haul貨車就在公路上朝我們駛來。我們大家被迫一起擠在U-Haul貨車前座的怪異空間裡，刻意不在意座位間的排檔桿和香菸旁塞了一個嬰兒。維吉尼亞和我一起坐在乘客座位，我們的臀部在Burberry風格的奇怪格紋椅墊上留下汗漬。那輛 Saab 被我們拋棄在路邊，像一道標記我們退場的疤痕。

抵達奧勒岡州之後，邁爾斯跟我在假日飯店裡泡澡。他躺在我身上，背靠著我的奶子和肚子，小猴子般的臉微笑著吐泡泡，四肢自在漂浮著。我有一張我們那個樣子的照片：我的乳房脹得跟人頭一樣，所以我們乍看像一隻胸前長了三顆頭的生物，直到看出他的五官。然後我把這個沉甸甸的嬰兒像小木桶一樣舉起，把他轉過來，讓我們面對面。他的肚子對著我大聲滾叫了一陣，然後他微笑、放屁。我大笑起來，把他緊緊抱在懷裡。

他的頭靠在我的心上，我突然感受到他的生命力——不是嬰兒的生命力——那是一股比夜空更強大的生命力，幾乎像雷劈穿透我們，就像我在雷暴雨間開始陣痛那個夜晚的感覺，和我在我的女兒出生即死那天心臟內爆的感覺完全相反。我倆同在水中，心跳震動如雷。

當晚某刻，我走到我們假日飯店房間的小陽臺上，維吉尼亞正在抽她的菸。我看著她——天哪，這個人，我看著她從小女人蛻變成美麗戰士，讓我禁不住屏息。我從沒告訴她，但在那一刻，我心裡想到「女兒」。眼前這個奇蹟，讓我幾乎無法呼吸。

「那幾根東西會害死人，你知道吧，」我說。

「嗯啊，」她說。

「我愛你，你知道吧。」

「嗯啊，我知道。我也是。」她的眼睛涔滿淚水，隔空可見。

我們開車前往安迪在網路上搜尋租下的房子——在網路空間裡尋找你展開人生下個篇章的據點，這一步實在非常冒險。但這個冒險也相當驕傲英勇，因爲這傢伙是個曾經搶註比爾．蓋茲網站域名的駭客。當他坐在電腦前，會浮現出整個你想像不到的疆域。

從網路上的照片看來，那幢房屋的光線和空間都很充足——我了解光線和空間的重要性——

照片中還有樹木，到處都是。房子位在奧勒岡州桑迪市附近，某個叫做牛奔荒野[217]的地區。我問安迪：「爲什麼挑這棟房子？它離我工作的地點近嗎？」

他說：「沒有，離你工作的地點不近，但它是個庇護聖堂。」當時，我不明白他究竟什麼意思，但是我骨子裡的直覺相信他。

下了八十四號州際公路後，通往那棟房子的路沿著桑迪河在森林間蜿蜒曲行。我看到幾個人乘著內胎在河上漂游，我看到用飛蠅釣的漁翁、划獨木舟的玩家。我看到像奧勒岡州曠野一樣起起伏伏的地勢，赤楊木、橡樹、楓樹、花旗松，放眼淨是青翠蓊鬱。我短暫想起我的父親多愛西北美，也許他的那份喜愛之情仍是存在我們之間的美好……然後「父親」一詞就完全被我拋在腦後，因爲它與我的未來無關。我們繼續往山上開著。抵達那棟房子時，我哭了起來，哭到腸子要斷了——那是壓抑累積多年的哭泣，從深處抽吸宣洩出來。

這幢房屋由兩個八角形的結構組成。第一個八角形有一間主臥房，和一座木工大師打造的木質樓梯，向上通往閣樓臥鋪。閣樓臥鋪有三百六十度的窗戶，所以，如果你躺在床上，滿眼都是樹。第二個八角形有一個帶櫥櫃的廚房，這在城市裡要花大錢才能擁有——以深櫻桃金色的木材打造，讓人感覺彷彿住在樹林間。

屋外，除了森林還是森林。牛奔荒野中裡藏了麋鹿、鹿、山貓、野雞、土狼、老鷹、大藍鷺。一條淡水小溪細細流過我們的土地下方，水流綿延數英里。主屋的一側隱約可見一座大倉庫，被屋主用來當木工工作室。他製作的木製馬林琴如其樂音一樣美麗。他把琴展示給我們看，它們聞起來彷彿有生命氣息。這幢房子是房主自己蓋的，他用藝術家的熱情打造了房屋的木頭部件。倉庫裡有一座很大的燃木壁爐。在那座倉庫裡，我忍不住內心激動，感覺得到其中存在著一個自我，還有創作的自由——那是一種比我還古老的感受。在那幢房子裡，我感到安全，有全部那些樹保護我們，還有一條河環繞我們。在那一刻以前，我這輩子只有在水中才有這種感受。

安迪、我、維吉尼亞、邁爾斯坐在屋前，有蝴蝶、蜻蜓和一隻蜂鳥在我們之間作伴，彷彿在說「這裡是你們的家」。我們離我工作所在的市區車程二十五分鐘，與人群保持距離。我們離波特蘭市車程四十五分鐘，與文化及社交圈保持距離。維吉尼亞起身走開去抽菸，只剩下我、安迪和邁爾斯。我說：「安迪，我簡直不敢相信這裡有多美，幾乎讓我喘不過氣。」我轉過身不面對他，覺得自己變得渺小，像個孩子。「我不知道該怎麼感謝你。」

「你不用感謝我，」他說著，走到我身後，邁爾斯在他肩上，像個附生的小人兒：「這就是接下來的下一步。」安迪有一種奇特的力量，能讓不可思議的事聽起來稀鬆平常。

我們在那幢森林之屋過日子，日復一夜又一日，剛開始就像我所理解的莎士比亞「綠色世界」。我是認眞的，你知道，就是戲劇裡的行動在正常世界開啓，然後進入綠色世界發生神奇的幻化變身，例如《仲夏夜之夢》[218]——我一直想戴那個驢頭或是在樹林裡裸奔。其實「綠色世界」一詞是諾思洛普．弗萊[219]提出的……不好意思，我學術的那一面忍不住要說一下。

但是，我和安迪及邁爾斯在這個綠色世界裡的生活，眞的爲我帶來全面性的神奇改變。例如，我們怎麼過聖誕節？在聖誕季節，我們不會在淒冷山區及肩高的積雪中跋涉攀登，只爲了砍一棵他媽的樹；不會有人吼到頭快爆炸，也不會有人哭到眼睛快瞎。我們只是去一個林場，買下那裡最大

217. Bull Run Wilderness，位在奧勒岡州西北部克拉克默斯郡，臨牛奔河，是個不屬於地方行政區劃的非建制地區。

218. *A Midsummer Night's Dream*，是威廉．莎士比亞在大約一五九〇—一五九六年間創作的浪漫喜劇。劇中有三對戀人，被精靈與仙子有意及無心作弄而發生誤解，最後有情人皆終成眷屬。

219. Northrop Frye（1912 - 1991），加拿大學者暨文學批評家，於《批評的剖析》（*Anatomy of Criticism*, 1957）中以莎士比亞的作品為基礎，提出西方文學中「綠色世界」（green world）原型的概念，指文學中將欲望具象化的世界，但不是用來逃避現實，而是人類生命試圖模仿的真正的世界型態。

的一棵他媽的聖誕樹，大概十二英尺高，綁在我們的車上，載回我們的庇護聖堂，然後開心到尿褲子——八角形構造的開放空間充滿了花旗松與歡樂的氣息。

這裡沒有香煙瀰漫的建築師辦公室和深夜爆發的怒火，沒有驚恐的孩子躲在臥室裡不敢入睡或做夢。邁爾斯睡在距離安迪與我並排的兩張大書桌十英尺的床鋪上。父母寫作的時候，孩子在睡覺，藝術保守我們平安，空間保守我們自在，樹木看顧我們孕育美夢。

你在屋裡不會找不到母親，只因爲她在外面賣房地產，或抱著酒瓶鎖在浴室中。

我以前會看著邁爾斯在半夜喝母乳喝到睡著。我猜所有的母親都會這麼做，但我打賭，並不是每個母親看著寶寶醉入夢鄉時還想著莎士比亞的句子結構。我知道，看著你的男寶寶吸奶表面看來並不那麼有莎士比亞氣息。但是，當我看著邁爾斯吸母奶、打嗝、吐著泡泡沉睡入夢，他的身體重量壓在我的腿上，藍黑色的夜幕籠罩著我們……這時我想到了莎士比亞的交錯對句[220]——語言中的交錯對句是指交叉的結構，雙重交錯的句子，雙重的含意。我最喜歡的例子是「愛火燒熱了水，水卻冷不了愛。」[221]。

作爲母題，交錯對句的世界存在於可能發生轉換的世界中。在綠色世界裡，事件與行動的起源都消失了，就像夢境，時間失去了本身的意義，不可思議的事情會發生，好似它們很稀鬆平常，原先的含義被撤消，被賦以第二重含義。

頭兩年，我在這個森林之家裡睡得不多。邁爾斯——保佑他那顆飢渴的小頭——吸奶的渴望超過任何一個有生命的男人，一整晚一直要。我想到我的母親，還有我自己無法遏抑、無奶可喝的嘴。如果這個男孩兒想喝奶，我就會給他喝。也許，我們的人生都在這座森林裡獲得重生。

我把自己搞得心疲力竭，相當慘烈，但也不過就是跟所有其他的人一樣吧。我全職授課，想找到終身教職，讓我們有可能好好經營生活。安迪也把自己操得疲憊不堪。我們依波浪週期晝夜交替地教書，把邁爾斯像英式足球一樣傳遞在兩人之間輪流照顧。感謝上帝這世上有吸乳器和搖搖椅。

新手父母心力交瘁的程度眞是荒謬，比荒謬更荒謬。但我無意在這裡卯起來伸張正義，事實上，我整體想跟各位說的是別的事。我認爲，我們的心力交瘁在綠色世界裡帶出了我們最好的一面。聽著：在邁爾斯出生的頭兩年，我們做了什麼呢？在我應該身心俱疲的時期，我寫了一部小說和七篇短篇小說，安迪寫了一部小說和三個劇本。是的，再看一次。在極少的時間和精力中，怎麼會產出那麼多的作品？

綠色世界。

我們沒有時間，我們沒有精力，我們沒有錢，我們只能在樹林裡創作藝術。所以，當安迪某天晚上喝著蘇格蘭威士忌對我說：「我們應該來搞一個西北美的刊物，跟他媽的原生林和鮭魚無關的。」我大笑起來，然後說：「是啊，我們應該來搞。」我們就……搞了。就這樣，我們把自己身心俱疲的極限變成我們創作生產的巔峰。於是，安迪和我，我們有了另一個結晶。我們把這個叛逆的文學出版社命名爲「交叉句」[222]。結果，原來西北美有很多作家也對原生林和鮭魚感到厭煩了。我們的第一部出版品是個選集，名爲《西北邊緣：現實的終結》[223]，因爲，各位明白，眞的就是這

220. chiasmus，文學中常見的修辭法，後段把前段中兩個部份的位置前後對調。

221. 出自莎士比亞十四行詩第一百五十四首"The Little Love-God Lying Once Asleep"末句，原文為"Love's fire heats water, water cools not love."。

222. Chiasmus Press，創立於二〇〇三年。

223. 原名為*Northwest Edge: The End of Reality*。

樣。我們在那之前的一切狀態整個徹徹底底地轉變了。

莎士比亞。

在我們的森林裡，我們把藝術灌注到生命，而生命的藝術創造了我們。

心絞痛

我知道，我把安迪寫得像個救世奇男子。請各位原諒我，當你遇見與你勢均力敵的對象就會有這種後果，而且這個後果來自一個驚人的發現：我愛男人。

那不表示我們的關係像電影裡那麼美好。譬如說，剛開始我們吵架吵得可兇了。我吵得像個被父親背叛、被母親拋棄的女人，他吵得像個欠父親陪伴、欠母親關懷的男人。我們把自己童年受的傷發洩在彼此身上，因爲……因爲我們承受得起，因爲這些爭吵有另一面的意義。

人們——我想我指的是伴侶——不太喜歡談吵架。吵架不討人喜歡，沒人想承認吵架、描述吵架、主張吵架。我們希望自己的夫妻關係看起來……乾淨無菌、漂亮光鮮、值得豔羨，暴怒大吵就醜掉了。但我認爲吵架有相反的另一面，有一種吵架並不醜陋。憤怒其實可以像宣洩掉的精力一般釋放出來，祕訣在於賦予憤怒一種型態，而不是以人爲目標，重點在於改變憤怒的型態。

當我看著安迪打那個重型沙包，或練綜合武術時摔自己的身體，我發現憤怒能遊走跑到別的地方，脫出身體離開，像精力被釋放出來，然後變成某種型態，就像我把生命中的垃圾發洩到藝術中。

不過，跟大家一樣，我們的吵架混亂又愚蠢，毫無藝術性可言。我們像卡通化的成年人，就跟大家一樣。譬如，有一次，他把我們客廳裡所有的家具丟到草地上；還有一次，我把他的滑鼠抓起來砸成兩半。嗯，都是芝麻小事。但，我要跟各位說，從不動怒的人讓我覺得恐怖。

安迪，來自希臘的男戰士。

莉狄亞，不用說，也不是個簡單角色。

此外，還有一些小小的磨難讓感情像愛一樣強大堅貞。

我三十八歲時，某天晚上安迪起床尿尿。我半睡半醒地，像個妻子那樣聽著他的一舉一動。那晚上床前，我們在美國國家公共廣播電臺聽到一些人在哀悼肯．克西死了。我哭了一下，他也是，然後我們上床睡覺。他起床尿尿，打開洗手間的燈，關上洗手間的門。

然後，我聽到他跌倒了，像一棵樹倒在屋頂上。我跑進洗手間，他已經不省人事。他倒在白色瓷磚地板上，仰躺著，眼睛睜大，嘴巴歪斜，發出被勒喉般的怪聲，臉白得像死人，全身抽搐。

我對他大喊他的名字，把他的腳抬高放在浴缸邊緣，把他的頭抱在我的腿上，讓他的血液稍微回流。他恢復意識，昏沉沉地。我打了九一一，在他周圍放了被子取暖。一輛滿載救護員的消防車來了。他們幫我的丈夫接上線路和電子儀器，我趁這時給兒子穿好衣服。他們把我的丈夫送上救護車，我和兒子開我們的車。救護車走高速公路，我抄小路，比他們快十二分鐘。到了醫院後，他已脫離生命危險。檢查發現是三酸甘油酯的問題，把我們嚇壞了。

隔週，我開我的車去上班時，耳朵突然一陣疼痛，頭骨像被一道閃電劈到裂開。父親的聲音充滿我的整顆頭顱，縈繞在腦葉周圍，穿過灰質中央管，逼得我眼睛緊閉、牙齒緊咬。

我不只聽到我父親的聲音，我在那一刻還看見父親溺水時的臉——就像你的丈夫或妻子在你面前看得那麼清楚——他仰躺著，眼睛睜大，嘴巴扭斜，發出被勒喉般的怪聲，全身抽搐。

我差點又把我的車撞毀一次。我看不到路或其他東西，耳朵疼痛不已，他宏亮低沉的聲音轟得我的大腦狠狠作痛。

如何屏住呼吸

說說小孩子的故事。

我們都曾是可憐的游泳初級班小小孩。

曾有這麼一段悲哀的小小的畫面：兩歲的我，穿著淡藍色連帽防寒外套及小小的紅色緊身褲，從二十五英尺高的碼頭跳入華盛頓湖，嘴裡高喊著「嗚耶」。

他們說——記住，這個故事來自我如今已故的失常父母——他們說我看到有水的地方就會跳進去，不論什麼河流、湖泊，或是義彰隊公園[224]裡滿是鯉魚的池塘，我就是會被水吸引。我會跑過去，臉上洋溢著學步娃的開心傻笑跳下去，然後像石頭一樣沉下去。

每次，某個人——通常是我那位翻白眼的姐姐——就得跟著我跳進去，氣急敗壞地啐著把我拖到安全的地方。

因此，我三歲的時候，母親幫我報名了游泳班。但是，把我帶上車、載我去華盛頓湖、脫掉我小小的衣服、把我扔進水裡的人，是我的父親。

在十一月天。

我是到那時爲止在那兒游泳年紀最小的孩子。

224. 原文the Shojita，應是指Shogitai「義彰隊」，幕府時代末期的一群武士，在上野戰爭中被明治維新政府軍殲滅，戰場一帶改建為現在的上野恩賜公園，園中有彰義隊墓所，附近不忍池有許多鯉魚。

我不敢跟說這件事我記得很清楚，但我保證能夠召喚出我的皮膚在冰冷湖水中變成藍色的畫面。而且，我相當肯定，我的嘴裡還有小時候凍到牙齒打顫幾乎斷掉的肌肉記憶。如果我真的是在那年學會游泳，那是在冷凍殭屍的狀態及父親沉重的壓迫下學會的。每次我哭著跑上岸，父親就會把他的頭和手伸出旅行車車窗，像個憤怒的上帝，指向湖水要我回去。

也許這個故事還有更多內容可說，但我一靠近就漂走了——記憶已經太久遠，或埋得太深。

我剛開始寫這個故事時，我的兒子邁爾斯七歲，這表示我有時會重返自己七歲的時候。七歲時的我，三不五時會在日常的某天游回來，不管我有沒有心裡準備。邁爾斯非常喜歡游泳池，問題是，他完全不會……游泳。在泳池裡的邁爾斯是個拙蛋，沒有其他婉轉的說法。他穿戴的小小水上活動裝備比特殊需求的深海潛水員還多。他得先穿上防護裝備，護目鏡加救生背心，然後他划進水裡盡情玩水，準備好面對任何水中的凶險。他看起來像個水中怪咖，但他在水裡總是笑得很開心。邁爾斯會做所有他在水中會做的招式給我看，包括原地打轉製造水花飛濺的小圈圈，或像隻水蟢踢著水穿越泳池，一邊叫著：「莉狄亞，看我，我在游泳！」他揮舞著他的小胳膊，踢著他不協調的小短腿，頭像隻奇怪的鶴往上抬，嘴咧著傻笑絕不碰到水，戴著泳鏡的眼睛朝我看過來……我的心往下沉。

我七歲的時候贏了十三座獎盃，獎盃上有彎腰預備跳水的鍍金小女孩。如果七歲的我在同一個游泳池裡看到七歲的他，會發生什麼事呢？他，穿著全部那些裝備？好，首先，我的小運動隊員們絕對不會接近他。「天哪！」他們會嚷嚷：「那個小孩有什麼毛病啊？他是特教生嗎？」但是我心裡其實會很喜歡他。我敢用我現在的薪水打賭，七歲的我會想游過去試穿他的炫酷裝備。

現在的我和他一起在泳池裡時，有些在附近玩水的小孩看起來他媽的就像天生的海豹。如果誰敢瞄他一眼，我就報以凌厲的眼神，犀利到讓他們連頭髮都不敢亂翹、讓他們得意的小臉羞愧發紅，還有……嗯，就某種比水灌進腦袋更悽慘的下場。他們被我發射那種眼神後腦袋還在，算他們運氣好。那種眼神，來自我的父親。

儘管如此，在我兒子這個年紀的時候，我已經是一名競速游泳選手。各位知道那些浴缸裡的塑膠發條小玩意兒嗎？那些玩具的小鰭或手腳連結著裡頭的橡皮筋，上了發條後會以驚人的速度旋轉，把小海豚或小船或小鯊魚發射出去游過浴缸。那就是七歲女童競速游泳選手的模樣——頭下壓，二十五公尺，可能一口氣就游完。也許，無論我們在陸地上是什麼角色，一旦被釋放到水裡，就會變得活躍而凌厲。

我的兒子上過游泳初級班，三次了。課程結束後，他們總是會給我一張綠色卡片，上頭寫著：「邁爾斯媽媽，您的兒子幾乎無法漂浮，他只會在水面上憋氣，如果他在水中無人看顧，他會像輪胎一樣沉到水底。」他們面帶微笑，我也報以微笑，邁爾斯的臉上則散發著光芒，然後我們回家吃奧利奧餅乾，再頒一個我的獎盃給他。

我單獨跟他在游泳池裡練習的時候，他會像小海猴一樣緊勾著我，除非我讓他全副武裝穿好裝備。問題在他的頭。

他不想把頭放進水裡。我問他爲什麼，他給了我難以置信的答案：「因爲水會灌進我的鼻子和耳朵，然後灌進我的腦袋！這還用問嗎？」

我整整看著他一分鐘，他毫不退縮。

「原來如此，」我說：「你從哪裡知道的？」

他說信心十足地回道：「哈利波特。」[225]

225. *Harry Potter*，英國作家J. K.羅琳創作的系列奇幻小說，全套共七集，並改編為電影，故事描述少年巫師哈利．波特的成長與冒險經歷。

哈利波特。

都是那個戴眼鏡的小呆瓜害的。

我立刻就知道他在講哈利波特的哪一場戲了。在《哈利波特：火盃的考驗》[226]裡，有五名學生比賽爭奪三巫鬥法大賽獎盃，其中一項考驗必須潛入海中，救出被手拿三叉戟的奇怪矮海巫拘禁在水底的朋友或親友。每個學生都必須找出在水中呼吸的魔法，否則他們會死，而所有受困在水底的親友也會死，因爲水會流進他們的鼻子、灌進他們的耳朵、淹沒他們的腦袋——除非他們有特殊的潛水裝備。如果他們找不到在水裡呼吸的方法，那天就會變成適合給兒童上一堂生死教育的日子了。結果，奈威・隆巴頓[227]，那個喜歡研究動物學、植物學及魚類學的暴牙書呆小孩，他給了哈利・波特魚鰓草，讓他暫時長出了鰓，手腳也長了蹼。

老天，誰幹嘛來當媽媽呢？我看著邁爾斯說：「邁爾斯，你看過媽媽在競速水道一直游泳、一直游泳，對吧？」

「對，」他說，嚴肅地看著地板。

「但是水從來沒有灌進我的腦袋啊，一次都沒有。」

他相當認眞地看著我。我從他眼中看得出他正在思索一個答案。他是一個具備思考能力的人，當時就是了，所以我很清楚他正在想一個絕妙的答案，大概滿腦子都是霍格華茲[228]。「我們聽聽你的想法吧，」我說。

「那你一定有一隻水馬。有一隻水馬在你小時候怕水的時候把你背在牠背上，然後水馬潛到水裡教你怎麼游泳，因爲那隻水馬愛你，你也愛那隻水馬，然後還有魔法。」他結束他的舉證，雙手插在臂部上。

是，當然有魔法了，就像《水馬》[229]裡面寫的。

都是兒童電影害的。

我七歲那年的兒童電影是《貓兒歷險記》[230]、《長襪皮皮在南海》[231]、《灰熊王》[232]，不會有人因爲水灌進腦袋死掉……等等，有，一九七二年的《海神號》[233]，雪莉．溫特斯[234]演的那段。天哪，那段劇情至今仍然讓我揪心，眞夠令人難過的。他們帶我去看那部電影，而我大概大哭了一個小時。我記得我們不得不離開電影院，父親大概說了：「如果你會哭得像嬰兒一樣，你就別看電影了。愛哭鬼就給我待在家裡。」他用力拍打方向盤，母親望著窗外，一貫事不關己的樣子。姊姊一方面爲我感到難過，一方面因爲家裡有另一個人當發洩目標而竊喜。

如今我回想過去，除了游泳，我在很多、很多方面都失敗得一塌糊塗。在公開場合，這是其一，眞的完全不行，還有其他的，例如騎自行車，完全失敗。我仍然可以聽到父親的聲音大吼：

226. *Harry Potter and the Goblet of Fire*，哈利波特系列小說的第四集，二〇〇〇年出版，電影於二〇〇五年推出。
227. Neville Longbottom，哈利波特系列小說中的角色。
228. Hogwarts，全名為Hogwarts School of Witchcraft and Wizardry「霍格華茲魔法與巫術學院」，哈利波特系列小說中的魔法學校。
229. *The Water Horse*，英國作家迪克．金史密斯（Dick King-Smith）一九九〇年創作的童書，以尼斯湖水怪（Loch Ness Monster）的傳說為本，描寫一個小男孩意外撿到一顆巨蛋孵出可愛小怪物，就後來變成大水怪，二〇〇七年改編為同名電影《尼斯湖水怪》。
230. The Aristocats，華特迪士尼公司一九七二年推出的動畫電影。
231. *Pippi in the South Seas*，瑞典兒童電影，一九七〇年發行，改編自瑞典童書作家阿斯特麗．林格倫（Astrid Lindgren）一九四八年的同名原著，一九七四年於美國發行。
232. *King of the Grizzlies*，華特迪士尼公司一九七〇年推出的兒童電影，改變自加拿大作家厄尼斯特．湯普森．西頓（Ernest Thompson Seton）一九〇〇年出版的*The Biography of a Grizzly*。
233. *The Poseidon Adventure*，一九七二年上映的美國災難電影，改編自保羅．葛里克（Paul Gallico）一九六九年同名小說，
234. Shelley Winters（1920 - 2006），美國知名女演員，以《海神號》獲得奧斯卡最佳女配角。她在片中飾演貝兒．羅森（與作者的小名一樣），與退休的工具店丈夫曼尼要前往以色列探視未謀面的二歲孫子。船隻翻覆後，牧師史考特為了幫倖存的九人拉救生繩受困水底，曾是游泳選手的貝兒發現狀況不對便潛水救他脫困。救生繩架好後，她卻突然心臟病發，臨終前要求史考特將她的項鍊墜子交給丈夫轉送給孫子當禮物，她的遺願激勵了曼尼繼續求生。

「他媽的！這個街區的每個小孩都會騎腳踏車，只有你不會。你是什怎麼搞的，智障嗎？」不斷踩著踏板的我，像空氣一樣失神失重，只是個一無是處的女孩。

邁爾斯和我在游泳池共度許多時光。

他，不肯把頭放進水裡。

我，游著一圈又一圈，像競速游泳選手。

不過，我們逐漸有了初步的進展。我當水馬，他用手臂圈住我的脖子，幾乎緊掐著我的喉嚨。我掙扎著呼吸和講話，一邊游泳一邊說：「好，我現在要潛水囉。」然後我們一起冒險潛入公共游泳池深處。他緊緊捏著他的鼻子，捏到幾乎要把鼻子拔掉了。

這是在我們吃了彩色軟糖蟲之後。沒有吃彩色軟糖蟲的話，根本別想潛入水中。

我的父親，從沒學會游泳。

奧勒岡州有個地方叫做格林伊頓海灘，位在林肯市與紐波特這兩個觀光城市中間，主要有一座算小有名氣的薩里香渡假村。

渡假村坐落在一個不大的鹹水灣與河口交會處，再過去就是海。它的高爾夫球場頗富盛名，我在那裡打過球，在我小的時候，父親會帶我們一家人去這座渡假村。這是唯一能讓我們像一家人一起行動的事。

我不確定爲什麼這件事可行，但我看見父親坐在豪華客房的陽臺上望著海、望著風吹拂渡假村招牌上那顆樹、望著鳥、望著水面的光線變化。他看起來平靜如水。

度假村有一座不錯的游泳池和熱水池。母親、父親、姊姊和我會像一家人在水裡待上好幾個鐘頭。母親會在泳池裡側泳，她那天鵝般地身軀瞬間變得輕盈，靈活地上下游著，笑得像個女孩。姊姊和我忽略年紀的差距，像小孩子一樣亂游，游上、游下、潑水、比快、踩水、潛到池底找錢幣。父親會撥水走到水深及臀、及胸、有時甚至及顎的地方，只要腳還踩得到底，他就覺得安全。雖然他只會冒險走到游泳池的一半，不到深水的那一邊，但他看起來還是滿開心的。我們連續五年回到薩里香渡假，直到我姊姊離家。

當然，「薩里香」不僅是一個度假村，英文的 Salishan 還指包括太平洋西北地區美洲原住民多種語言的薩利希語系。這些語言的特點是交融而多變，子音群[235]複雜而驚人，而且都已經消失或瀕

235. consonant cluster，又稱為複輔音、輔音叢、輔音群等，指連續出現的不夾雜母音的多個子音。

臨滅絕。我小時候不會知道這種事，但總之「薩里香」這個字從此烙印在我的腦海及心裡。它跟其他的字都不一樣，而且具有不同於一般用法的神祕意義。當我小時候感到傷心、生氣或害怕，有時我會閉上眼睛、反覆念著「薩里香、薩里香」，希望它能對家庭的恐怖壓迫施展魔法。

我們搬回奧勒岡州之後，在我兒子大約五歲時，我帶他和安迪重遊薩里香。我們駛向我兒時的海洋，我不知道會怎樣，也許重遊舊地只會帶給我悲傷——但我相信海洋牽引的力量。我們開著車經過河口，繞過轉角屬於薩里香中央區域的花旗松林，在距離度假村不到一英里的時候，我的心放鬆下來了。重點不是渡假村，而是它的名字，是那片屬於海洋或平靜的空間，曾經很特別地給了一個孩子希望。我把車窗轉下來，帶著鹽分的空氣吹得我滿臉。我的兒子邁爾斯不知爲什麼似乎很興奮。

我的丈夫安迪問：「是這裡嗎？」

「是的，」我說：「就是這裡。」

我兒子沒有到過這麼高級的地方，所以前十分鐘他就像個小小孩應該的那樣在房間裡手舞足蹈跑來跑去。然後，他在壁櫥裡發現白色毛巾布睡袍，便脫光衣服穿上，還走到陽臺宣告：「這才是生活。」接著我們都下去游泳池裡玩水，那個在我兒時歲月給了我希望的水池。邁爾斯不斷念著「薩里香」，每個字小小的背上都有一小片海洋。

歡欣喜悅。

一個字，一個充滿想像的行動，參與者是我、安迪、邁爾斯。在泳池裡，我們幫邁爾斯加強水上活動的技能。我的丈夫游泳、漂浮、大笑，像小孩子一樣下潛，任他的鼻子因爲水中的氯而流鼻水，無憂無慮地。他，能游到深水的那一邊。

我會和邁爾斯在薩里香的泳池裡玩鬧嬉戲。通常我們玩邁爾斯發明的水上遊戲，全都跟保持他的鼻子不碰到水有關。這一次，他跟我說他有一個非常重大的遊戲。我說：「好，什麼遊戲？」

「我要把我的整個頭埋到水裡，」他說。

！

我點點頭，保持鎮定，努力不要破壞這一切。我走向他準備把他抱住，這樣我們就可以一起迅速浸到水裡，不會難受。

「不是啦，」他說：「你留在你那邊做，我在我這邊做，然後我們對看，看我們能盡量憋氣憋多久。」

！

「好喔，」我說。

我的心快爆炸了。

他戴上泳鏡，一隻手捏住他的鼻子，另一隻手準備倒數。

一。

二。

三。

接著，他吸了有史以來最大的一口氣，把頭埋進水底，整個。我也一樣。我透過一片藍色看著他，看他美麗的頭在水裡。這是他的第一次，在水裡屏住呼吸。這眞是太神奇了。

我們迅速浮出水面呼吸空氣，兩個人都大笑起來。我告訴他我有多麼爲他感到驕傲。他胡亂潑著水，安迪靠過來，然後我們全部擁抱在一起。人們在度假時總是會幹蠢事取樂。

「再來一次！」他說。

我們再來一次，一次又一次。

在那水裡，與他們兩個在一起——這個男孩，這個男人——我幾乎無法呼吸。我當時沒想到，這就是一家人，是我的一家人。

只是一件溫柔的小事，簡簡單單的愛。

我，正在學習陸地上的生活。

沉溺的另一面

不知道當時有誰在爲我加油？

這是從我大概十四歲以來，第一次看自己游泳的錄影，超八釐米影片中的正在比賽。這些是我父親拍的，拍了很多、很多、很多。父親於二〇〇三年去世後——母親死後兩年——它們一直安然放在紙箱裡沒人動。我知道這些影片的存在，它們深藏在車庫裡。我只是從來沒有……把它們從深處拖出來，直到現在。

我不太知道如何跟各位說清楚，當我看著影片中的少女拚了命地游泳，到底是什麼感覺。我是說，以現在的我，看她那麼拚命。她是爲了游離什麼？還是在游向什麼？

我看著自己在影片中游泳，雖然它的情節表面上是關於贏得比賽或落敗，但有些東西你永遠看不到。

你永遠看不到的是我游了多遠。我必須游過多少英里，才游回一處單純的加氯水池，回到可能是我……歸屬的地方。

我現在一週游泳三次，有時四次，在我家附近的克拉克馬斯水上運動中心。那讓我感覺……最接近家的感覺。

在那座游泳池，在我隔壁水道裡游泳的人不是運動員。偶爾有運動員出現，我體內的競賽本能會活過來。我忍不住，會跟他們比賽直到他們離開。我們通常不講話，只在結束時互相點個頭，彷彿一起做了什麼親密的事。

不過，游泳池裡的人通常是一般民眾。美麗的熟齡女子，母親、祖母、曾祖母，一起練習水中有氧運動。她們豐滿的胸腹讓人想起女性如何孕育世界。我從她們旁邊游過，看見她們水中的腿和身體，不禁有種母系關係的奇特親密感。你會跟著在水裡微笑，或笑出聲來。有兩次我發現有白化症人士一起游泳，不知怎地覺得自己很幸運，像是找到了合適的水域。

在我家附近的游泳池，有個女人少了一條腿。她戴著末端有蹼的蛙鞋游競速水道，很高科技。她的訓練，我注意過，非常辛苦。我喜歡她的假腿。我喜歡在她附近游泳。

有時候，兒童和青少年會占用一個水道。不用說，他們是游泳隊的，我可以從他們優異的泳姿和穿著的泳衣、泳帽和泳鏡類型看得出來。他們青春無敵，自然不費力。

老男人們也會在競速水道游泳。他們幾乎都會對我特別友善。他們背上長了斑點的蒼白皮膚褶皺下垂，雙腿看瘦到彷彿支撐不住體重。他們幾乎都穿某種款式的白色或米色四角泳褲，有時布料很薄。但是，他們還是會用各種泳姿奮力與水搏鬥，不管什麼體態或體型。有一次，我停下來休息，兩個老男人瞅著我瞧。其中一個對另一個說：「她很不賴吧？」另一個人說：「那還用說嗎！」然後他們拍起手來，讓我笑得要命。我偶爾還是會碰到他們，就互相道聲嗨或再見，或繼續逕自游著泳。

像我這樣的中年婦女也會來。她們大部分的姿勢水準不像曾經參賽過的人，但我都對她們還是充滿興趣。她們跟我一樣把自己的身體浸在水裡游泳，也許想減輕幾磅體重，也許減輕壓力，或生命，也或許只是因爲感覺很好——自己一個人待在水裡，沒有孩子勾在你身上，沒有丈夫需要你注意，沒有人事物需要你回應。泳池裡人多的時候，我注意到我是其中一個她們優先詢問可不可以共享水道的對象。她們一定看得出我會一再超越她們，但是一定也有什麼更重要的事吸引她們加入我的水道。我想，我希望，是因爲跟我在水裡可以安心。

男同性戀者也會來，我看得出來。他們的腿上無毛，或者他們會戴耳環，而且，除了運動員以外，唯一會穿 Speedo 緊身泳褲的男人只有同性戀。有時我必須克制自己奇怪的衝動，不要爬過分隔線進入他們的水道去擁抱他們。我想感謝這些人成爲像他們這樣的男人，在我生命中的每個重要時刻，給了我愛與同情——即使我們不認識。

偶爾有游泳教練現身，而我總是會被問同樣的問題。「你參加過比賽嗎？」我點點頭，然後迅速鑽回水裡。這不再是我想進行的對話了。他們通常想邀請我加入成人游泳協會[236]。我並不想參加成人游泳錦標賽。我只想待在水裡。

沉在無聲的藍色，溺在失重的潮溼。

236. Masters Swimming，指U.S.Masters Swimming，美國成人業餘游泳運動的非營利組織，每年會舉行全國性的比賽。

追憶似水年華[237]

有時我會用自己比賽獲勝的成績來想事情。二百公尺蝶式，二分十八秒零四，相當於從我的車走到辦公室的時間。一百公尺蛙式，一分十一秒二，相當於我用來刷牙的時間。游泳選手會這樣，那是本能的肌肉記憶。

我的記憶力很差。當我回首過去，曾經發生的那些事都像泡在水裡。當我嘗試將回憶從水中拾起，它們會在我笨拙拖上岸的過程中漂走。但我想知道回憶是什麼，作家擺弄回憶是在做什麼。往往我會想到普魯斯特，他試圖寫一個關於回憶的句子，結果寫了七卷來抒發思念往日的情懷。

在心理學上，記憶是有機體貯存、保留及後續檢索訊息的能力。它存在頭腦中，透過神經突觸發射刺激點醒，進入神經系統的水域中游走。

四百公尺個人混合式，四分五十五秒一，相當於微波一份 Lean Cuisine 冷凍餐食的時間。

根據最近的神經科學研究，回憶這個行為在大腦及其迴路觸發的活動幾乎與實際經驗相同。他們在老鼠和狐猴身上發現這個眞相，小小的線路在牠們小小的腦袋裡萌芽。

然而，敘述你記得的內容給別人聽則是另一回事。一個人回想一段記憶的次數越多，對那段記憶所做的改變也越多。每次人們將之訴諸於語言，都會產生偏移。你對一段記憶的描述越多，就越

237. *À La Recherche du Temps Perdu*，法國作家馬塞爾・普魯斯特的經典作品，開啟意識流文學先河，刻畫十九世紀末、二十世紀初法國上流社會，並轉而剖析人類情感心理，全書共計七卷，一九〇七年開始創作，一九一三年至一九二七年之間完成出版。

有可能是在編故事，讓它能配合你的人生、把過去融於現在、創造你能接受的虛構想像。這就是作家所爲。從神經科學來看，你一開口，就會偏離事件的眞相。

最安全的記憶，深鎖在失憶者的腦中。他們的記憶仍以最接近實際事件的副本狀態保存著，淹沒在水底，永遠地。

我父親在海中溺水的時候，我花了贏得一百公尺蛙式的時間碰到他的身體。我把他拖上海岸，時間相當於我贏得二百公尺蝶式。救護車抵達，時間相當於我贏得四百公尺個人混合式，足以讓腦細胞開始死亡、讓他的心臟開始衰竭、記憶開始退隱——缺氧的關係。

在他剩下的日子裡，關於他曾對我們做過的事，他什麼都不記得；關於他的女兒們是誰或她們以前及後來的樣子，她也什麼都不記得；關於我的母親，他們交往的過程，他依稀記得一些畫面，像電影一樣重複播映；關於千里達那座堪稱他最偉大建築成就的購物廣場，還有鋼鼓的樂聲、溫暖潮溼的空氣、白色的沙灘、他尋求慰藉安撫憤怒失望情緒的深色皮膚女人，也什麼都不記得。

我的父親在他那位泳者女兒的懷抱中流失了記憶。

我的母親一直在佛羅里達州看護他，直到她得了癌症去世。於是，二〇〇一年，他獨自待在不熟悉的建築裡，面對自己被交給國家監護的命運，被安置在護理之家渡過餘生。

各位去過佛羅里達州蓋恩斯維爾市的護理之家嗎？我去過。讓我這樣說吧：走進某座護理之家的門，就會像有人抓住你的喉嚨一樣讓你作嘔。它們聞起來像混合了尿液、死皮和來舒清潔消毒劑的味道。那些在大廳裡坐著輪椅或拿著輔具「走動」的生物一副神智不清的樣子，像駝背的殭屍。在飯廳裡，女人們頭髮散亂、口紅擦得歪七扭八，男人們尿溼了自己、把粥泥往嘴裡塞。但是，讓這些佛羅里達州護理之家特別恐怖的是氣溫、溼度、運作不良的空調、牆上滿布的黴菌、蟑螂，有時還有老皮囊被限制在床上等死。

無論我是誰，我都不是一個能夠把人留在那種地方任其腐爛的女人，即使那個人是他。

我還帶著母親去世的傷痛，像吞了一整顆棒球一樣哽在我心裡。和安迪與邁爾斯住在樹屋庇護聖堂裡，我每天晚上都會夢見她，每天早上醒來會隱約自己哭過。而在我和我的新生活之間還擠進了別的東西，那是一個字——「父親」。

那個我從海裡拉上來、吹氣救回一命的男人。

那個喪失記憶的男人。

於是，我第二次出手救他一命，或者該說是安迪救的，出於無畏的同情心及英雄情懷。他飛到佛羅里達州去接我的父親，然後他們一起搭機一路飛回奧勒岡州。他們在機場安檢門被拘留了一會兒，因爲父親不肯放開裝了母親骨灰的鍍金盒子。他坐在輪椅上抓著他們搖頭說不。最後，他們放行讓一個老人帶著他妻子僅剩的部分通過。

安迪把父親帶回我身邊，我覺得自己分裂成了兩個莉狄亞：一個是女兒，曾飽受折磨傷害的女孩，另一個是身兼母親暨作家的女人，才剛重獲新生。

安迪和我找了一個養護中心，距離我們在牛奔荒野的庇護聖堂大約二十分鐘車程。那裡的房間比較像公寓而不是地牢。他那間公寓有一片大窗戶，窗外看得到樅樹、楓樹和赤楊木——西北美的感覺。這，是我能給他而不傷害他的。

父親在那裡度過了兩年平靜的生活，直到他離世。早上他會看電視，下午也是。有時他會望著窗外的樹木微笑。這個取代了我以前認識的父親的男人溫柔和順又善良，連他的眼神也很善良。有時我會讓他看看邁爾斯。當他跟邁爾斯在一起的時候，臉上流露出我從未見過的快樂神情——至少在我跟他一起生活的歲月裡。雖然我很少讓他抱我的兒子，但是當他抱他的時候，彷彿奇蹟發生——他變成了一個男孩。

有幾次，安迪和我帶他來我們位在樹林中的家。他對房子的建築感到驚訝好奇——他的肌肉記憶吧，我想。他相當流利地說著光線如瀑布般灑落在手工打造的實木樓梯，周圍的森林讓他讚嘆不已。他說：「我好喜歡這裡，希望我能死在這裡。」我想他的意思是「生活」在這裡，但我沒糾正。反正，那是我無論如何都不能給他的。

我開車載他去處理雜事或吃午餐的時候會問他一些事，譬如我會說：「爹地，你記得你是個建築師嗎？」

「我是建築師？沒有，不記得，我不覺得。我是嗎？」

或者我會說「你還記得那時候……」，然後盡量挑快樂的事講。譬如，他帶母親和我去千里達，那裡有他最偉大的建築成就、鋼鼓，我們目睹一隻海龜在白色沙灘上產卵；或是我們住在斯廷森海灘的時候，院子裡有果樹，微風中有海洋；或是我的姊姊在吟唱天使合唱團唱歌；或是古典音樂、棒球。對於這些，他全都微笑以對，偶爾笑出聲，搖頭說對，也許腦海中閃過一絲什麼。大部分的時候，他就安安靜靜地看著車窗外。有一次他看著正在開車的我說：「瑪麗奧？」那是他的姊姊的名字。

「不是啦，爹地，」我說：「我是莉狄亞。」

「我知道啊，」他說，笑著。

他帶來的少少的幾箱東西，舊照片、雜七雜八的「文件」、繪圖板、各式各樣的高級鉛筆和鋼筆，之中有我出版的第一本書。

「哦，那本書我讀過很多次。」

「眞的喔，你知道是誰寫的嗎？」

「你，」他說，抬眼看著我，透明的藍色雙眼，與我的神似。

「是的，爹地，是我。你全部的故事都讀過了嗎？」

「應該吧，我不記得了。」

「沒關係，不重要。」

「有一篇在寫游泳。」

我用力看著他。有時候，我忍不住懷疑另一個人是否還存在他體內某處——某些人知道我在講什麼。在某些時刻，他的意識似乎比他該有的狀態來得清醒。在那些時刻，我幾乎……我幾乎想要他回來。我的父親是我見過最聰明睿知的男人之一。我的父親是個藝術家。我的父親熱愛藝術、自然和心智生命。他給了我這些東西。

他說的是我寫的《流年似水》那篇故事，裡頭有一個父親虐待他的孩子們，後來喪失了記憶。一個被女兒從從海裡拉上來的父親，一篇關於泳者的故事。

「我喜歡。那是一篇很好的故事。」

「謝謝，」我說，心知不要再多說。

「不過把我寫得不太討人喜歡。」

我微笑低頭，雙臂交叉在我胸前。「是沒錯。你知道嗎，我那個故事得了獎，讓我去了一趟紐約。」

「了不起，」他說，吹了聲口哨，望著窗外的樹木。

這是我們彼此對於過去發生的一切唯一談過的一件事。

一個父親，一個女兒。

一起回憶。

我有一段那個時期的他的畫面。他在安迪根據同一則短篇故事創作的短片裡現身。父親同意讓我們拍他放進影片中。在他出現的段落裡，影片是黑白的。從畫面上，看不出他已喪失智慧或記憶。從他結實的下巴、寬闊的肩膀和強烈的目光，看不出他曾虐待妻子及女兒。你看不出他是個獲獎的建築師，而更早以前，他的雙手曾有藝術家的溫柔。你什麼都看不出來，他只是個在影片中看起來視覺很強烈的人。

我也在那部影片中。在我出現的段落裡，影片是黑白的。我向外走進奧勒岡海岸的海洋，在十一月天。我走到水深及腰的地方，縱身潛入迎面而來的海浪，然後游泳。我拚命游著。

父親在母親身後不到兩年死了。他的骨灰裝在跟一條神奇麵包[238]差不多大的塑膠袋裡。骨灰是白色的，我去殯儀館領回，另外還有其他的東西。我先前要求保留他的心律調節器和去顫器。在他溺水之後，這兩樣機器就裝在他的心臟上維持他活命。沒了身體，它們看起來很奇怪。最後，安迪幫我用木槌在車庫地板上把它們敲毀。

我立刻開車把父親的骨灰載到西雅圖，因爲我不想要。我不要它在我的住家或花園裡，我不要它存在任何靠近我或兒子的水路。

姊姊跟我把它倒在她丈夫船屋辦公室附近的河流橋下，就是其中一頭的橋墩有水泥巨魔雕塑那座西雅圖費利蒙大橋。我們只是把車停好，拿了骨灰，打開袋子，倒進河邊。骨灰跟河裡的垃圾、鳥糞和來往船隻的油混在一起。白色的骨灰沾到我們的手，姊姊打了個噴嚏，她想都沒想，就抬手去揉她的鼻子嘴巴。白色骨灰沾到她的臉，可能還進到她的嘴。我們看著對方，她的眼睛睜大，大叫：「把它弄掉！」我用河裡的髒水潑了她滿頭，直到她大罵大笑起來。

我們用力笑著，笑到走回我們車上的時候都呼吸不過來了。

我們用力笑著，笑到我們的身體側邊都痛起來了。

我們笑得就像無牽無掛的女人，終於，擺脫了自己出身的羈絆。

238. Wonder Bread，美國一九二一年問市的麵包品牌，是三〇年代最早出現的市售切片麵包。

一小片海

早晨。我坐在我的車裡等待離我家最近的游泳池開門。我感覺得出多年來的訓練就像DNA在我體內流竄——那些年裡的清晨五點三十分。然後，我看見我的母親，像我一樣坐在車裡，穿著領口有假浣熊毛的冬季灰色長大衣，聞起來有點像前晚的伏特加加隔日的雅詩蘭黛。她每天早上都在那兒等待，因爲我當時年紀太小不能開車。她靜靜地坐在那兒，引擎低吼，陪襯著她的中年的悲慘人生。在黑暗中坐在那兒，她在想什麼？除了身爲一個游泳選手的母親和一個混蛋的妻子，她還是什麼樣的人？

在德州阿瑟港，母親出身的地方，樹木只比地面高出一點點。天空是主角，沉重、蔚藍、炙熱，籠罩在連綿數英里的塵土之上。熱氣呼號，像你身體在發燒，讓你遺忘了水和曾經在一片藍色中呼吸的記憶，讓你認定自己要吟唱南方的曲調，濃重的鼻音像糖漿從你的脊柱湧出，像酸橙一直在高溫乾燥中撫育著你。前廊，地下室涼爽的瓷磚，冷藏在冰箱的內褲，夜裡一絲微風如禱詞吹過，整片土地都是鑽油臺鑽的黑色鋼頭在上上下下哼鳴作工。

我出生的地方，有樹木長出水果，有海洋擁抱海岸，讓你相信海蛇、美人魚和迪士尼樂園之類的事物存在。我五歲的時候，加州有一種味道，橙樹的臘葉構成鑲著果實的皇冠。馬林郡，斯廷森海灘，暖和的空氣環繞著我的肌膚呢喃。我盡情呼吸，我的皮膚晒得就像小孩會晒的那樣，我的頭髮襯著整片天空發白，我的眼睛藍得像青金石的顏色。我們的前院，有橙樹、李樹、蘋果樹。屋子前面藏有祕密，孩子的手摩擦樹皮、草地或泥土，一些孩子們的遊戲。屋子後面讓給了海洋與萬物的邊界，一個女孩的思緒如潮水漲退，如橙花香味漂浮穿透門窗而出，擴散，超出視線範圍，逾越女兒身分代表的一切。這屋子掌控在男人手中，而我當時還不是泳者。

我為了逃進大學前往德州，但也許還有別的原因，也許我在尋找什麼，關於母親的什麼。她來自那片土壤的哪裡？是不是死亡的萬物在地下幾英里潮溼腐爛之處嗎？脖子後面溼了，女人的手抹去汗水，她閉著眼嗎？或者她就是熱氣的一部分，乾燥的風如耳語把一切推得老遠……女人的夢想想逃，想到在她的腦到燒出了洞嗎？她幾乎等待到快死了嗎？渴望到快死了嗎？女人口中南方黏膩拖腔的下沉音和母音 ah 讓字句變得特別，這樣的她，美嗎？

我的母親是一個酒精中毒躁狂憂鬱邊緣性格自殺案例而且瘸了一條腿，全部這些的綜合體。

二〇〇一年，母親因為呼吸困難就診。當時我人在聖地亞哥，懷孕第九個月。她到那時已經照顧我失憶的父親十五年了。我知道照顧別人需要付出什麼樣的代價，那一定耗盡了她生命的一點一滴。母親不常看醫生——她的童年都在石膏和醫院裡度過了——所以沒有機會提早警覺。癌症已經侵入她的肺臟和乳房。

她打電話給人在聖地亞哥的我，在我開始分娩前一天告訴我她就要死了。很神奇地，是安迪接的電話，他結束通話，然後說了個謊。他說：「你的母親說她愛你。」他等到我們兒子出生，然後又多等了一陣子。他在我們聖地亞哥家的客廳告訴姊姊和我這個消息，邁爾斯已經出生一週。我們三個人在我的海濱小屋裡哭了起來，邁爾斯睡在我懷裡。

六個月，她的生命走到盡頭。她住院期間最痛苦的部分之一，是她激烈的酒精戒斷症狀。也許各位無法苟同我以而子下的說法，但這是對的：如果我沒有邁爾斯，我會搬回她充滿痛苦的家，然後帶一瓶酒給她減輕痛苦，讓她這段歷程好過一點，必要的話我會天天這麼做……但是我有了邁爾斯，一邊是母親消逝的生命，一邊是孩子新生的生命。

就這樣。

她死的時候我不在她身邊。我試著在她生病期間幫助她，但她已經把自己的命搞得無藥可醫，我幾乎愛莫能助。安迪和我飛到佛羅里達州去看她，安慰她，給她看看邁爾斯。她見到這個生命力比雷暴雨更強大的男嬰顯得很開心。她說：「貝兒，你抱過去，我不記得該怎麼抱嬰兒了。」她說：「是個男孩兒啊！我們家從來沒有男孩兒。」她拍手合掌，哭了起來。她的生命已所剩無幾。

有一次，我單獨在病房陪她，我問了她一個問題。她看起來如此弱小死寂，臉部消瘦縐縮，身體蒼白細瘦。她看起來幾乎像個少女，除了那些皺紋，那是布滿她整張臉的悲傷地圖。我問她：「你這輩子發生過最好的事是什麼？」

這是肯．克西問過我的問題，這是我所能想到要問的事。她說：「喔，嗯，貝兒啊，很簡單，就是我的孩子們哪。」雖然我無法想像怎麼可能，但我相信她。

他們從佛羅里達州某間安寧病房打電話給遠在奧勒岡州的我，當時她的皮膚皮膚已經灰槁，眼皮開始顫動。他們把電話放在她的耳邊，她沒辦法講話，因爲她不再進食，那時已毫無力氣。他們說，當她聽到我的聲音從電話另一端傳來，她的眼睛睜得很大，呼吸變得大聲而急促。然後，護士取回電話，告訴我她走了，她看起來很安祥，她相信我的母親有聽到我說的話。

各位可能想知道我對這個女人說了什麼。她不是一個好母親，她沒有拯救我們不受父親傷害，她還教了我們某些害我們一輩子努力洗刷拋棄的東西。但，有時，我只記得她開車載我去做第三次墮胎，她坐在小房間裡等他們用眞空吸引術把我清空，他們說這只是個程序，小小的生命就這樣消失吸進玻璃容器中裡……更具體一點，我記得她的臉，當我們坐在丹尼斯餐廳的停車場裡，因爲我不想回家，也不想去任何地方，還不要。她什麼都沒說，只是把車子停在後面靠近大型金屬垃圾桶的地方。她拍拍我的手，哭了一點。她聞起來像隔日的伏特加加雅詩蘭黛。她的房地產標誌放在後車廂。什麼事都沒有，她什麼都沒問我，什麼都沒跟我說。就這樣，之後，我終於又能動了。

或者，我會想起所有她開車載我趕清晨五點半練游泳的那些早晨，或是她唱著〈我看見月亮〉的聲音，或是那天她拿出鞋盒給我看她寫的故事和父親畫的紅雀——他們曾經可能擁有的人生——或是她的臉，當她告訴我的父親她已經簽了我的獎學金函、我要上大學了、我要離開了。

或者我會想起伊莎瑞兒與貝琪．布恩。

所以，我可以告訴各位我跟她說了什麼，但聽起來可能顯得虛假或老套，因爲這個女人是我一切麻煩的源頭，因爲她讓我們失望透頂，還在我們體內種下永遠無法擺脫的陰鬱無情。

我說：「謝謝你，媽媽。我很愛你。」

然後她就死了。

那是二〇〇一年，我兒子出生那年。她的骨灰罈是一個跟咖啡壺差不多大的鍍金盒子。我的父親不願與它分開，當時他的大腦已經萎縮到跟小鳥的腦一樣，所以我沒打算把它拿走，直到他死後。我把它放在車庫裡的架子上兩年。我不看它，我不談它，我幾乎沒想到它。它只是放在那裡，跟釘子、油漆罐、夏季用品和園藝工具一起。

但是，某天我在車庫裡尋找做畫框用的角鐵，我看到它在架子上，看起來非常……完好。於是我撥了電話給我的姊姊，問她：「呃，你想處理一下母親的骨灰嗎？」我的姊姊從她十六歲起就跟母親形同陌路。

沒想到，她說：「可以吧。」於是，我開車載著盒子裡的母親北上到西雅圖。她坐在乘客座位。

坐在姊姊家客廳裡微帶貓尿味的棕色皮革沙發上，我們盯著放在兩人之間的母親之盒。

她說：「你想把它打開嗎？」

「好啊，」我說。我仔細檢查盒子邊緣，把指甲卡進接縫處，發現沒有明確的方法可以打開它。我說：「你有刀子嗎？」

姊姊離開房間，走進廚房，拿了一把奶油刀回來。我瞅著她手裡的刀子，把它我拿過來，試圖把我這個母親的盒子撬開。

沒有用。

「你有平頭的螺絲起子嗎？」我說。

「應該有吧，」她說，然後朝著車庫的方向走去。

「還要錘子，」我在她背後大喊。

我把盒子放在客廳地板上。姊姊跪在我旁邊。「抓好它的底部，」我說

「小心錘子不要敲到我，」她說。

「你的頭走開，」我說。

我把平頭螺絲起子對準盒子邊緣的接縫，用錘子敲下去。盒子噴飛出去，飛過他們的硬木地板。「看它多會跑！」我脫口大叫，追過去停住它。我們笑得快死掉，兩個人像小孩子一樣在地板上打滾。

我向上帝發誓，我們嘗試了一切方法想把那個該死的母親之盒打開。有一次，我甚至把它從姊姊家陽臺的屋頂丟下，希望它會裂開，但沒有。我一度還考慮開車把它輾過去。我們就是沒辦法進入那個裝了母親骨灰的盒子。

我離開後，姊姊告訴我她把它埋在她家後院了，但是我一個月後去拜訪她時，看到它放在她那輛 Mini Cooper 的後座，跟她的一大堆生活雜物、寵物狗毛和汽車廢物一起。我從沒當面質問她說

的謊，但我在那之後也沒再看到過那個盒子。它可能在她後院的地底下。

或者可能在其他的地方。

我仍然可以看見母親坐在她的車裡，就像我小時候練完游泳走出來看見的那樣。暖氣運轉著，無論她還是什麼樣的人，她一直在那裡。

早晨。我坐在我的車裡等待游泳池開門。門開了，我走進去，褪去衣服。水的顏色是我眼睛的顏色，氯的氣味是我最熟悉的氣味。當我潛入水中，一切聲音、一切重量、一切思緒，全都消失了，單純只是一具身體在水裡，回歸原初。

母親，安息吧。我回到家了。

智慧是個混蛋東西

各位該不會眞的以爲我打算像正常人那樣，把讀者丟進婚姻與家庭裡就不管了吧？

聽著，我愛我的家庭，瘋狂又愚蠢地愛。安迪和邁爾斯可說讓我重生了，這點再眞實不過。沒錯，我跟男人結婚，一家人住在一起。

我也愛女人。告我啊！

除了這些，這本書裡還有其他的慧悟。

不幸的是，我不是個有大智慧的人。我筆下沒有「回顧自己這一生」那種充滿智慧的口吻。大部分的時候，我只是耍弄私智小慧的筆調，而且我知道大家已經看膩了，雖然必要時我也能熟練地創作出抒情動人的段落。

在我迎頭撞上一名孕婦又邂逅了安迪．明戈之前，我原本以爲這整個故事只跟我自己有關，只是一齣我個人的人生戲劇，描寫那個莉狄亞全部的這些經歷。

但是，當你往回游追溯自己的過去，你可能會發現一道過不去的端壁。對我來說，那道端壁是我的母親和我夭折的女嬰。透過某些儀式，我在自己的肉體表面寫下痛楚和愉悅，才得到這個領悟。

所以，我有個提議：關於家庭，你必須自己去創造，眞的。我認識許多人創造了各式各樣的家庭組合：優秀的單身女子與自己生的孩子、男同性戀者與單親婦女、雙性戀者與跨性別人士、沒有伴侶的人與被他們感動的人，還有多元性取向的男男女女一起建立無子女的家庭，悠悠哉哉地過日子。異性戀的三人組合，只是許多故事中的一個版本。

如果你的婚姻破裂，就創造一個不同的自己。如果你出身的家庭很爛，就創造一個新的家庭——看看全世界有那麼多人可以挑選。如果你所在的家庭傷人，就跳上巴士離開，不妨現在就走。

我想說的是，我認爲你必須打破「戀愛」、「婚姻」或「家庭」這幾個字的表面，進到裡頭把牆拆了。別讓我開始批評當前「阻止相愛的人結婚」這些荒謬的說法。安妮，拿起你的槍！[239]眞是的。總之，重點是，去創造點什麼。

創造故事，直到你找到一個自己能接受的版本。

我透過書寫領悟到這件事。

書寫可以是一種創造。

書寫可以把脆弱的夢想帶到文字頂端，你可以親吻它、用臉頰貼著它、張開嘴貼著身呼吸它，讓你的自我甦醒過來。

創造故事，直到你找到一個自己能接受的版本。

創造故事，就像你要這麼做才能活命。

我承認，雖然我的復活和蛻變過程有點奇特，但我如今可以用一個句子說完：我的母親沒有保護我；小女孩的我，已死。

所以，當我的孩子死在我的子宮裡，就好像我自己也幹了同樣的事——我害死了我應該要好好疼愛的女兒。

創造一個句子，事關重大。

那是生與死之間的界線。

我花了十年的時間，才從哀悼女兒死亡的沉痛哀傷中游出來。各位必須原諒像我這樣的女人，我們不懂其他經歷生命的方法，只會用身體去衝撞它。我是會在人際關係裡放手榴彈的那種女人，人生像出車禍一路撞得破碎不堪。我用盡一切想保護小女孩的我和我曾有的女兒，讓小女兒娃娃們安全不受這個世界傷害。

是的，我知道自己在迂迴整理這些人生故事的時候，有時聽起來多麼憤怒、或天眞、或自我毀滅、或複雜混亂、或甚至迷惑痴惘，但是，美好的事物、感恩的事物、充滿希望的事物，有時會出現在黑暗的地方。此外，我在試著向各位吐露像我這種女人的「眞實」告白。

我們的那些遭遇是眞的。

書寫我們吐露眞實的那些故事，在我們己身之外賦予了眞實一個實體的型態，利用書寫的各種形式與曲解、對抗與謊言、無止盡的欲望與無止盡的其他等等。

聽著，我懂你。如果你的情況跟我類似，遭遇那些事絕大部分都不是你自找活該，不論是已經發生或未來。但是我可以給你某樣東西，無論你是誰、在哪裡。也許非常孤獨，但你並不孤單，這世上還有別種愛存在。

那就是，藝術的愛，因爲我相信藝術，可比其他人相信上帝。

在藝術的疆域裡，我遇見了一大群人，一個給了我美好陪伴、勇氣和希望的部落，在書籍、繪畫、音樂、電影的世界。而這本書呢？這本書是獻給你的，因爲我透過水開了一條路。這些話全都發自我的內心，可不是隨便說說的空泛之詞。

進來吧，水會把你撐住。

239. 原文Annie, Get Your Gun.，出自一九四六年百老匯歌舞劇*Annie Get Your Gun*，共演出一千一百四十七場，故事由赫伯特・菲爾茲及多羅茜・菲爾茲兄妹檔根據真人真事改編，詞曲由艾文・柏林創作，劇中名曲如 “There's No Business Like Show Business”、“They Say It's Wonderful”、“Anything You Can Do (I Can Do Better)”，一九五〇年改編同名電影，中文名為《飛燕金槍》，由貝蒂・荷頓及霍華・基爾主演。劇情描述野女孩安妮・奥克利槍法過人，在打賭中贏過「狂野西部」雜耍戲團當家神槍手弗蘭克・巴特勒，因對他一見鍾情同意加入巡演。她逐漸被捧為主秀明星，還被戲團的印第安酋長收養。弗蘭克雖已愛上她，但心生嫉妒憤而加入對手的「遠東秀」雜耍戲團。「狂野西部」在歐洲巡演大受歡迎，安妮獲得許多貴族贈送珠寶勳章，但戲團經營不善，回到紐約後尋求與「遠東秀」合併，兩人舊情復燃。安妮決定變賣她的珠寶勳章幫助戲團，此舉又刺激到弗蘭克的自尊心，他要求兩人再比賽一次。弗蘭克的助手在安妮的槍動手腳，大夥兒為了兩團順利合併也同意保密。比賽時印第安酋長說服安妮放水，弗蘭克獲勝後，兩人和解，皆大歡喜。在一九九〇年再版的原著中，結局改成弗蘭克也在比賽中放水，最後兩人平手。

VIEW 091

流年似水 The Chronology of Water

作　者—莉狄亞・約克納維契（Lidia Yuknavitch）
譯　者—張玉芬
主　編—李國祥
企　畫—吳儒芳
總 編 輯—胡金倫
董 事 長—趙政岷
出 版 者—時報文化出版企業股份有限公司
108019臺北市和平西路三段二四〇號三樓
發行專線—（〇二）二三〇六—六八四二
讀者服務專線—〇八〇〇—二三一—七〇五
（〇二）二三〇四—七一〇三
讀者服務傳真—（〇二）二三〇四—六八五八
郵撥—一九三四四七二四時報文化出版公司
信箱—10899臺北華江橋郵局第九九信箱
時報悅讀網—http://www.readingtimes.com.tw
電子郵箱—genre@readingtimes.com.tw
法律顧問—理律法律事務所　陳長文律師、李念祖律師
印　刷—綋億印刷有限公司
初版一刷—二〇二一年二月二十六日
定　價—新臺幣三八〇元

時報文化出版公司成立於一九七五年，
並於一九九九年股票上櫃公開發行，於二〇〇八年脫離中時集團非屬旺中，
以「尊重智慧與創意的文化事業」為信念。

流年似水 / 莉狄亞.約克納維契(Lidia Yuknavitch)著；張玉芬譯. -- 初版. -- 臺北市：時報文化出版企業股份有限公司, 2021.02
面；　公分. -- (View；91)
譯自：The chronology of water：a memoir.
ISBN 978-957-13-8651-5(平裝)

1.約克納維契(Yuknavitch, Lidia) 2.回憶錄

785.28　　110001835

ISBN 978-957-13-8651-5
Printed in Taiwan